高等职业教育公共基础课系列教材

职场沟通与礼仪

主　编　刘新萍
副主编　褚福磊
参　编　李文璐　陈　思　谢晓倩
　　　　费秋萍　祁　志

电子工业出版社
Publishing House of Electronics Industry
北京·BEIJING

内 容 简 介

本书聚焦职场中两大核心技能——沟通与礼仪，旨在为即将步入职场的新人和已有工作经验的职场人士提供系统化的指导。

全书分为职场沟通篇与职场礼仪篇两大部分，精心规划了10个模块。职场沟通篇从认识职场沟通的基本要素开始，逐步深入人际沟通的实战技巧，包括上下级沟通、客户沟通、语言与非语言沟通策略的有效运用等。职场礼仪篇则涵盖职场礼仪的认知、个人职业形象、社交、餐饮、办公室人际交往、活动仪式及求职等多个维度的礼仪规范，全方位提升读者的礼仪修养和职场表现力。

本书内容具有专业性和实用性。丰富的案例、实践活动和动画视频，增强了教材的互动性与实践性，提升了学生的阅读体验与学习效果。

本书可作为高等职业院校公共选修课和相关专业课教材，也可作为培训用书，力求成为每位读者职业生涯中的智囊与伙伴，引领大家在职场旅程中以更加专业的姿态和优雅的风范前进。

未经许可，不得以任何方式复制或抄袭本书之部分或全部内容。
版权所有，侵权必究。

图书在版编目（CIP）数据

职场沟通与礼仪 / 刘新萍主编 . -- 北京 : 电子工业出版社, 2024.6
ISBN 978-7-121-42520-2

Ⅰ. ①职… Ⅱ. ①刘… Ⅲ. ①人际关系学—教材 ②心理交往—礼仪—教材 Ⅳ. ① C912.1

中国版本图书馆 CIP 数据核字（2021）第 270524 号

责任编辑：胡辛征
印　　刷：三河市良远印务有限公司
装　　订：三河市良远印务有限公司
出版发行：电子工业出版社
　　　　　北京市海淀区万寿路 173 信箱　　邮编 100036
开　　本：787×1092　1/16　印张：18.75　字数：478.4 千字
版　　次：2024 年 6 月第 1 版
印　　次：2024 年 6 月第 1 次印刷
定　　价：58.00 元

凡所购买电子工业出版社图书有缺损问题，请向购买书店调换。若书店售缺，请与本社发行部联系，联系及邮购电话：(010) 88254888，88258888。
质量投诉请发邮件至 zlts@phei.com.cn，盗版侵权举报请发邮件至 dbqq@phei.com.cn。
本书咨询联系方式：(010) 88254361，hxz@phei.com.cn。

前　言

当今社会，人际交往日益频繁，无论是初入职场的新人，还是已在职场摸爬滚打多年的资深人士，沟通与礼仪始终是个人职业生涯中不可或缺的两大基石。在这样的时代背景和需求下，《职场沟通与礼仪》一书应运而生。本书旨在为每一位读者提供系统、实用的指导，帮助大家在复杂多变的职业环境中，以更加专业、优雅的姿态脱颖而出。

本书立足于工作实际，力求活泼、新颖，并体现以下特色：

第一，内容丰富实用。从沟通的要素和基本原则讲起，逐步深入到与上下级、客户等不同对象的沟通技巧，再细致解析职场中的各种礼仪规范，包括个人职业形象塑造、社交礼仪、餐饮礼仪、办公室礼仪、活动礼仪、求职礼仪等，为读者开启一段自我提升与成长之旅，引导大家在职场上更加自信地前行。

第二，编排体例新颖。全书共 10 个模块，每个模块按照名人名言、能力标准、学习导航、能力自测、单元知识介绍、模块小结、案例与思考、实践活动的顺序编排，既便于教师组织课上、课下教学活动，又便于读者日常自学。

第三，注重技能提升。书中不仅有理论知识的讲解，更有丰富的案例分析和实践活动，让读者在实践中学习，在学习中实践，真正将所学内容转化为职场竞争力，从容应对各种职场情境，展现出最佳的职业形象。

第四，阅读趣味性强。每个单元结合知识点，有针对性地融入了多个沟通与礼仪案例、故事，并辅以动画（读者可以扫描二维码观看），进一步激发读者的学习兴趣，增强学习动力。

本书由职业院校、本科院校的专业教师及行业企业专家合作完成。具体分工如下：刘新萍（北京电子科技职业学院）负责模块一、模块八及全书统稿；褚福磊（首都经济贸易大学）负责模块二、模块六；李文璐（北京电子科技职业学院）负责模块三、模块十；谢晓倩（苏州市电子信息技师学院）、费秋萍（深圳市职业训练学院）负责模块四、模块五；陈思（北京电子科技职业学院）负责模块七、模块九；东方航空技术有限公司北京分公司党委委员、副总经理祁志为全书编写指导，同时，本书得到了职业教育和职业指导领域的资深专家赵文平、张元的悉心指导，许小迅等人参加了编写组织工作，并承担了大量繁重的统稿校阅工作。教材原创图片由苏州市电子信息技师学院潘佳怡、王鼎同学担任模特。

本书除参考文献已列的书目，在编写过程中还参阅了大量网络文章、新闻报道及相关领域专家的研究成果，未能一一列出，在此一并表示衷心感谢！对于本书的不足之处，敬

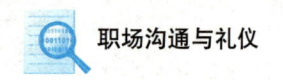

请同行、专家和广大读者批评指正。

　　《职场沟通与礼仪》期待成为读者职业生涯中的良师益友。无论是即将踏入职场的新人，还是希望进一步提升自我、实现职业突破的职场人士，都欢迎您翻开这本书，与我们一起探索高效沟通的艺术，掌握职场礼仪的精髓。在这里，您将发现，每一次沟通都充满可能，每一种礼仪都是对自我的尊重与对他人的敬意。让我们携手，用智慧与风度，绘就属于自己的职场蓝图。

编　者

2024 年 3 月

目 录

前　言 ··· III

职场沟通篇

模块一　认识职场沟通 ·· 2

　单元 1.1　了解职场沟通要素 ··· 3

　　引例 1-1 ··· 3

　　一、职场沟通的内涵 ·· 4

　　二、职场沟通的类型 ·· 9

　　三、职场沟通的内容要素 ··· 11

　单元 1.2　把握职场沟通原则 ·· 13

　　引例 1-2 ··· 13

　　一、职场沟通的基本原则 ··· 13

　　二、职场沟通的心态 ··· 21

　模块小结 ·· 22

　案例与思考（一） ·· 23

　实践活动（一） ··· 24

模块二　掌握职场人际沟通技巧 ··· 27

　单元 2.1　做好上下级沟通 ··· 28

　　引例 2-1 ··· 28

　　一、与领导沟通的原则 ·· 29

　　二、与下属沟通的原则 ·· 35

　　三、上下级沟通注意事项 ··· 41

　单元 2.2　有效与客户沟通 ··· 43

　　引例 2-2 ··· 43

　　一、维护公司的合法利益 ··· 43

二、营造和谐的沟通氛围 ··· 44
　　三、沟通的语言简明得体 ··· 45
　　四、重视客户的反馈 ··· 46
模块小结 ··· 47
案例与思考（二） ··· 47
实践活动（二） ··· 48

模块三　学习语言和非语言沟通 ······································· 50
单元3.1　运用口头语言进行沟通 ····································· 51
　　引例3-1 ··· 51
　　一、职场口头沟通概述 ··· 52
　　二、口头沟通的技巧 ··· 56
　　三、应对不同类型的职场口头沟通 ··································· 58
单元3.2　借助书面语言进行沟通 ····································· 62
　　引例3-2 ··· 62
　　一、书面沟通概述 ··· 62
　　二、不同类型职场文档的写作技巧 ··································· 68
　　三、书面沟通的审校与优化 ··· 72
单元3.3　借助非语言沟通进行职场交流 ······························ 74
　　引例3-3 ··· 74
　　一、非语言沟通概述 ··· 74
　　二、非语言沟通的种类 ·· 79
　　三、提升非语言沟通的能力 ··· 83
模块小结 ··· 84
案例与思考（三） ··· 85
实践活动（三） ··· 86

职场礼仪篇

模块四　感悟职场礼仪 ··· 90
单元4.1　认识礼仪 ··· 91
　　引例4-1 ··· 91
　　一、礼仪的概念 ··· 92

二、礼仪的基本特征……94
三、礼仪的作用……97
四、礼仪与其他社会规范的关系……99

单元4.2 认识职场礼仪……101
引例4-2……101
一、职场礼仪的概念……101
二、职场礼仪的原则……102
三、职场礼仪的要求……103

模块小结……106
案例与思考（四）……106
实践活动（四）……107

模块五 塑造职业形象……111

单元5.1 仪容修饰……112
引例5-1……112
一、仪容修饰的基本原则……113
二、仪容修饰的方法……115

单元5.2 仪表礼仪……121
引例5-2……121
一、仪表礼仪的概念和基本原则……121
二、仪表礼仪的服装定位……122
三、仪表礼仪的表情使用……125

单元5.3 仪态礼仪……130
引例5-3……130
一、仪态礼仪的概念……130
二、挺拔优雅的站姿……131
三、端庄雅致的坐姿……134
四、轻盈潇洒的走姿……138
五、优美稳健的蹲姿……139

模块小结……140
案例与思考（五）……141
实践活动（五）……142

模块六　运用社交礼仪　　145

单元 6.1　熟悉日常交际礼仪　　146

引例 6-1　　146

一、见面礼仪　　147

二、拜访与馈赠礼仪　　151

单元 6.2　遵循职场会面礼仪　　155

引例 6-2　　155

一、商务谈判　　156

二、接待礼仪　　158

模块小结　　161

案例与思考（六）　　162

实践活动（六）　　163

模块七　掌握餐饮礼仪规范　　166

单元 7.1　了解宴请礼仪　　167

引例 7-1　　167

一、宴请礼仪概述　　168

二、宴请方礼仪　　170

三、赴宴的礼仪　　172

单元 7.2　遵循中餐礼仪规则　　174

引例 7-2　　174

一、座位排列　　174

二、点菜规则　　176

三、餐具使用　　177

四、中餐习俗与禁忌　　179

五、提倡合理饮食　　181

单元 7.3　熟知西餐礼仪流程　　185

引例 7-3　　185

一、餐前预约　　185

二、座次安排　　186

三、上菜次序　　186

四、餐具使用　　188

五、西餐习俗　　190

模块小结 ·· 192
　　案例与思考（七） ··· 193
　　实践活动（七） ·· 194

模块八　遵循办公室礼仪 ·· 196
单元 8.1　营造高效办公环境 ··· 197
　　引例 8-1 ··· 197
　　一、保持办公环境整洁 ··· 198
　　二、倡导绿色办公 ·· 201
单元 8.2　与同事和谐相处 ·· 205
　　引例 8-2 ··· 205
　　一、尊重同事 ··· 205
　　二、团结协作 ··· 209
　　三、保持适当的距离 ··· 213
　　四、礼貌拒绝 ··· 216
　　模块小结 ·· 217
　　案例与思考（八） ··· 217
　　实践活动（八） ·· 218

模块九　参与活动礼仪实践 ·· 221
单元 9.1　了解专题会议礼仪 ·· 222
　　引例 9-1 ··· 222
　　一、工作会议礼仪 ·· 223
　　二、茶话会礼仪 ·· 224
　　三、新闻发布会礼仪 ··· 226
　　四、洽谈会礼仪 ·· 228
单元 9.2　体验特色仪式礼仪 ·· 231
　　引例 9-2 ··· 231
　　一、庆典仪式礼仪 ·· 232
　　二、签字仪式礼仪 ·· 233
　　三、剪彩仪式礼仪 ·· 236
　　四、奠基仪式礼仪 ·· 238
　　五、竣工仪式礼仪 ·· 239

模块小结 ·· 241
案例与思考（九）·· 242
实践活动（九）·· 242

模块十　校园与求职礼仪 ·· 244

单元 10.1　大学生校园礼仪 ··· 245

引例 10-1 ·· 245
一、校园礼仪概述 ·· 246
二、学习与学术礼仪 ·· 248
三、跨文化交流礼仪 ·· 251

单元 10.2　求职应聘礼仪 ··· 253

引例 10-2 ·· 253
一、求职应聘礼仪概述 ·· 253
二、求职应聘形象管理 ·· 256
三、面试沟通礼仪 ·· 258

模块小结 ·· 262
案例与思考（十）·· 262
实践活动（十）·· 263

附　录 ··· 266

F.1　国际礼仪规范要点 ·· 266
F.2　职业院校礼仪赛项规程（节选）······································ 267
F.3　课前自测题及各模块案例分析题参考答案 ····················· 274

案例故事、活动和数字资源索引 ·· 284

参考文献 ·· 290

职场沟通篇

模块一　认识职场沟通

名人名言

有效的沟通取决于沟通者对议题的充分掌握，而非措辞的甜美。

——葛洛夫

能力标准

本教材提出的"能力标准"是指学习者应当掌握的知识、技能及应当形成的基本态度。

分类	具体内容
知识	● 理解职场沟通的内涵。 ● 掌握职场沟通的类型
技能	● 能通过换位思考把握不同沟通对象的核心需求。 ● 能运用正向表达的方式传递正面及负面信息
态度	● 建立主动沟通的意识。 ● 树立正确的职场沟通心态，建立良好的人际关系

学习导航

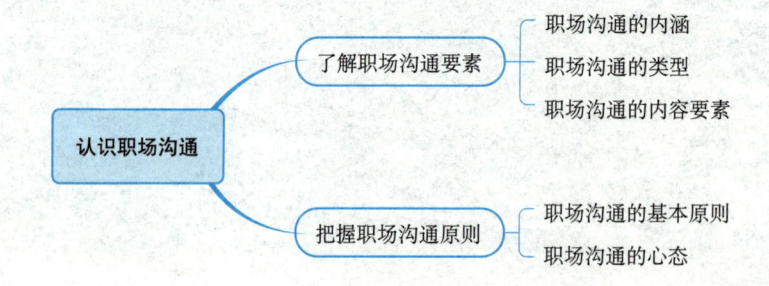

```
                            ┌─ 职场沟通的内涵
           ┌─ 了解职场沟通要素 ─┼─ 职场沟通的类型
认识职场沟通 ┤                  └─ 职场沟通的内容要素
           │
           └─ 把握职场沟通原则 ─┬─ 职场沟通的基本原则
                              └─ 职场沟通的心态
```

能力自测

小测试：你会沟通吗？

假如你是某公司市场部的一名员工，市场部王经理请你通知新来的小贾尽快给他回个电话。你会如何完成这项看似简单的任务呢？

思考：

1. 如果小贾在接到你的通知后，没有及时给王经理回电话，王经理会认为责任在谁？
2. 王经理为什么请你通知小贾，而不是自己直接给小贾打电话？
3. 你在通知小贾后该如何向王经理回复，才能避免自己传达信息不到位的风险？

单元 1.1　了解职场沟通要素

引例 1-1

改善沟通流程，提升研发效率

在一家软件开发公司中，新入职的助理郭欣负责协助项目经理李强处理日常事务及跟进多个项目的进度。最近，他们正在进行一项重要的产品研发项目，由于该项目前期需求沟通不畅，开发团队多次返工，影响了项目进度。李强经理习惯通过口头指令简短地向郭欣布置任务，而郭欣在接到任务后，按照自己的理解进行操作并向开发团队传达需求变更。一次特别紧急的需求调整中，郭欣通过电话告知了开发团队新的功能修改点，由于她未能完全理解并准确传达所有细节，开发团队按照错误的理解开始修改代码，直到一周后的内部评审会议才发现问题，浪费了大量的时间和资源。

认识到问题严重性的郭欣与李强经理进行了深入的沟通，并提出了改进措施。第一，他们决定在每次需求变更时，由项目经理撰写详细的需求变更文档，并与郭欣一起审阅，确保郭欣对每个改动有全面和准确的理解。第二，郭欣在向开发团队传达变更时，采取邮件+会议的形式，确保每个成员都收到了书面记录，并在会议上有答疑解惑的机会。

实施改进措施后，项目沟通的质量显著提升，需求变更准确、快速地落实到开发工作中，减少了开发团队不必要的返工，提高了工作效率。项目最终按时交付，并得到了客户的好评。

【分析】在涉及复杂的技术性需求变更时，采用口头简短指令的方式进行任务布置和需求沟通，导致了项目进度受阻和资源浪费。经过改进，项目负责人采用邮件+会议的方

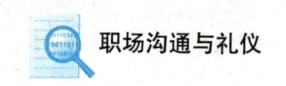

式传达变更，不仅提供了文字记录以供查阅，还通过面对面讨论让团队成员有机会提问和澄清疑惑，从而确保团队成员对需求变更有统一、深入的理解。这个案例充分说明了有效的沟通策略和正确的沟通方式在提高工作效率、减少误解和冲突方面的重要作用。

一、职场沟通的内涵

沟通大师戴尔·卡耐基认为，一个人的成功 15% 来自他的专业知识和技能，85% 取决于他与别人相处的方式方法。在职场中，人们通过沟通建立并维持一定的人际关系网，但由于每个人的价值观、思维方式和行为习惯存在差异，所处的立场、视角、信息获取程度、利益诉求等因素有诸多不同，经常会出现"公说公有理，婆说婆有理"的情况。面对领导、同事、客户等不同的沟通对象，如何才能实现有效的沟通呢？首先需要对职场沟通有一个清晰准确的认识。

沟通是指人们在一定的环境中，为达到既定目标，将思想、信息和情感在个人或群体之间传递，最终达成共识的过程。在此基础上，职场沟通可定义为：在工作环境中，为实现个人或组织的目标而进行思想、信息、情感交流，直至达成共识的过程。

根据上述定义，职场沟通的具体内涵可以从以下三个方面进行理解。

（一）沟通的目标要明确

明确沟通目标是保证沟通成功的关键要素之一。它意味着在沟通前，要清楚地知道希望通过沟通达成何种目标，是要分享信息、协调行动还是解决问题。例如，向上级汇报工作时，沟通目标就是让管理者全面、准确地掌握工作状态，以便管理者做出正确的决策和指导。若目标模糊，汇报可能流于表面，重要信息可能被遗漏，从而导致上级无法有效地为员工提供支持和帮助。因此，职场沟通必须围绕明确的目标展开，明确沟通的整个过程都是为了实现该目标，在沟通过程中应始终关注核心议题，确保信息传播的有效性。

沟通案例 1-1

目标缺失导致无效沟通

某家电企业的产品开发团队召开了一场关于下个季度产品更新计划的会议。参会人员包括产品经理、设计师、开发工程师和市场专员等。产品经理张经理作为会议主持人并没有在会议开始时明确召开本次会议的主要目标和期待达成的决议。

会议开始后，张经理大致介绍了市场上竞品的动态，随后让各个部门自由发表意见，讨论新功能的想法和改进方向。开发团队讨论了技术实现的难易程度和所需时间，设计师探讨了外观创新的可行性，而市场专员则关注新功能是否符合目标用户的期望和市场需求。

由于缺乏明确的会议目标引导，讨论变得散漫且缺乏焦点。开发团队与设计师在某个新功能的技术美学结合点上产生了分歧，市场专员虽然提出了有价值的用户洞察结果，但没有得到足够的重视和讨论。会议持续了两个多小时，却没有形成任何实质性的决策，也没有确定下个季度产品更新的具体内容和时间表。

会后，各部门仍对产品的更新方向感到困惑，不清楚接下来应优先执行哪些任务。这不仅造成人力资源和时间的浪费，同时也影响了团队的整体效率和执行力。

【分析】这是一个典型的因沟通目标不明确而导致"会而不决"、浪费时间的案例。如果在会议开始之初，张经理能够明确提出本次会议需确定下个季度产品更新的功能清单和优先级，以及各阶段的时间节点，相信会议的效率和效果都会大幅提升。

（二）沟通要创造相同的理解

创造相同的理解，意味着沟通的各方不仅要清晰、准确地传达自己的想法、情感和信息，还要努力确保接收方能够准确无误地理解。在这个过程中，倾听、提问、阐释和反馈都是非常关键的环节。

沟通不是单向的信息传递，而是通过互动与反馈循环，将各方的观点、情绪、意愿等因素交织融合，在不同的观念、知识背景和经验之上，逐步构建起共享的认知框架，即"相同的理解"。这种相同的理解有助于减少误会、混乱和冲突，促进合作关系的建立与维护，提高团队协作效率，同时也是双方建立信任、增进感情的重要基础。

沟通案例 1-2

不同的理解

一位足球教练为了向队员们说明喝酒对身体的危害，于是在一次例会上向全体队员做了一个演示。教练拿出两个透明的杯子，分别在里面装满了清水和高度白酒。此时教练夹起了一只蚯蚓，先放到清水里，蚯蚓在里面生龙活虎地扭动起来。随后教练又将这只蚯蚓从清水里夹出来，放到了盛满白酒的杯子里，只见蚯蚓扭动了几下后就瘫软不动了。这时教练向队员们问道："谁知道这个演示说明了什么问题？"沉默了一会儿，一位运动员举起手，他大声说道："教练的目的是要告诉大家一个既深刻又简单的道理，蚯蚓在清水里生龙活虎而到白酒里就死掉了，说明酒能杀虫。所以要多喝酒，这样胃里就不会长虫了。"教练一听这话，真是哭笑不得。其实，他本意是想劝运动员们不要半夜三更去喝酒，以免对身体造成很大的伤害，然而却得到了一个啼笑皆非的结果。

【分析】教练做演示的本意是想告诉运动员酗酒的危害，却被一位球员理解成了喝酒对身体有好处。类似的例子在生活中并不鲜见。由于人们在成长经历、教育背景、性格、

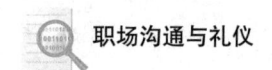

观念、行为方式等方面存在差异，对于同一件事，不同的人自然会有不同的理解，这就需要通过进一步沟通来缩小理解上的差异。

知识广角

沟通漏斗

沟通漏斗（如图1-1所示）是指沟通的过程中，信息从最初的意图到最终的实际执行过程中出现递减和流失而导致沟通效率降低的现象。具体来说，假设一个人心中有一个完整且明确的构思或信息，即100%的信息量，当他尝试将100%信息表达出来时，由于表述不清、措辞不当、情绪影响等多种原因，表达出来的信息可能只有80%。听众由于注意力、理解能力、信息过滤等因素，接收到的信息可能下降至60%或者更少。在这60%的信息中，听众实际理解和记住的信息可能只有40%或更低。在理解的基础上，听众在采取行动时，由于记忆模糊、执行力不足、信息混淆等原因，实际付诸实施的信息量可能仅剩下20%。

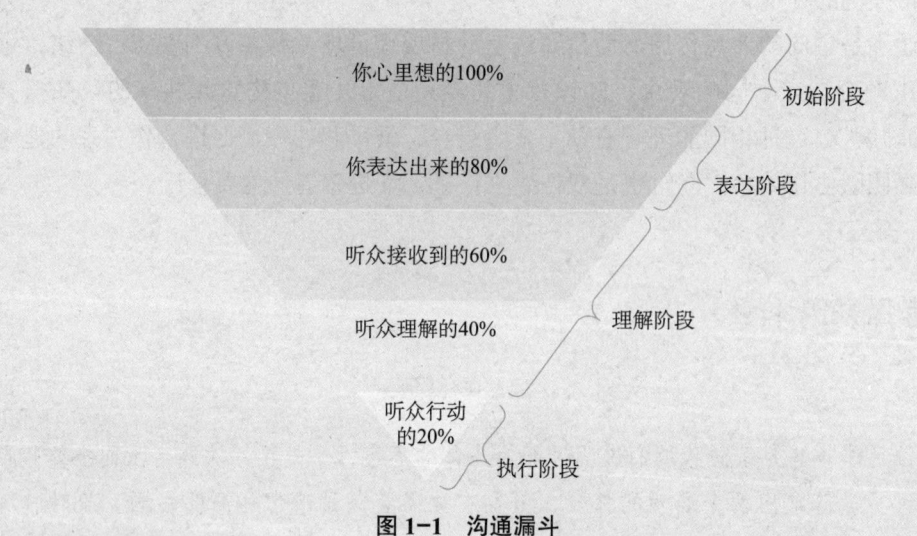

```
你心里想的100%          初始阶段
你表达出来的80%         表达阶段
听众接收到的60%
听众理解的40%          理解阶段
听众行动的20%          执行阶段
```

图1-1 沟通漏斗

沟通漏斗理论表明：沟通时应当意识到信息在传递过程中可能出现的损耗，需要采取措施增强沟通的有效性。例如，明确和简洁地表达信息，提供重复和强化的关键点，鼓励反馈和确认，使用多元化的沟通方式，建立良好的聆听和反馈机制等。这些方法可有效降低沟通漏斗的影响，确保沟通内容传递的准确性和完整性。

（三）沟通是双向互动的过程

沟通是一个动态的、双向互动的过程，它不仅仅局限于单方面的信息传递。在沟通过程中，信息的发出者不仅需要清晰、准确地表达自己的思想、情感和意图，还应关注接收方的理解与反馈。反馈可能是提出疑问以求进一步澄清，也可能是分享自身的观点和感受，或作出相应的行动。只有当双方都积极参与、相互理解并进行有效反馈时，沟通才能达到预期的效果。因此，沟通的本质并不只是单向的信息输出，而是在于双方的互动，从而实现达成共识、解决问题和增进关系的目的。职场沟通的过程（如图1-2所示）。

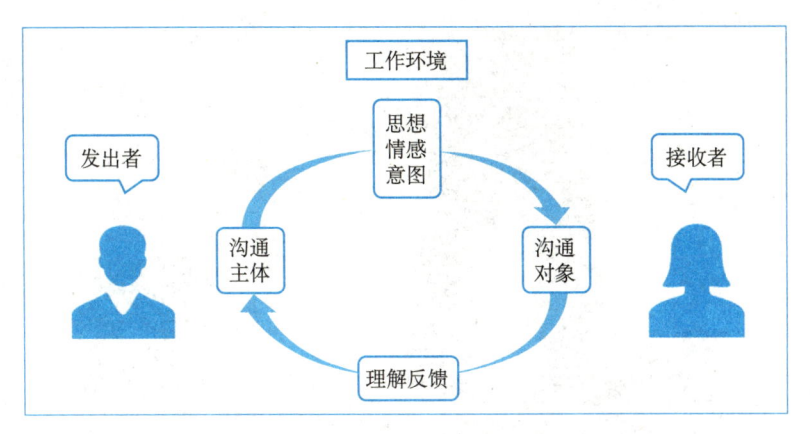

图1-2 职场沟通的过程

忽视反馈是职场沟通中常见的问题，往往会造成以下后果：

第一，信息误解。发送者无法确认接收者是否真正理解了所传达的信息，可能导致重要的信息被误读或遗漏，影响工作的顺利进行。

第二，决策失误。缺乏反馈还可能导致决策基于错误的信息或片面的理解，导致决策失误，增加工作风险。

第三，关系疏离。在组织内部，长期单向沟通会导致人际关系紧张，不利于建立良好的工作关系。例如，领导交办的任务，下属没有及时反馈会让领导对其工作不放心；领导忽视反馈则会让员工感觉不被重视，降低工作积极性，影响团队士气和凝聚力。

第四，问题积压。缺乏反馈可能使得存在的问题得不到及时发现和解决，随着时间推移，小问题可能累积成大问题。

可见，沟通中的反馈环节对于确保信息准确性、提高工作成效、维护良好人际关系及推动问题解决具有至关重要的作用。

沟通案例1-3

教授的裤子

一位教授要在一个高规格的会议上发表演讲。为此，妻子专门为他选购了一身西装。晚饭时，妻子问："西装合身吗？"教授回答道："上身很好，裤腿长了那么两厘米，倒是能穿。"晚上教授早早就睡了，他的妈妈却睡不着，心想儿子进行这么重要的演讲，西裤长了怎么行？于是把西裤的裤腿剪掉两厘米，缝好、熨平，然后安心地睡了。第二天早上五点半，妻子醒了，想起丈夫西裤的事，心想时间还来得及，便拿来西裤又剪掉两厘米，缝好、熨平，做早餐去了。过了一会儿，教授的女儿也起床了，见早餐还没做好，想起爸爸西裤的事情，便拿来西裤再减短两厘米（如图1-3所示），结果……

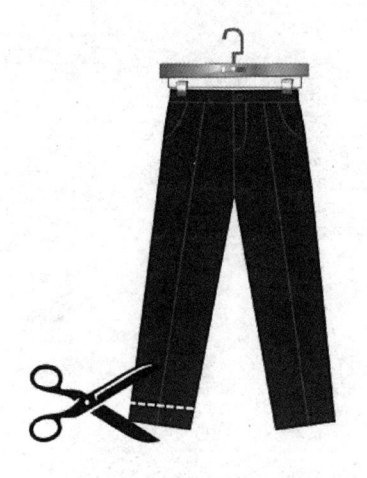

图1-3 教授的裤子

【分析】 故事中，教授的妈妈将教授的裤腿剪短两厘米后没有做出任何反馈，而是悄悄地熨平放回原处，教授的妻子和女儿也采取了同样的做法，导致原本长了两厘米的裤腿被剪掉了六厘米。这个故事说明，忽视反馈往往会使得好心办坏事。

那么，如何进行有效的反馈呢？

第一，反馈的态度要平等坦诚。反馈时要充分顾及对方的感受，不要当着他人的面做出可能会伤害对方自尊心的负面反馈。

第二，反馈的内容要具体明确。诸如"你真好""你真能干""你做错了"这类过于笼统的评价，尽管表达了反馈者的情绪和态度，但并没有提供足够的具体信息，让沟通对象了解自己的哪些行为、技能或特质得到了赞扬或批评，这样的反馈缺乏针对性和指导性，不利于沟通对象自我认知的提升和行为的改进。明确的反馈通常包括具体的行为、情境、结果、相应的改进建议等，这样才能更好地帮助他人成长，同时也有利于团队和个人绩效的提升。例如，"你在处理这次危机时表现出色，迅速找出问题关键并提出解决方案，展现了出色的分析能力和应对压力的能力"，通过这样具体的反馈，对方就能明确知道自己的哪些行为获得了肯定，从而在未来的工作或生活中继续发扬这些优点。如果是批评性的反馈，应该指出具体的问题所在。例如，"这份报告在数据核对环节出现了一些错误，建议以后在这方面更加细心，确保每个数据的准确性"，这样对方才能知道需要在哪方面进行改进和提高。

总之，有效的反馈应该是态度真诚、内容具体明确的，这样才有利于促进沟通对象的成长和发展。

二、职场沟通的类型

按照不同的标准,职场沟通可以分为四种类型。

(一)按照信息载体划分

1. 语言沟通

语言沟通包括口头语言沟通和书面语言沟通。口头语言沟通是借助口头语言实现的沟通,这种方式最为常见,如开会、交谈、采访、电话沟通等。书面语言沟通是以文字材料为媒介进行的沟通,如电子邮件、书信、报告等。二者的优缺点如表1-1所示。

表1-1 口头语言沟通与书面语言沟通

口头语言沟通	书面语言沟通
优点:即时性 互动性强 情感表达充分 多方参与	优点:长期保存 信息传递准确 不受时空限制 便于复制和传播
缺点:易逝性 准确性受限 受环境影响 依赖现场感	缺点:反馈延迟 缺乏即时互动 情感表达受限 表达和理解有难度

口头语言沟通和书面语言沟通在不同场合和情境下各具优势,将二者结合起来灵活运用,能够起到优化沟通的效果。

2. 非语言沟通

非语言沟通是借助语言之外的其他媒介进行的沟通,包括肢体语言沟通,如面部表情、身体动作、服饰仪态等,还包括时间利用、空间管理、符号、图片、实物等。

非语言沟通在职场沟通中起着至关重要的作用。谈话时,倾听者往往通过非语言信息来判断讲话者的诚意,同时,讲话者也通过观察倾听者所传递的非语言信息来确定自己所传递的信息是否被理解。有时非语言信息甚至比语言信息更具有说服力和真实性,因为它往往是无意识或下意识的行为,反映了个体的真实感受和态度。当人们传达出的语言信息和非语言信息发生矛盾时,人们更倾向于相信非语言信息。因为人们潜意识里认为,语言是受操控的,语言传输的内容未必完全真实可靠,而非语言是难以操控的,更能直观反映对方的所思所想。此外,非语言信息还可以补充、强化或修正语言信息,帮助建立和维护人际关系,并有助于解读对话的潜在含义。

需要注意的是,在跨文化沟通中,非语言沟通的障碍时有发生。在多元文化背景下,理

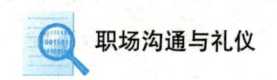

解和尊重对方的非语言沟通习惯至关重要，否则很容易造成误解，甚至产生不必要的矛盾和纠纷。

（二）按照渠道划分

1. 正式沟通

正式沟通是指在组织内部按照既定的结构、规则和程序进行的信息交流，这种沟通方式通常与组织的层级结构和官方渠道紧密相关。组织内部的报告、会议、公告、电子邮件、内部网络平台以及组织之间的文件往来都属于正式沟通。正式沟通的特点是规范化、有序化和可追溯，适用于传达重要的组织决策、政策、规章和工作指示等。

2. 非正式沟通

非正式沟通是指在组织正式结构和渠道之外发生的、非预先安排的、非组织预定路径的信息交流。它通常以传闻、小道消息、社交媒体等方式传播信息。非正式沟通的特点是随意性较大、形式灵活、范围较广，但信息的准确性可能不如正式沟通，因此要注意对信息的甄别。非正式沟通可以满足员工的社交需求，促进团队成员之间的关系建立，同时也会自然地传播一些正式渠道未涵盖或未公开的信息。非正式沟通在组织中起到补充正式沟通的作用，有时可以帮助缓解正式沟通中存在的信息滞后或信息不全的问题，因此很多管理者都很重视非正式沟通，常利用私人会餐及非正式的团体娱乐活动等，与员工接触并从中获取各种资料、信息，以此作为改善管理或拟订政策的参考。

（三）按照方向划分

1. 上行沟通

上行沟通是自下而上的沟通，即下情上达。上行沟通有助于上级了解基层员工的想法、工作状况、面临的挑战和需求，以及其对组织政策和决策的看法。它是决策层收集第一手信息、发现问题、改进管理、促进民主决策的重要途径。

2. 下行沟通

下行沟通是自上而下的沟通，如管理者向下属传达指示、指导工作、分配任务、提供反馈、激励员工等。由于沟通漏斗的存在，信息在层层传递过程中可能受到过滤、简化或误解，下行沟通的有效性常常受到组织层级和沟通质量的影响。

3. 平行沟通

平行沟通发生在组织内同一层级的不同部门或职位之间，或是团队成员间的沟通。它可以促进跨部门合作、协调资源、分享信息和知识以及化解冲突。有效的平行沟通有助于消除部门壁垒，提高组织整体的运作效率和协作水平。

（四）按照对象划分

1. 自我沟通

自我沟通是一个人自我内心的对话和反思，包括自我反思、自我评估、自我激励等。自我沟通是个人心智成熟、自我认知与发展的重要组成部分。有效的自我沟通可以帮助人们调整情绪及心态，以积极的态度面对职场中的各种竞争和挑战，激发个人的潜能，不断超越自我。当遭遇挫折和失败时，自我沟通有助于人们增强战胜困难的勇气和决心。

2. 人际沟通

人际沟通是人与人之间的沟通，可能发生在个体与个体之间，个体与群体之间，或者群体与群体之间。人际沟通不仅是信息的传递，更重要的是通过沟通建立起人与人之间的关系，解决冲突，协调合作，建立互信，以及满足情感需求等。人际沟通有助于建立和维护良好的社会关系，推动个人与组织目标的实现。

三、职场沟通的内容要素

职场沟通的内容要素可以概括为 5W2H，围绕这 7 个要素提炼沟通的内容，可以帮助沟通者系统地思考并整理信息，确保传递的信息既全面又精准，同时还能促进接收者对信息的理解和接纳，提高沟通效率。

（一）Why（为什么）

即沟通的原因、目的。明确这一点有助于对方了解沟通的价值和重要性。如果原因或目标不明，信息的传递就具有随意性，让人抓不住重点，还可能导致南辕北辙。

（二）What（何事）

即沟通的主题或内容。需明确要传达的具体信息、事件、请求或决策是什么。

（三）Who（何人）

即沟通的参与者，包括信息的发出者、接收者以及其他可能受影响的相关人员。

（四）When（何时）

即沟通计划在什么时候进行？确定合适的时机，以确保信息能够及时传达并在适当的时间点被接收和处理。时间对沟通效果的影响较为复杂，不同的人具有不同的时间观念，人们在作息规律上存在一定的差异。沟通的时长对于沟通效率也有很大的影响。

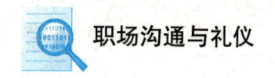

（五）Where（何处）

即沟通的地点，包括物理地点、虚拟平台或是某种特定的沟通环境。如果沟通的地点是信息传递者的公司或办公室，那么信息传递者就可以占据主动位置，被请来的人则处于被动位置。在谈判中这种主场效应尤为明显。

（六）How（如何做）

指沟通的具体方式和流程，包括如何组织语言、采用何种媒介或工具、如何安排步骤和顺序等。

（七）How many/How much（数量）

在某些情况下，沟通可能涉及数量方面的信息，如预算、资源、时间期限等。明确"数量"有助于量化目标和预期。

单元 1.2　把握职场沟通原则

引例 1-2

小刘为什么不满意

小刘刚办完一个业务回到公司,就被主管马林叫到了他的办公室。

"小刘啊,今天业务办得顺利吗?"

"非常顺利,马主管。"小刘兴奋地说,"我花了很多时间向客户解释产品的性能,让他们了解到我们的产品是最适合他们的,并且在别家再也拿不到这么合理的价格了,因此很顺利地就把公司的机器推销出去一百台。"

"不错,"马林赞许地说,"但是你完全了解客户的情况了吗?会不会出现退货的情况呢?你知道部门的业绩是和推销出去的产品数量密切相关的,如果他们把货退回来,对于我们的士气打击会很大。你对客户的情况真的完全调查清楚了吗?"

"调查清楚了呀!"小刘兴奋的表情消失了,取而代之的是失望的表情,"我是先在网上了解到他们需要供货的消息,又向朋友了解他们公司的情况,然后才打电话和他们公司联系的,而且我是通过你的批准才出去的呀!"

"别激动嘛,小刘,"马林讪讪地说,"我只是出于对你的关心才多问几句的。"

"关心?"小刘不满地说道,"你是对我不放心才对吧!"

思考：小刘与马主管的沟通存在什么问题?该如何解决?

一、职场沟通的基本原则

遵循职场沟通的原则,掌握沟通的方法,对于个人及组织的发展具有举足轻重的作用。就个人而言,除了专业技术上的精益求精,还要不断提升沟通能力。斯坦福大学曾经对世界500强企业进行长期跟踪研究,研究发现:一个人所赚的钱12.5%来自知识,87.5%来自人际关系。另有研究表明,每年被企业解雇的人员中,95%是因为人际关系非常差,只有5%是因为技能低下。有些技术达人虽然在专业领域内拥有高超的技术能力和深厚的专业知识,但由于忽视了沟通艺术和人际关系管理,他们在竞争中常常处于不利地位。

职场沟通不仅限于表达自己的观点,更重要的是理解和接纳他人的观点,协调各方利

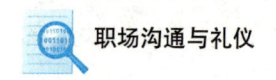

益，建立起信任和良好的团队协作关系。因此，应遵循以下基本原则。

（一）角色定位

准确认知自己的角色身份在职场中至关重要。它涉及个人在组织中的定位、职责权限、行为规范等多个方面。正确的角色定位可以避免出现不符合自己角色的言行，减少麻烦和矛盾。角色定位主要包括以下内容。

1. 职务认知

每个人都要清楚自己的职位、所属部门及其在组织中的位置，明确顶头上司和下级员工分别是谁，了解自己的主要工作职责和绩效指标。

2. 角色责任

每个职位都有特定的角色任务和责任范围。例如，管理者负责团队管理和项目的推进，专业技术人员则专注于提供技术支持和创新解决方案。认清自己的角色责任，才能更好地履行工作职责。

3. 权责界限

越权行事，越俎代庖，会造成职场角色混乱，影响组织工作的顺利进行。所以每个人都要了解自己在决策过程中的权力范围，知晓何时需要请示上级，何事可以自主决策，做到正确行使职权，既不越权也不推诿责任。

4. 适应企业文化

每个企业都有其独特的企业文化和工作风格。例如，有的公司注重扁平化管理，强调员工参与；有的公司则看重等级制度和执行力。理解企业文化，有助于找到自己在其中能发挥最大价值的角色和位置。

5. 团队协作

个人要明白自己在团队中所承担的角色，是领导者、执行者还是协调者，从而知道如何与团队中的其他成员有效配合，共同达成团队目标。

6. 职业形象塑造

在职场中，每个人都在塑造自己的职业形象和品牌。了解个人的长处和短处，发扬优点，改进不足，才能树立符合自己角色定位的职业形象。

总之，准确认知自己的身份角色，意味着要时刻清楚自己是谁、做什么、怎么做、为何做，以及在各种环境中如何行事，这是个人职场生涯走向成熟和成功的基石。

知识广角

SWOT 分析法

要想在职场中找到合适的角色和定位,首先需要了解自己的优势及劣势,可以通过 SWOT 分析法进行自我评估。SWOT 分析法由哈佛大学商学院的企业战略决策教授肯尼斯·安德鲁斯提出,是一种常用的战略规划工具(如图 1-4 所示)。它可以帮助企业或个人识别和评估自身面临的内外部环境条件,以制订有效的战略计划。

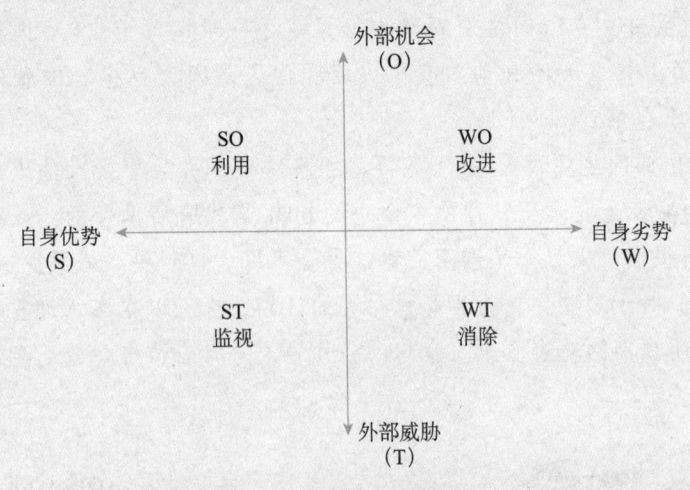

```
                    外部机会
                     (O)
                      |
         SO           |           WO
         利用          |           改进
                      |
自身优势 ←─────────────┼─────────────→ 自身劣势
  (S)                 |                 (W)
                      |
         ST           |           WT
         监视          |           消除
                      |
                    外部威胁
                     (T)
```

图 1-4　SWOT 分析矩阵

S(Strengths):优势,指组织或个人具有的内在积极属性、独特资源或核心竞争力,如专业知识、品牌声誉、专利技术等。

W(Weaknesses):劣势,是组织或个人存在的局限性、不足之处或弱点,如财务状况不佳、创新能力弱、市场份额小等。

O(Opportunities):机会,是指存在于外部环境中的有利条件,可利用以推动增长或提升竞争优势,如市场需求变化、政策支持、新兴技术应用等。

T(Threats):威胁,指来自外部环境的、可能对组织或个人产生负面影响的因素,如市场竞争加剧、法规变动、经济衰退等。

通过 SWOT 分析,可以系统性地梳理和整合相关信息,形成战略决策矩阵,针对每一种组合(SO、ST、WO、WT),制定相应的战略对策,以最大限度地利用自身优势、克服劣势、抓住机会、抵御威胁。

(二)换位思考

换位思考是指站在对方的角度思考问题,理解并尊重他人的感受和需求。换位思考有助于减少误解,增进共识。在上下级沟通中,下属站在领导的角度进行思考,能更好地理

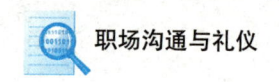

解领会领导的意图和需求；领导如果放低姿态，站在下属的立场上考虑问题，真正关心下属，了解其感受，也能赢得下属的尊重与拥护。

沟通案例1-4

领导要关注下属的感受

松下幸之助在一家餐厅招待客人（如图1-5所示）。等客人吃完主菜，他让助手请来了烹调牛排的主厨，专门向主厨解释牛排只吃了一半的原因："牛排真的很好吃，但是我已经80岁了，胃口大不如前。我想当面和你谈是因为我担心你看到吃了一半的牛排送回厨房，心里会难过。"

松下曾对一位部门经理说："我个人要做很多决定，并且要批准他人的很多决定。实际上只有40%的决策是我真正认同的，余下的60%是我有所保留的，或是我觉得说得过去的。"经理觉得很惊讶，松下不同意的事，完全可以一口否决。松下说道："你不可以对任何事情都说不。对于那些你认为算是过得去的计划，你可以在实行过程中指导他们，使他们重新回到你所预期的轨迹上来。我想一个领导人有时应该接受他不喜欢的事，因为任何人都不喜欢被否定。"

图1-5 领导要关注下属的感受

（引自：邓琼芳. 总经理必读的508篇经典管理故事[M]. 北京：北京工业大学出版社，2009：4-5，73）

【分析】松下幸之助有一句名言："企业管理过去是沟通，现在是沟通，未来还是沟通。"松下先生高度重视沟通，他深知如果没有沟通，企业就会趋于衰亡和倒闭。企业中的沟通既然是在人与人之间进行的，就应当以人为本。松下先生善于换位思考，通过自身的言行让下属感受到关心与尊重，因此下属也会采取发自内心的行动作为回报。

换位思考可以从以下几个方面进行。

1. 站在对方的角度看问题

在处理问题或做决策时，不仅要考虑自己的立场、需求和感受，还要设身处地地去理解和揣摩对方的立场、动机、感受和需求，从而更有针对性地传递信息，减少误解。发生分歧或冲突时，站在对方的角度理解其诉求，更有可能找到双方都能接受的解决方案。从客户的角度出发考虑问题，则可能提供更优质的产品或服务，满足甚至超越客户的期待。

沟通案例 1-5

"半瓶水"的创意

美国某公司发现，在一座城市里，人们每天扔掉的喝不完的矿泉水，加起来相当于缺水地区 80 万儿童一天的饮水量。于是该公司推出了半瓶水的概念，即卖出的每瓶矿泉水只装半瓶，余下的半瓶水由该公司直接替消费者捐赠给缺水地区的孩子们，并特别设计了 7 款包装，包装上附有缺水地区儿童的照片和一个二维码，以便人们了解缺水地区的详细信息。"半瓶水"的设计引来了世界各地 300 多家媒体的关注和报道，大幅提升了公司的知名度。虽然售价还是原先一瓶水的价格，但是公司的销量增加了。

【分析】半瓶水的设计不仅解决了矿泉水喝不完浪费的问题，更重要的是赋予了产品精神上的附加值，唤起了人们心中的善意和社会责任感，满足了人们做慈善的心理需求。该公司正是站在消费者的角度考虑问题，让消费者感受到了自己的价值，才使得本品牌在短时间内提升了知名度。

2. 充分考虑沟通对象的理解和接受能力

沟通不仅是表达，更是"被理解"和"被接受"。沟通达成共识的前提是双方要有相同的理解。因此要充分考虑沟通对象的年龄、职业、教育背景、经验水平等因素，用对方能明白的语言和方式交流，确保语言表述清晰易懂，避免使用过于专业或复杂的术语，如果必须使用，也应当予以充分的解释。例如，一名食品安全专家向一位不具备食品科学知识的餐厅老板解释食品添加剂的风险。如果不考虑对方的专业背景，可能会这样说："某些合成食品添加剂，如偶氮二甲酰胺（ADA）在过量摄入的情况下，可能对人体造成潜在的健康危害，包括过敏反应和消化系统刺激等。"考虑到餐厅老板可能对食品添加剂的知识了解有限，可以用通俗易懂的语言表述："为了让面团发酵得更好、面包更蓬松，有些厂商会在生产过程中添加一种名为偶氮二甲酰胺的物质。但如果这种东西加多了，就像炒菜时盐放得过多会影响口感一样，长期过量食用含有这种添加剂的食品，顾客可能会出现不适，如过敏或者肠胃不舒服，这不仅影响他们的健康，也会损害您餐厅的口碑和生意。所以，我们需要密切关注食材的添加剂成分，尽量选择安全无害的天然替代品。"

3. 语言表达注重换位思考

语言表达要考虑对方的情感接受度，用尊重和理解的态度进行交流，避免因为过于直接或强硬的言辞引起对方的抵触或反感。

（1）正面信息多谈及对方。正面信息多谈对方，让其感受到被尊重或享有某种权益，有利于消除对立，甚至使其产生愉悦的情绪，从而更愿意接纳和配合我们的想法。例如：

× 缺乏换位思考的方式：我宣布，咱们部门本年度绩效考核被评为"优秀"。

√ 换位思考的方式：非常感谢在座的各位！在大家的共同努力下，咱们部门本年度绩效考核被评为"优秀"。

（2）负面信息避免使用"你"，以保护对方的自尊心。涉及负面信息时使用"你"，容易使对方产生不安、失望、沮丧等心理感受，还有可能造成抵触情绪，此时可以用其所属群体的名称代替"你"。例如：

× 缺乏换位思考的方式：你不能在办公区域吸烟。

√ 换位思考的方式：本单位人员不能在办公区域吸烟。

也可以采用无人称表达方式，维护对方的自尊心。例如：

× 缺乏换位思考的方式：你的预算没有考虑到价格季节性波动的因素。

√ 换位思考的方式：预算没有考虑到价格季节性波动的因素。

（三）正向表达

正向表达是一种鼓励、肯定、支持的交流方式，核心思想是在传递信息、思想或情感时，倾向于积极、有益和建设性的方面，一般通过表扬、激励来引导和改变行为，而不是过度关注错误或惩罚；即使是提出批评或建议，也能做到尊重对方，充分顾及对方的心理感受。正向表达有助于构建良好的沟通氛围，增强信任、促进合作，从而达到沟通的目的。

俗话说："忠言逆耳利于行"。事实上，谁愿意总是听到逆耳的话呢？如果把逆耳的忠言换个说法，用顺耳的语句来表达相同的意思，人们会更乐于接受进而付诸行动。所以，"忠言顺耳"会更利于行。

1. 避免使用负面含义的词汇

尽可能选择不会引起对方消极反应或抵触情绪的词语，从而营造良好的沟通氛围，促进双方更好地理解和接纳彼此的观点。例如：

× 用负面词语表达：你的体能测试成绩太差了。

√ 带有负面词语但语意稍有缓和：你的体能测试成绩没达标。

√ 使用肯定的词语来表达：如果你每天坚持1小时体育锻炼，体能测试一定能达标。

有些词语本身不是消极的词语，但是放在一定的语境中就产生了隐含的负面意思，如"……多了"。例如：

× 隐含负面意思的表述：你最近的工作态度认真多了。

√ 正面的表述：你最近的工作态度更认真了。

2. 注意"但是"的用法

"但是"是一个连接转折关系复句的关联词，通常的用法是将带有正面语意的分句放在"但是"之前，将带有负面语意的分句放在"但是"之后。但在沟通时，人们往往将关注的语意重点放在后半句，如果将带有负面语意的语句放在"但是"之后，整句话就容易变成强调负面语意的语句。

如果习惯使用"但是"进行表达，不妨通过调整语序来改变表达的效果，即把表述负面语意的分句放到"但是"之前，把表述正面语意的分句调整到"但是"之后，使整句话变得顺耳，如：

× 调整语序前：我很喜欢你的这个提议，但是有的地方我还有些疑问。（强调有疑问）

√ 调整语序后：虽然有的地方我还有些疑问，但是我很喜欢你的这个提议。（强调喜欢提议）

沟通案例 1-6

少说"但是"

约翰："迈克，今天下午我们有个非常重要的大客户要过来考察，我希望你们部门能做好充分的准备。"

迈克："我明白，我想我会尽力的，但是你为什么不早点通知我呢？要知道，我手下的那些家伙是不太好对付的。"

约翰："哦，我感到抱歉，我本应该早点通知你，但是我一直都在强调，你们平时要加强工作纪律方面的整顿，难道你忘了这一点吗？"

迈克："不，事情不是这么简单的。我承认你一直都在强调这一点，但是这一次我真的需要时间。"

约翰："我理解你的处境，但是我现在是在向你分配工作。这是你的工作职责，你明白吗？"

迈克："什么，你竟然怀疑我对工作的负责程度……"（如图1-6所示）

【分析】频繁使用"但是"一词，会给对方带来一种持续反驳、否定的印象，即使讲话者的本意并非如此。适当地减少"但是"的使用，采用更积极的连接词，如"同时""并且"等，有助于传达更为准确的信息，增进理解，减少误会，促进沟通。

图 1-6　少说"但是"

（四）合作共赢

沟通不仅是为了传递信息，更是为了建立和深化人与人之间的信任与合作关系。在沟通过程中运用共赢思维，尊重对方的需求和利益，有助于增进理解，巩固信任关系。

共赢思维强调充分考虑各方需求并努力实现参与各方的利益共享，而非单方面的获益。其核心理念是以长远发展的眼光来看待问题，追求各方的和谐共生与持续发展。无论是在商业谈判、团队协作还是日常生活的人际交往中，采取合作共赢的沟通策略都是至关重要的。如果只关注自身利益而忽视其他人的诉求，容易导致关系破裂；只有坚持共赢才能确保各方都能在合作中获益，促使合作关系健康、稳定地发展。当发生冲突与矛盾时，采用合作共赢的策略，寻找既能满足自身需求又能顾及对方利益的解决方案，将更有利于化解矛盾，促进和谐共处。实现合作共赢需满足以下条件。

1. 共享目标

所有参与者需要有共同的目标愿景，即在各自的利益诉求中找到交集，明确各自在合作中的期望收益，以及希望通过努力达成的整体目标。

2. 互利互惠

每一方都要从合作中获得一定的利益，包括经济利益、资源互补、技术共享等。成果分配时，应秉持公平公正的原则，让参与各方都感受到自己的贡献得到了合理回报，从而保持长期稳定的合作关系，避免出现一方得利、多方受损的情况。

3. 尊重包容

尊重合作伙伴的文化差异、理念差异，寻求多元化的解决方案，做到求同存异，形成相互支持、相互促进的合作氛围。在沟通与决策的过程中，明确各方的需求、能力、责任和权益，公开透明地交换信息，及时解决合作过程中的问题和矛盾。

4. 风险共担

合作各方要对可能出现的风险和遇到的困难有共同承担的意识和准备，共同寻找应对策略，增强抵御风险的能力。

只有在上述条件的基础上，才能真正实现深度合作，达到"1+1>2"的共赢效果。

二、职场沟通的心态

沟通的心态直接影响沟通的效果。积极、开放的心态能促使沟通达成共识，而消极、抵触的心态则会导致沟通障碍甚至引发矛盾冲突。以良好的沟通心态开展职场沟通，对于建立、维护和谐的人际关系，解决问题和化解冲突具有重要作用。

（一）敬人心

敬人，即尊重他人。不论沟通对象的地位、背景或观点如何，都要给予应有的尊重。初入职场，有些人认为别人尊重自己，是因为自己很优秀，可慢慢才发现，别人尊重自己，是因为别人很优秀。懂得尊重，是一名职场人应当具备的基本职业素养。

尊重始于倾听。沟通时要给对方充足的时间和空间来表达观点，不随意打断，尽量理解和接纳对方的情感、想法和立场，避免言语或行为上的轻慢。即使存在分歧，也能够以开放的心态开展沟通。

尊重意味着开放与接纳。避免偏见，不要以先入为主的观念去评价或判断他人。允许对方有机会完整阐述自己的看法，不因为一时的不认同就否定全部内容。即使在竞争关系中，也应与对手保持友好交流和互动，形成一种健康、积极、有序的竞争氛围，共同推动整个行业的进步和发展。

（二）自信心

自信是成功沟通的基石。充满自信的人在沟通中能够清晰有力且有条理地表达自己的观点和想法，给人留下积极、专业、有能力的印象。自信还可以提升个人的影响力和说服力。当一个人对自己的言论有信心时，他人也更可能接受并认同其观点，从而达成共识或者推动事情的发展。此外，自信心还能够激发积极正面的情绪，使得整个沟通过程更加愉快和高效。

（三）平常心

平常心使人能在沟通中保持理智和清醒，不因情绪波动而做出冲动的决定或说出不当的话语，有利于人们对事物进行冷静、客观地分析和判断。平常心意味着尊重他人，即使看法不一致，也能平静对待，倾听对方的心声，有助于增进彼此间的理解与包容。当发生误会或冲突时，平常心有助于消除焦虑、急躁、愤怒等过度的情绪反应，使人更为理性地看待分歧，寻求共识。在决策时，如能保持一颗平常心，不受一时情绪的影响，将有助于做出公平公正和符合长远利益的决策。

（四）同理心

同理心是指个体能够理解并感知他人的情绪、感受和立场的能力。同理心不同于同情心。同情心往往是对他人的不幸遭遇表示遗憾或悲悯，而同理心则侧重于直接理解并分享他人的情感体验，如快乐、悲伤、紧张、痛苦等。具有同理心的人能够理性地分析他人的情绪和观点背后的逻辑和原因，并能够用言语和行动表现出对他人的关心与支持。这对于建立人际关系、化解矛盾冲突有着重要作用。

沟通案例 1-7

汽车产业共生救援

2008年美国"金融风暴"后，汽车业巨头通用汽车公司面临严重的财务危机，亟须政府援助。在国会听证会上，时任通用汽车CEO里克·瓦格纳受到严厉质询。在这关键时刻，福特汽车公司CEO艾伦·穆拉利采取了一种充满同理心的做法，令人印象深刻。

尽管福特公司在当时财政相对稳健，不需要政府救助，穆拉利仍出席了国会听证会。这并非为了寻求援助，而是站在整个美国汽车产业的角度发声，支持通用汽车和克莱斯勒请求联邦政府的支持。他在发言中指出，美国三大汽车制造商相互依存，一旦其中一家倒下，将对整个供应链、就业市场乃至国家经济带来灾难性后果。他表现出了对竞争对手困境的理解，同时也关注到普通工人的生计和美国制造业整体的利益。最终，美国政府批准了对通用汽车和克莱斯勒的救助计划。这场危机得以缓解，一定程度上得益于穆拉利的同理心表现及其所带来的正面影响。

【分析】穆拉利的举动正是具有同理心的体现。他不仅理解并同情竞争对手面临的艰难处境，还考虑到行业内外所有相关群体的福祉。这种超越自身利益，站在更高角度考虑问题的做法，赢得了公众和政界的好评，也体现了福特汽车公司的社会责任感。

模块小结

要点	内容
了解职场沟通要素	1.职场沟通是指在工作环境中，为了实现个人或组织的目标而进行思想、信息、情感交流，直至达成共识的过程。 2.职场沟通按照信息载体分为语言沟通和非语言沟通，按照渠道分为正式沟通和非正式沟通，按照方向分为上行沟通、下行沟通和平行沟通，按照对象分为自我沟通和人际沟通。 3.职场沟通的内容要素包括5W2H，即为什么、何事、何人、何时、何处、如何做和数量

续表

要点	内容
把握职场沟通原则	1. 职场沟通的基本原则包括角色定位、换位思考、正向表达和合作共赢。 2. 职场沟通要具备四种心态，即敬人心、自信心、平常心和同理心

案例与思考（一）

案例 1-1

买复印纸

老板叫一位员工去买复印纸，员工就去买了一摞复印纸回来。老板大叫："一摞复印纸怎么够？我至少要三摞！"员工第二天去买了三摞复印纸回来。老板一看，又说："你怎么买了 B5 的，我要的是 A4 的。"过了一个星期，员工买了三摞 A4 的复印纸回来，老板骂道："怎么买了一个星期才买好？"员工回："你又没有说什么时候要。"为了买复印纸，员工跑了三趟，老板气了三次。老板摇头叹道："员工的执行力太差了！"员工心里说："老板能力欠缺，连个任务都交代不清楚，只会指使下属白忙活！"

思考：沟通问题出在谁身上？

案例 1-2

处理客户投诉

小范是某家电品牌的售后服务专员。一天她接到一位客户的来电投诉，客户反映所购买的洗衣机在保修期内出现了问题。在电话交谈中，客户情绪激动，反复强调他对产品质量的失望。小范始终保持着冷静、官方的语气来解答客户提出的问题。客户多次提及希望能尽快安排维修人员上门服务，小范只是复述了标准的服务流程和预计等待时间。最终，客户在挂断电话后，在社交媒体上公开抱怨此次糟糕的沟通体验，对品牌形象造成了不良的影响。

思考：
1. 小范此次处理客户投诉失败的原因是什么？
2. 请以 2 人一组，模拟你认为正确的处理投诉的方式。

实践活动（一）

活动 1-1

沟通游戏——撕纸

一、活动目标

了解沟通过程中的障碍，选择恰当的沟通方式，改善沟通效果。

二、活动过程

给每位同学发一张 A4 纸，老师发出以下单向指令：

1. 请大家闭上眼睛；

2. 整个过程中不许问问题；

3. 把纸对折；

4. 再对折；

5. 再对折；

6. 把右上角撕下来，然后旋转 180°，把左上角也撕下来；

7. 睁开眼睛，把纸打开。

第二次，老师可以请一位学生重复上述指令，不同的是，这次学生可以中途提问。

三、讨论与评价

1. 第一次撕纸的结果所有人都一样吗？如果不一样，原因是什么？

2. 第二次撕纸的结果所有人都一样吗？如果还是不一样，那么沟通的过程可以怎样改进，以保证最后得到的结果一致呢？

3. 完成任务测评（如表 1-2 所示）。

表 1-2 任务测评表

评价指标	评分等级	测评结果
能严格按照各项指令操作，闭眼、折叠和撕纸环节均准确无误，表现出高度的专注力和执行力。 面对可提问的机会，能够通过准确的提问，积极解决问题	优秀：90 分以上	
基本完成了所有步骤，在某些细节上有细微偏差，但总体上能跟上节奏，没有明显违反规则。 具有提问的意识，但并未充分利用提问机会，或是所提问题不够关键	良好：75～89 分	
在执行过程中出现较多错误，如未完全按照指示折叠或撕纸，或者未能始终保持闭眼状态，注意力和执行力一般。 在允许提问的环节中，未能主动提出疑惑，或是即使提问也不能精准地找出问题所在	一般：60～74 分	

续表

评价指标	评分等级	测评结果
无法准确完成多个步骤，频繁睁眼查看或与其他人交流，缺乏自律性，在执行指令上有困难。 即使给予提问机会，依然保持沉默或提出与任务无关的问题，缺乏沟通技巧	较差：60分以下	

活动1-2

感受非语言沟通的魅力

一、活动目标

体会非语言沟通的作用，感受非语言沟通的魅力。

二、活动过程

要求：相邻的2人为一组，互相向对方介绍自己。

1. 表达方：介绍时可以使用目光、手势、表情、标识、图片等，但是不能使用口头语言和书面语言。

2. 理解方：用口头语言表述自己刚才得到的信息。

3. 沟通的双方互换角色，重复以上步骤。

三、讨论与评价

1. 在进行自我介绍时，你遇到了哪些挑战，是如何解决的？

2. 此次非语言沟通体验中，你认为哪种非语言元素在自我介绍中最为关键？为什么？

3. 在观察对方自我介绍时，哪些非言语信号对你理解介绍的内容帮助最大？请具体描述这些信号，并分析为何它们能有效地传达信息。

4. 在口头转述对方介绍的内容时，是否存在信息丢失或误解的现象？如果有，可能的原因是什么？

5. 基于此活动，你对非语言沟通在信息传递和人际关系建立中的作用有何新的认识？未来在职场沟通中，你将如何更好地运用非语言手段进行有效沟通？

6. 完成任务测评（如表1-3所示）。

表1-3 任务测评表

评价指标	评分等级	测评结果
表达方：能灵活运用非语言手段生动有趣、条理清晰地介绍自己，使对方能够快速捕捉到关键信息，展现出高超的沟通技巧和创新思维能力。 理解方：能迅速捕捉并正确解读对方的非语言信息，并通过口头语言精准、全面地复述出来，具有较高的观察能力、理解和表达能力	优秀：90分以上	

续表

评价指标	评分等级	测评结果
表达方：能够在一定程度上利用非语言方式表达个人信息，虽然表达的丰富度或精确度稍有不足，但大部分核心内容得以传递，具有一定的非语言沟通能力和创意。 理解方：能够大致理解对方的意图并进行口头转述，虽然在细节上有遗漏或误解，但仍能抓住大体框架，具有一定的观察理解和转换表达能力	良好：75～89 分	
表达方：非语言表达手段较为单一，部分关键信息未能有效传达，具有基本的非语言沟通能力，仍有较大提升空间。 理解方：能抓取部分内容，但对一些复杂或精细的非语言信息理解不准确，口头转述时存在较多疏漏或混淆，观察理解和口头表达能力需进一步提高	一般：60～74 分	
表达方：非语言表达形式贫乏，难以准确传递个人信息，导致对方产生较大误解。 理解方：对对方的非语言信息理解模糊，口头表述时内容偏离或严重缺失，观察力、理解力以及转换表达能力等方面存在问题	较差：60 分以下	

模块二　掌握职场人际沟通技巧

名人名言

管理就是沟通、沟通、再沟通。

——杰克·韦尔奇

能力标准

分类	具体内容
知识	● 掌握与上级和下级有效沟通的礼仪。 ● 掌握与客户有效沟通的礼仪
技能	● 能够运用正确的沟通原则与上级和下级沟通。 ● 能够运用正确的沟通原则与客户沟通
态度	● 培养良好的与上级和下级沟通的心态。 ● 尊重他人，建立良好的信誉和人际关系

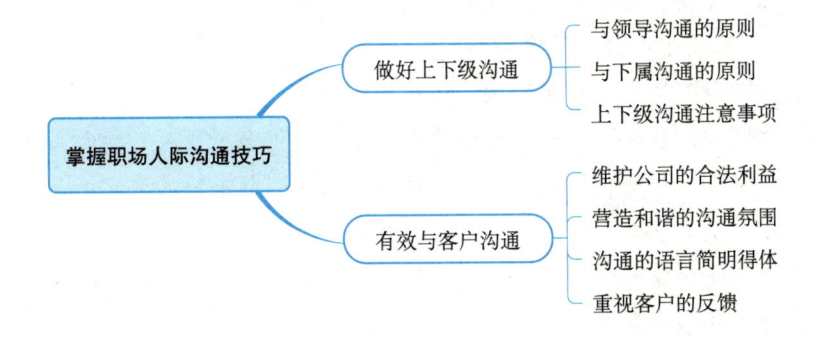

学习导航

- 掌握职场人际沟通技巧
  - 做好上下级沟通
    - 与领导沟通的原则
    - 与下属沟通的原则
    - 上下级沟通注意事项
  - 有效与客户沟通
    - 维护公司的合法利益
    - 营造和谐的沟通氛围
    - 沟通的语言简明得体
    - 重视客户的反馈

能力自测

小测试：你会处理上级的工作指示吗？

假设你是某公司销售部的一名员工，销售部张经理给你布置了一项任务，要求你在本周内整理一份关于上季度各区域销售业绩的详细分析报告，并在周五下午的部门会议上进行汇报。你会如何完成这项任务呢？

思考：

1. 如果你在周五会议上未能提供完整的分析报告或汇报不尽如人意，张经理会认为责任在谁？

2. 在接到任务后，你该如何与张经理沟通，才能确保自己对任务要求有准确理解，从而降低因理解偏差导致的工作失误？

单元 2.1　做好上下级沟通

引例 2-1

乡间旅店的广告

有一家乡间旅店，由于地理位置不佳，生意萧条。一天，旅店老板望着后面山上的一片空地出神，忽然他想出了能使旅店生意火起来的妙计。第二天，老板找到空地的主人李明，对他说："这块空地不利用十分可惜，你能不能在上面栽些树，绿化一下，也可以改善旅店的环境。"李明叹气说："唉，我也有这个想法，可惜资金不够，力不从心啊！"

由于旅店生意冷清，也因为缺乏资金植树，老板整天闷在屋子里发愁。一天，一位员工提醒老板："能不能想办法让顾客种树？"老板茅塞顿开，马上与这名员工商量怎样才能让顾客种树。在与空地主人协商之后，该旅店登出了广告：尊敬的旅客，您好！本店后面的山上有一片空地，宽阔而幽静，特为旅客朋友种植纪念树所用。如有兴趣，不妨种下一棵小树，本店派专人为您拍照留念。树上可留下木牌，刻上您的名字以及植树日期⋯⋯广告一出，旅客们纷纷携树而来。没过多久，旅店后山已是满眼绿色。那些栽过树的人也常来这里看望，从此旅店夜夜灯火通明。旅店生意好转完全是因为那名员工的妙计，老板为他记了一大功，并给予重奖。

【分析】 员工在老板一筹莫展的时候帮他解决了难题，从而获得了老板的赏识。在工作中，要想得到领导的信任和重用，除了要尽职尽责做好分内的事，还要掌握与领导沟通的技巧，在充分展示个人能力的同时，与领导建立良好的关系，这样就能抓住提拔和晋升机会，在职场上有所作为。

一、与领导沟通的原则

步入职场，自身发展前景在很大程度上取决于领导对你的态度。如果你不能很好地处理和领导之间的关系，那么领导对你就不会有好的印象，你就会被边缘化；如果你被领导边缘化，那么很快你也会被同事边缘化；最终你将变成公司的"孤家寡人"。所以，在职场中，我们应该学会与领导和谐相处、默契配合，从而得到他们的信任、支持、关心与帮助。因此，与领导沟通应该掌握以下原则。

（一）记住自己的角色定位

与领导沟通时，要时刻记住自己的身份是下属。服从领导的安排是下属的职责；尊重领导，维护领导的权威，可以让上下级之间的沟通更顺畅。在公开或正式场合，一般领导都喜欢下属尊敬自己。有一些领导平时与下属过于亲近，界限不分明，甚至称兄道弟，下属心中的"上级意识"淡薄，遇到正式场合就有可能伤害领导的尊严。

沟通案例 2-1

角色定位缺失导致的职场失利

小毕，毕业一年多，在一家广告公司做广告文案策划。她漂亮，聪慧，干活利落，深得领导赏识。一次，领导交给她一项重要的任务：按照领导的既定思路做一个详细的策划方案。领导告诉她，客户是当地一个大型房地产公司，并表示这个客户对公司发展很重要。为此，领导先提出了策划思路，让她只要按照这个思路做策划方案就行了。

小毕很不解，以前领导顶多提个要求，策划方案完全由自己完成，而且每次都能得到上司的称赞。这次难道是领导对自己不够放心，不相信自己的能力？不久，她发现领导的思路有一个致命的错误，如果按照那个思路做策划方案，肯定会遭到客户的拒绝。

于是，小毕又找到领导，当时领导正在和全公司的领导开会，但她当着众人直截了当地说："你的思路根本不对，应该这样……"这一举动直接否定了领导。这让领导感觉很没面子，结果是方案给了别人做。

【分析】这是一个由于员工没有明确自己的角色定位而导致工作机会丢失的典型案例。作为下属，不顾领导的面子挑战他的权威是非常危险的，尤其是在公共场合，让领导难堪是最忌讳的。在遇到这种情况时应该找机会单独和领导交流，说明你自己的想法，建议领

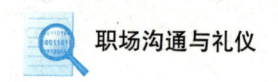

导考虑，让领导感觉到你是在为他着想，是为了更好地做好工作。一般情况下，领导都会考虑你的想法，同时他也不会感到有失颜面。

（二）了解领导的需求

下属要善于观察，准确分析领导的需求，还要时刻关注领导需求的变化，按照领导的期望与之处事和沟通。那么，如何了解领导的需求呢？下属与领导所处的立场不同，往往看问题的角度也不一样。要想把握领导的需求，下属应该站在领导的角度去思考，分析他的目标与期望，体谅他的处境与感受，从而与领导保持良好的沟通和工作节奏的一致性。

沟通案例 2-2

忽视领导需求的沟通：一次失败的项目提案经历

在某咨询公司中，资深顾问李阳负责为一个新客户设计一项战略规划，并需要向公司总经理王明进行项目提案。然而，李阳在沟通中未能准确理解王明的管理需求，导致提案未能获得批准，项目推进受阻。

李阳一向注重细节和专业性，但在这次提案中，这种优势却成了他的劣势。他过分专注于战略规划的技术细节，却忽略了王明对公司整体发展方向的关注。他的提案虽然在理论上很完善，但缺乏与公司长远发展战略的紧密结合。在提案会议上，他用了大量时间介绍技术细节，但未能清晰地表达出方案对公司未来的战略目标的贡献。

当王明提出关于项目对公司财务收益和资源投入的问题时，李阳显得应对不当。他虽然努力回答，但未能给出令王明满意的答案。他的沟通方式显得有些拘谨，缺乏自信心和说服力，导致王明对项目的价值产生了怀疑。

最终，由于提案未能说服王明，项目被暂时搁置了。这次的失败不仅让李阳失去了一次在公司展示的机会，也对他个人的职业发展产生了一定的负面影响。这次沟通的失败不仅仅是项目失败，更是对李阳沟通和理解能力的一次挑战。

【分析】李阳在项目提案过程中忽视领导需求导致沟通失败的实例，提示我们：与领导沟通时，须深入了解并准确把握其管理需求，才能确保信息传递的有效性，提升沟通成功率。无论多么专业的方案或建议，若不能与领导的需求相契合，都难以得到采纳和支持。

（三）注意与领导沟通的态度

1. 尊重而不吹捧

领导通常都比较在意自己在下属心目中的地位，所以下属要尊重领导，要在各方面维护领导的权威，认真完成交办的每一项工作。如果领导正处于困境中，下属应积极承担责任，发挥作用，帮其排忧解难。但是要注意，下属与领导应当建立良好的工作关系，而不是发展过于密切的私交关系。如果把主要的精力都放在溜须拍马上，在工作方面没有业绩，那么有朝一日领导的岗位发生变动，自己的工作也将受到影响。

2. 主动而不越权

一个有责任心的下属，在工作上一定是积极主动的，不会事事都等着领导下命令。但是工作主动也要把握好限度，不能置领导的地位于不顾，越权行事。没有哪个领导会欣赏擅自做决定的下属。如果自以为是，先斩后奏，不仅不能协助领导完成工作，长此以往还会威胁到组织的生存与发展。因此，在职场中不要逾越与领导之间的界限，该领导决策的事必须由他亲自决定，下属要做的只是提出建议和执行命令。即使领导不在身边，事情又微不足道，下属能够处理，而且知道领导也会做出同样的处理，也仍然不能轻举妄动，应该及时向领导请示，得到授权后再付诸行动。

沟通案例 2-3

秘书被"炒"

某企业老板李总是个急脾气且快人快语的人。有一次他发现供应商提供的原材料价格上涨太多，于是和供应商进行谈判，两个人没谈妥价格，还争执了起来。事后，李总越想越生气，就让秘书写一封辱骂对方的信发出去。半个月后，李总冷静下来，通过调查发现，在多家供应商中，这个供应商是最好的，供货最守时，原材料质量也很好，于是叫秘书写一封道歉信。秘书面带得意的笑容说道："李总，这封信别写了，您那封信我根本没给您发。"李总只说了一句话："我交办的其他事情你都办了吗？"第二天，秘书被"炒"了。（如图2-1）

图2-1 秘书被"炒"

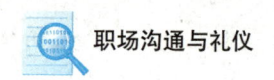

【分析】面对李总的情绪化指令，秘书没有采取积极的沟通策略，如提出建设性意见或寻求更合理的解决方案，而是选择自行处理，这种架空领导的行为导致了上下级之间的信任缺失。一个不被领导信任的员工，是很难在职场立足的。

（四）准确理解领导的指令

当领导布置工作任务时，下属要认真倾听，适当记录，可以采用上文所提到的职场沟通要素 5W2H 法来快速记录任务要点，即为什么（Why）、做什么（What）、执行者是谁（Who）、什么时间做（When）、什么地点做（Where）、怎么做（How）、工作量是多少（How many/How much）。记录完毕后简明扼要地复述一遍，看是否有遗漏或者没领会清楚的地方，请领导加以确认，以确保执行任务时不会出现偏差。

沟通案例 2-4

让海尔淡季不淡

《海尔中国造》记述了这样一个故事：海尔董事局主席、首席执行官张瑞敏对海尔集团总裁杨绵绵说，能不能做到淡季不淡？杨绵绵不愧是海尔的第一执行者。她对于这样一个问题大动心思，经过研究认识到家电销售都有淡季和旺季，在冬天买空调冰箱的少，而在夏天买洗衣机的少。为什么夏季是洗衣机的淡季呢，为什么人们夏季不买洗衣机，而要等到冬季再买呢？在经过反复的市场调研后，她发现道理其实很简单，虽然夏天换衣服勤，但换下的衣服不能放，用手洗很快可以解决问题（如图 2-2 所示）。于是海尔研发出一种专门针对夏季使用的小容量的洗衣机。经过市场试销证明，这种洗衣机一经推向市场，便得到了顾客的极大认可。海尔创造了一块新的洗衣机市场"蛋糕"，在抢占市场方面获得了极大的成功。

（资料来源：《海尔中国造》，颜建军 胡泳著，海南出版社）

让海尔淡季不淡

图 2-2　让海尔淡季不淡

【分析】"能不能做到淡季不淡？"这一指令不仅是对销售策略的询问，更是对企业创新能力、市场洞察力以及响应能力的考验。杨绵绵作为执行者，展现出了高度的理解力和执行力。她没有停留在字面意思上，而是深刻领悟到了张瑞敏提问背后的深层意图——即通过创新打破季节性销售模式的束缚，挖掘并满足消费者在非旺季的潜在需求。通过分析市场规律、开展细致的市场调研、创新产品开发以及接收市场验证与反馈，杨绵绵完美诠释了一个优秀执行者如何将领导的宏观愿景转化为实际操作成果的过程。

（五）接受任务既要尽力而为，又要量力而行

领导出于信任，才会把工作安排给某个下属，下属应该不负期望，全力而为。接受任务要正确衡量自己的能力，并确认完成任务所需要各种的资源。对于无法完成的事情不要大包大揽，即使接受了任务，在执行过程中出现了问题也要及时反馈。否则一旦失误，轻则有损自己在领导心目中的形象，重则拖累工作全局，造成更大的损失。

沟通案例 2-5

过度承诺与力不从心

在某知名建筑设计院中，项目负责人小杨接到了来自上级——设计院院长马总——的一项紧急任务：在两个月内完成对某大型商业综合体的设计优化工作，以确保项目按期交付并使客户满意。面对马总的期待与压力，小杨在"尽力而为"与"量力而行"之间未能做出恰当的权衡，导致项目进程中困难重重，最终未能按时交付设计方案。

在接领任务之初，小杨出于对上级期望的积极响应以及对自身团队实力的过度自信，未充分考量当前团队的工作负荷、项目复杂度及时间紧迫性等因素，便毫不犹豫地许诺能在限定时间内完成所有设计优化。这种过度承诺的心态，使得他在项目启动阶段便设定了脱离实际的目标。

在项目执行阶段，小杨带领的设计团队遭遇了多重考验：设计师人手紧张、部分设计工具亟待升级、建筑结构复杂导致修改耗时较长等。尽管团队成员夜以继日、全力以赴，由于任务负荷过重、资源短缺，工作进度明显滞后。小杨在意识到问题严重性后，未能及时向马总汇报实际情况，申请必要的支持与调整，而是选择咬牙硬挺，企图依靠团队的"超常付出"扭转困局。

随着时间逼近交付期限，设计方案的完成度远低于预期，设计质量问题也开始浮出水面。小杨不得不向马总坦白项目延期的实情，此时马总才了解到项目所面临的严峻挑战。尽管院方迅速调动其他资源进行增援，但终究无法在原定工期内完成全部优化工作，导致项目交付延期，不仅给客户带来了经济损失，也对设计院的声誉造成了负面影响。

【分析】这是一则由于错误地预估自己的能力而导致项目拖延的案例。小杨的经历警示我们，在接受上级任务时，既要表现出积极进取的"尽力而为"态度，同时也要实事求是地"量力而行"。过度承诺不仅可能导致个人及团队陷入过度劳累、效率低下、士气低落的困境，还可能因无法兑现承诺而损害组织利益和信誉。正确的做法是在接受任务时充分评估自身能力和资源，清晰传达可能面临的困难与挑战，与上级共同商定切实可行的计划，确保任务的顺利完成。

（六）不要表现得比领导更聪明

试想一名下属在各方面都表现得比领导高明，领导是不是会有被取而代之的危机感呢？领导有没有可能采取打压、排挤的措施来巩固自己的地位呢？因此，作为下属要学会隐藏锋芒，始终保持谦虚、低调的态度，既要体现自己的能力，以获得发展和提升的机会，又要顾及领导的感受。例如，在向领导提建议时，可以表现出只是在提醒他原本就知道，不过是偶尔忘掉的，而不是需要你解释才能明白的东西。如果领导确实失策或者语出有误，不要当面纠正，让人难堪，更不能口无遮拦地顶撞领导。

沟通案例 2-6

聪明反被聪明误：一次因炫耀才智而引发职场危机的故事

在某著名咨询企业中，策略顾问李杰以其卓越的分析能力和前瞻性的商业视野赢得了同事与客户的广泛赞誉。然而，在一次与公司执行总裁林董的对话中，李杰因过度炫耀其智慧，导致林董对其产生反感，从而引发了一场职场风波。

在探讨一桩关键的市场策略项目时，林董刚抛出初步思路，李杰便立刻指出其中数项潜在风险，并迅速地抛出一套自认更具革新性与高效性的替代方案。尽管其见解确实具有独特价值，但其表述方式过于犀利，甚至隐含对林董初拟构想的质疑。李杰急于炫示其才智，却忽视了林董作为企业领航者的地位及其对项目整体布局的掌控权。

再者，李杰在阐述其观念时，大量运用行业术语与繁复的逻辑模型，令非专业背景的林董感到费解。这种"卖弄学识"之举，无形中拉大了他与林董的交流鸿沟，令林董感受到挑战，认为他有冒犯权威的嫌疑。

随后，林董在企业内部例会上公然谴责李杰的行为，认为其过于傲慢，缺乏团队协作精神与尊重上级的态度。尽管李杰的策略才能备受肯定，但此事却对其人际关系造成重创，不仅使其与林董关系骤然紧张，更在同事间引起许多非议，阻碍了其职业晋升的道路。

【分析】这是一则下属自作聪明而导致自己职场失利的案例。李杰的案例警示我们，职场中卖弄自己的聪明才智，尤其是表现得比领导更聪明，往往会导致人际关系紧张，甚至引发职场危机。正确的做法是，尽管具备专业知识和创新能力，但在与领导及同事交流时，应保持谦逊低调，尊重他人观点，用易于理解的方式表达自己的见解，注重团队合作与上下级关系的和谐，这样才能充分发挥聪明才智，赢得他人的认可与支持。

二、与下属沟通的原则

要克服下行沟通中的各种障碍，应当遵循与下属沟通的原则，讲究沟通策略，这是提高沟通效果的前提。

（一）重视与下属的沟通，保证沟通渠道畅通

上下级掌握的信息量是不对等的。领导位于沟通渠道的中枢，能够获取来自多方的信息，在与下属的沟通中通常是主导方。如果只有下属有积极性，沟通未必会顺畅；但如果领导重视与下属的沟通，沟通渠道就容易保持畅通。实际上，领导经常主动与下属沟通，还能有效地激发下属的工作热情和积极性，提高办事的效率。

沟通案例2-7

沟通壁垒下的团队危机：一位忽视下属沟通需求的领导

在某生物制药研发机构中，科研项目主管刘主任凭借其深厚的科研功底与广泛的行业影响力，深受公司高层器重。然而，在日常的团队管理中，他却不重视与组员的沟通，导致团队士气消沉、研究效率降低，甚至引发了核心科研人员流失的问题。

首先，刘主任在日常工作中过于依赖科研管理系统进行任务通知发送和进度查询，几乎摒弃了与组员面对面的深度交谈。这种单一化、机械化的沟通方式，使得科研人员感受不到主任的关心与指导，也难以适时、充分地表达他们的思考与困扰。

其次，在团队研讨环节，刘主任常常扮演绝对权威的角色，鲜少给组员充分发言的机会。他往往单方面宣布研究方向与实验计划，对组员提出的疑问或创新建议回应不够积极，有时甚至流露出不悦之情。这种"独断专行"式的沟通模式，限制了团队创新思想的碰撞与激发，降低了研究决策的民主性和科学性。

最后，刘主任忽视了对团队内部沟通机制的构建和维护。他并未建立定期的团队研讨会、导师—学生一对一面谈等沟通机制，导致科研人员之间的信息交换受阻，合作效率大打折扣。同时，他未能塑造一个开放、包容的沟通氛围，使得科研人员在面对学术分歧或工作冲突时，更倾向于选择沉默或私下抱怨，而非通过正式渠道进行沟通与协商。

综上所述，刘主任在科研团队管理中的沟通短板，已成为阻碍团队士气、提高效率和保留人才的关键因素，亟待改进。

【分析】这是一个典型的上下级沟通不畅案例。刘主任作为领导者，其忽视下属沟通的需求、未能保证沟通渠道畅通的做法，导致了团队内部沟通壁垒高筑，严重影响了团队凝聚力、创新力与执行力。这一案例警示我们，作为领导者，必须高度重视与下属的沟通，构建多元、开放、及时、有效的沟通机制，以激发团队潜力，提升组织效能。

（二）建立有效的工作报告制度

除下属主动请示和报告工作外，领导也应定期召开会议交流信息，以便及时掌握部门内部的动态；在传达指令时，要求下属复述所记录的要点，确保下属正确理解任务要求；在执行任务的过程中，明确需要提交报告的时间点。这有助于领导有效掌握工作情况。

沟通案例2-8

工作报告缺失引发的决策失误

在某初创型互联网公司中，首席执行官张总以其敏锐的商业洞察力和丰富的行业资源，让公司在短短两年内得到了快速发展。然而，由于张总在公司管理中未能建立起有效的工作报告制度，公司在一次关键项目决策中出现了严重失误。

起初，张总认为公司规模较小，团队成员之间可以直接、频繁地进行面对面沟通，没有必要严格规定工作报告制度。然而，随着公司业务的快速扩张，部门分工日益细化，信息传递逐渐变得复杂且容易失真。各部门负责人在各自领域内忙于应对日常事务，缺乏对整体业务进展和市场动态全面、准确的把握。

在这种情况下，张总在进行一次重要项目投资决策时，主要依据个别高层管理人员的口头汇报和部分市场调研报告，而缺乏对各部门详细工作进展和问题反馈的系统了解。他未能及时察觉到项目执行过程中出现的技术难题、人力资源紧张以及市场竞争加剧等关键问题，以至于做出了过于乐观的投资决策。

项目启动后不久，由于前期预估不足的问题集中爆发，项目进度严重滞后，成本超支，市场份额未能达到预期。公司不得不追加大量资金投入，调整项目计划，承受了巨大的财务压力并导致市场声誉受损。此次决策的失误，使公司的发展势头受到严重打击，也引发了投资者和员工对张总管理能力的质疑。

【分析】回顾此次事件，张总深刻认识到，没有建立健全的工作报告制度，导致信息传递不完整、不准确，是造成决策失误的直接原因。有效的工作报告制度不仅可以确保高层管理者及时、全面地掌握公司运营状况，做出科学决策，还可以通过定期的书面记录，促使各级员工更加严谨、系统地思考和总结工作，提升整个组织的管理水平和执行力。

（三）尊重下属，换位思考

在上下级沟通中，下属站在领导的角度进行换位思考可以更好地理解领导的想法和感受。同理，领导放低姿态，站在下属的立场上考虑问题，真正关心下属，了解下属的感受，才能赢得广泛的尊重与拥护。

沟通案例 2-9

尊重缺失与换位思考不足：一场导致员工士气低落与人才流失的危机

在某全球知名制药集团亚太区总部，人力资源总监王总监以其严谨的管理作风和卓越的业绩而被尊为典范。然而，随着时间推移，王总监在管理过程中暴露出的对下属尊重匮乏以及换位思考欠缺的问题，逐渐催生出一系列严重的人力资源危机。

首先，王总监在日常工作中过度聚焦绩效考核达标率，对下属实行高压统治，时常在公开场合严厉斥责未达成业绩目标的员工，甚至以贬损个人能力为手段刺激他们提升业绩。这种行为深深伤害了员工的自尊，导致团队士气萎靡，工作积极性锐减。

其次，王总监在制定人力资源政策和分配工作任务时，极少考虑员工的实际能力与个性化需求，缺乏换位思考。他常常对员工反映的工作困难与市场变动视而不见，一味强求团队按照既定方针执行，使得员工在应对实际挑战时深感孤立无助和压力。更为严重的是，当员工提出优化工作流程、调整人力资源策略等合理建议时，王总监常常以维护管理层威信为由，拒绝听取或迅速否决，没有给予下属应有的尊重与认同。这种封闭的决策体系和对员工意见的漠视，进一步加深了团队内部的不满情绪，制约了创新思维的迸发。

最后，由于长期缺乏尊重与换位思考，王总监所管辖区域的员工满意度急剧下滑，人才流失率远超公司平均水平，多位关键岗位的员工辞职，对人力资源管理效能和公司市场竞争力造成了严重影响。这场危机促使集团高层对王总监的管理方式展开审查，并推出了一系列补救举措，如调整管理风格、强化员工关爱、完善内部沟通机制等，旨在提振团队士气，稳定人才团队。

【分析】这个是一个典型的与下属沟通不注意态度的案例，揭示了尊重与换位思考在现代企业管理中的重要性，警示领导者忽视这两点可能导致的严重后果。

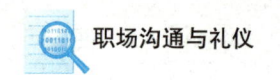

（四）关注下属的需求

需求层次理论将人的需求按照从低到高的顺序依次分为五个层次，分别是生理需求、安全需求、归属需求、尊重需求和自我实现需求。对这一理论通俗的理解是，假如一个人同时缺乏食物、安全、爱和尊重，那么他通常对于食物的需求是最强烈的，因为此时人的意识几乎被饥饿所占据，所有能量都被用来获取食物，其他的需求都显得不重要。当人的生理需求得到满足后，才可能出现更高级的、社会化程度更高的需求。在一个组织内部，下属面临的问题不同，需求的层次往往也有差异。有的下属经济状况不佳，有的缺乏安全感，有的在团队中没有归属感。领导要关注和了解每一位下属的需求，在合理的范围内从物质和精神方面满足其不同的需求。了解下属需求的方法有很多，如经常与下属聊天，通过热心肠的员工了解情况，开展民意调查，设立意见箱，公布电子邮件等都是可行的方法。

知识广角

需求层次理论

需求层次理论，由美国心理学家亚伯拉罕·马斯洛提出，是一种经典的个体需求分类与层级模型（如图2-3所示），用于解释人类行为动机及需求满足的心理过程。该理论将人的需求划分为五个层次，从基本生存需要逐步上升至自我实现需求，形成金字塔式的结构。

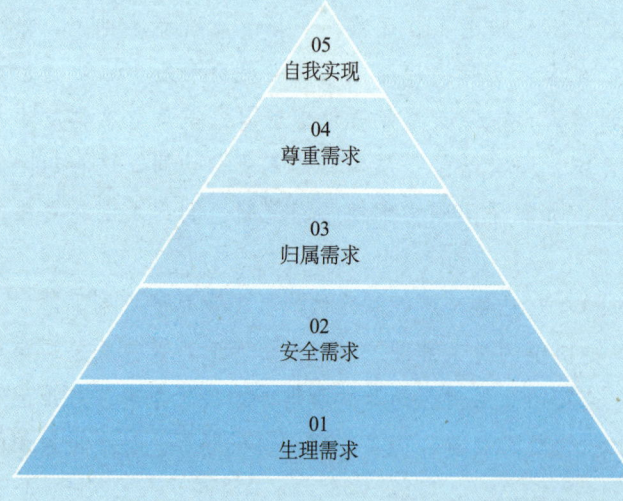

层级	需求	内容
05	自我实现	道德、创造力、自觉性、问题解决能力、公正度、接受现实能力
04	尊重需求	自我尊重、信心、成就、对他人尊重、被他人尊重
03	归属需求	友情、爱情、性亲密
02	安全需求	人身安全、健康保障、资源所有性、财产所有性、道德保障、工作职位保障、家庭安全
01	生理需求	呼吸、水、食物、睡眠、生理平衡、分泌、性

图2-3 需求层次理论

需求层次理论强调，这五类需求按层次逐级递进，较低层次的需求得到满足后，个体才会关注并追求更高层次的需求。同时，各层次需求并非绝对分离，而是相互关联、动态变化的。

沟通案例 2-10

忽视下属需求引发的团队动荡

在某新兴生物科技公司中，研发部总监王总监以其独到的科研洞察力和果决的项目管理风格，引领团队在短短五年内实现了技术领域的重大突破。然而，随着公司规模的不断壮大，王总监在关注与满足下属需求方面的缺失逐步显现，引发了一连串团队难题，对公司进行持续创新构成了挑战。

首先，王总监在制定研发目标与分工任务时，过度侧重短期科研成果的产出，忽略了下属的个人成长需求。他极少与下属开展关于职业发展规划的相关对话，未能提供充足的进修机会和职务晋升路径，致使众多科研人员感到职业前路迷茫，工作热情减退。

其次，王总监在日常管理过程中，对下属的工作压力关注不足，未能及时发现和舒缓团队成员因高强度科研产生的身心压力。他常常在项目攻关阶段强行延长工作时间，不顾员工对工作与生活调和的期望，导致团队气氛低迷，科研效率下滑。

最后，王总监在调解团队内部纠纷时，多采用避而不谈或强硬压制的方式，未能深入探查和关切各方的实际需求与利益，致使矛盾长久积压，人际关系紧绷。例如，当实验室A与实验室B关于实验设备使用优先权产生争执时，他仅强调公司整体科研进度，未充分顾及两实验室各自的科研重点与设施需求，导致矛盾加剧，影响了公司科研项目的推进和成果的质量。

由于王总监长期忽视下属的需求，公司市场部出现了较高的人员流动，核心人才流失严重，团队凝聚力下降，市场竞争力受到影响。面对这一局面，公司高层不得不介入，要求王总监调整管理方式，加强与下属的沟通，关注并满足他们的合理需求，以稳定团队，恢复公司的市场竞争力。

【分析】王总监在管理中未能满足下属的多层次需求，员工的需求不仅包括基本的生理和安全需求，还涉及更高层次的尊重和自我实现需求。尽管项目取得了显著进展，公司收入增加，但下属们仍然渴望得到职业上的发展机会和个人能力的提升。因此，王总监应该重视并保障这些更高层次的需求，通过提供职业发展规划、进修机会和晋升路径来激励下属，同时确保他们在工作中得到尊重和认可。

（五）先听再说

由于上下级之间地位不同而形成的位差效应，即领导在心理上的优越感和下属在心理上的自卑感，会在一定程度上影响沟通效果。有的领导习惯先说再听，先表达自己的观点，然后问下属有没有意见。受位差效应的影响，在这种情况下，一些下属生怕得罪领导，即使有不同的看法也不愿提出来，于是双向沟通就变成了缺乏有效互动的单向行为。先说再

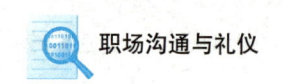

听还容易让下属产生领导想把个人意见强加于人的印象，引发对立情绪。所以应该先听再说，给下属话语权，让其畅所欲言，充分表达自己的观点。同时，在下属表达观点时应专心倾听，让下属感受到领导对于沟通的诚意，这样有利于双方开诚布公地交流意见。

沟通案例 2-11

先听再说：一次领导决策失误的反思

在某知名软件开发企业中，产品研发部经理陈经理以其深厚的技术背景和果断的决策风格，带领团队成功推出了多款在市场上颇具影响力的产品。然而，在一次关键的产品升级决策中，陈经理未能遵循"先听再说"的原则，导致决策失误，给公司带来了不小的损失。

事件起因于公司旗舰产品的一次重大版本更新。在项目启动初期，陈经理基于对市场趋势的判断和个人对技术发展方向的理解，迅速制定了详细的升级方案，并向团队下达了实施命令。在此过程中，他过于自信，没有充分听取团队成员特别是基层工程师的意见和建议，认为他们只需要按照既定方案执行即可。

然而，随着项目推进，工程师们在实际开发过程中遇到了一系列预料之外的技术难题和兼容性问题，这些问题在陈经理最初的方案中并未被充分考虑。尽管工程师们多次尝试通过内部沟通渠道向上反映问题，提出调整方案的建议，但陈经理坚持己见，认为这些问题可以通过加大投入、加快进度来解决，没有对原始方案进行实质性的调整。

最终，由于陈经理未能在决策过程中"先听再说"，没有充分听取基层工程师的专业意见，导致产品升级项目严重延期，超出预算，并在上市后因技术问题频发，导致用户体验不佳，市场反响远低于预期。这次决策失误不仅影响了公司短期的营收和市场份额，也损害了公司的品牌形象，导致部分忠诚用户的流失。

【分析】领导在决策过程中倾听下属意见十分重要，领导者忽视这一点可能会导致严重的后果。可以通过改进决策机制、加强内部沟通等方式，提升决策的科学性与有效性。

（六）多激励，少斥责

领导的激励能极大增强下属的自信心，激发其工作潜能。激励的手段是多样的，只要运用得当，就可以起到理想的作用。在与下属的沟通中，激励具有重要的作用，批评也是必要的手段。当下属犯了错误时，领导要运用技巧开展有效的批评，而不是简单地斥责，伤其自尊。特别是不要斥责那些带来坏消息的下属，因为他们往往是鼓足了勇气前来汇报的，斥责只会加重其心理上的挫败感，日后有可能为了避免被斥责，只报喜不报忧。作为领导，在听到坏消息后应该控制情绪，充分肯定下属的坦诚，并共同商讨对策。

沟通案例 2-12

过度斥责导致团队士气低落：一次领导风格调整的失败尝试

某建筑公司工程部经理李经理以严谨、果断的管理风格闻名，公司曾因他的高效执行力而取得了显著的业绩。然而，在面临行业竞争加剧与内部改革需求的双重压力下，他过于依赖"严惩轻奖"的管理模式，导致团队士气跌至谷底，工程进度出现倒退现象。

首要问题在于，李经理在日常工作中，对工程实施过程中的任何微小偏差或延期都采取极为严厉的批评态度，时常在公开场合大声训斥员工，甚至对员工进行人格侮辱。这种过度责备的作风使员工始终处于紧张、恐惧当中，他们畏惧犯错，不敢主动承担职责，其工作积极性与创新意识大幅降低。

其次，李经理对员工的积极表现与优秀成果缺乏及时、充分的肯定与奖励。他极少对员工的努力和成绩表示赞赏，也不重视构建明确、公平的激励体系，如绩效奖金、晋升机会或公开表彰。这种"只见惩罚不见奖励"的氛围使员工感觉付出得不到公正的回报，工作成就感和归属感极度匮乏。

最后，李经理在面对员工提出的改进建议或问题反馈时，常常以责备取代倾听，将其视为员工找借口或逃避责任的举动。这种态度阻碍了信息的正常传递，使许多实际问题无法得到妥善解决，进一步加重了团队内部的消极情绪与对立气氛。

长期的过度责备导致工程部员工士气萎靡，工作满意度大幅下滑，员工离职率明显攀升，许多资深员工选择离职，新入职员工也难以适应如此压抑的工作氛围，影响了团队的整体稳定性与工程进度。公司高层在接收到大量员工投诉并注意到工程部业绩滑坡后，不得不对李经理的管理方式予以干涉，敦促他调整领导风格，增加激励措施，减少不必要的责备，以提振团队士气，提升工程效率。

【分析】本篇案例为读者揭示了领导风格对团队氛围和工作效率的巨大影响，警示领导者过度依赖斥责可能会导致严重的后果，应通过调整领导风格、增加激励措施、改善沟通方式等方式，提升团队士气，激发员工潜能，从而实现组织目标。

三、上下级沟通注意事项

（一）尊重与平等

尽管存在职位差异，但沟通时应保持相互尊重。上级应尊重下级的观点和建议，避免颐指气使；下级也应对上级的决定和指导表现出尊重，避免无理顶撞。在交流过程中，力求营造平等的对话氛围，让双方都能畅所欲言。

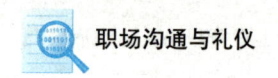

（二）适度批评

上级就同一问题批评下级时应有度。对于明显的错误或问题，可以适时指出并给予指导，但避免频繁、重复批评。通常情况下，同样的错误批评两次已足够，过多的批评不仅会削弱下级的工作积极性，还可能导致其产生抵触情绪。

（三）批评目的明确

上级在批评下级时，应明确指出批评的目的是帮助下级正视并改正错误，提升工作能力，而非作为一种惩罚手段。批评应针对具体行为而非个人，注重解决问题而非发泄情绪，同时应提出建设性的改进意见和建议。

（四）保护隐私

上下级在沟通过程中，都应注意避免涉及双方的个人隐私。无论是工作讨论还是日常交流，应尊重彼此的私人空间，不询问、不议论与工作无关的私人事务，确保沟通的专业性和边界感。

（五）清晰、准确表达

无论是上级向下级传达任务要求、工作指示，还是下级向上级汇报工作进展、提出问题或建议，都要力求语言清晰、信息准确。避免使用专业的术语或模糊的表述，确保对方能够准确理解意图和要求。

（六）倾听与反馈

上下级沟通应是双向的，上级应积极倾听下级的意见、困惑或困难，给予及时有效的反馈，以展现出对下级观点的重视。下级在向上级汇报时，也应主动寻求反馈，确保信息得到有效接收和理解。

（七）开放与包容

鼓励创新思维和多元观点，上级应欢迎下级提出不同意见甚至挑战，以此推动团队进步。同时，对于下级在尝试新方法或解决复杂问题时可能出现的失误，上级应持包容态度，视其为学习和成长的机会。

（八）保持专业素养

无论沟通的内容多么激烈或敏感，上下级都应保持冷静、理性，展现出良好的职业素养。避免在沟通中使用攻击性的语言或情绪化的表达，以维护良好的职场关系。

单元 2.2　有效与客户沟通

引例 2-2

巧妙的沟通

柯达公司的创始人伊斯曼想捐建一所音乐学院。美国一家桌椅制造公司的经理阿德姆森得知后,很想得到这笔生意。而伊斯曼为人傲慢,与人谈话从来不超过 5 分钟。一天,阿德姆森应约来到伊斯曼的公司,可伊斯曼却对他不予理睬。阿德姆森了解伊斯曼的为人,并不直接谈生意,而是发挥木材商人的专长,盛赞伊斯曼办公室的家具和橡木壁板的高档与气派。这令伊斯曼很高兴,并因此跟他聊起天来,还带他四处参观。在参观过程中,阿德姆森自然地问起伊斯曼的艰难而卓越的奋斗历程,并由衷地表示钦佩,真诚地赞扬他捐助钱财的慈善义举。阿德姆森和伊斯曼交谈、用餐达 4 个小时,虽未提及生意,但这笔生意已经非他莫属了。

【分析】阿德姆森沟通的过程中,巧妙地结合自己的优势,以一种迂回的手段获得了伊斯曼的信任,最后拿下了订单。这提醒我们,在与客户的交流过程中,不要盲目地推销自己的产品,要采用一定的策略和方法。

在日常工作中,与客户沟通是影响客户满意度与企业竞争力的重要环节,因此,为了使沟通顺利进行,员工需要掌握一定的原则。以下是与客户沟通的原则。

一、维护公司的合法利益

维护公司利益是员工必须坚守的职业道德,也是与客户沟通的出发点和基本准则。俗话说:"大河有水小河满,大河无水小河干。"公司利益与个人利益息息相关,一荣俱荣,一损俱损。只有维护好公司的利益,个人利益才能有所保障。每一名员工应该既是公司形象的宣传者,又是公司利益的维护者。与客户沟通,不能以损失公司利益为代价,博取客户欢心或牟取私利。

沟通案例 2-13

没有守住的底线

某软件开发 A 公司的销售代表小张在与潜在客户 B 公司进行项目洽谈的时候,由于

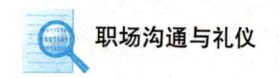

沟通出现了一些问题，导致公司利益受损。

3年前，B公司想要购买A公司的一套生产管理系统，那时的小张迫于升职的压力，十分急切地想要促成这笔交易。因此，在沟通的过程中，他为了拿到这笔订单，过度地妥协价格。在谈判的初期，B公司提出要以低于公司标准30%的价格购买，但是，身为公司销售的小张，他的权力仅能使报价在公司标准价格的10%以内浮动。为了尽快签订合同，小张在未通知公司的情况下就接受了降价承诺。同时，B公司见到小张如此爽快，便提出希望在合同中增加一条款项，即允许他们将定制的部分与其他子公司或关联公司相连。小张为了让客户尽快签订合同，便草率地同意了这一条款。1年后，与B公司签订的特殊条款出现了法律问题，导致A公司受到了牵连，最终，A公司承担了一定的责任。

【分析】小张在与顾客沟通中，为了尽快与顾客签订合同，在与顾客进行商议的过程中，并未考虑到公司的合法利益，最终致使公司利益受损。该案例告诉我们在与顾客进行沟通时，不仅要使顾客满意，更要保障公司的合法利益。

二、营造和谐的沟通氛围

轻松愉快的沟通氛围，可以为正式的洽谈做好铺垫。沟通的双方只有在和谐的气氛中，才能开诚布公地交流。营造沟通氛围可以关注以下几个方面。

（一）积极接待客户

对待客户要礼貌热情，做到称呼得体，自我介绍简洁明了，言谈举止大方稳重，表情自然，面带微笑。在与客户沟通的过程中保持目光接触，让客户感到受重视。

（二）恰当地赞美客户

赞美是一门艺术，恰当的赞美会使客户有被重视的感觉，有时赞美甚至能够改变客户的消极态度。当然，赞美的内容须实事求是，措辞得当，切合客户的心意，切忌无中生有或者过分恭维。

（三）重视倾听

认真倾听的态度会让客户感受到你的诚意，对你更加认同。在沟通中，员工要能够通过倾听了解到客户的真实意愿，发现客户的潜在需求，还要能够听出客户的弦外之音。

（四）用客户易于接受的句式来表达

员工应站在客户的角度思考问题，以尊重、体贴的态度和商量的语气与客户交流，用客户喜欢的句式表达意愿和看法，这样更容易被客户接受。例如，用"我会……"表达服务意愿；用"您能……吗"向客户提出要求；用"我理解……"表示体谅对方的情绪，从而平息客户的不满；用"为了……"节约时间，从而提高沟通的效率；用"您可以……"代替说"不"，从而提出反对意见。

（五）避免争执

员工与客户沟通时要心平气和、不卑不亢、有理有据。无论出于何种原因，与客户争辩都是相当不明智的。逞一时口舌之能，即便客户当时无力反驳，也不会从内心真正信服。在网络时代，伤害一个客户所产生的负面影响，其传播速度和范围远远超出人们的想象，这样只会给后续的工作增加难度。因此，作为一名员工，当你与客户观点不一致时，不要与客户争辩，应晓之以理，动之以情，引导客户接受你的观点或向你的观点"倾斜"。

沟通案例 2-14

暴躁的电话

小李是某电信运营商的一名客服。某天下午，他接听了来自C女士的关于套餐咨询疑问的电话。C女士出于对近期账单费用激增的不满与困惑，语气十分的激动，一遍又一遍愤怒地质问道："这究竟是什么情况？一天天地总会出现一些莫名其妙的费用。"小李虽然具备此类投诉的经验，但由于李女士的情绪过于激动，小李在回应时，未能保持冷静，反而受到客户的情绪影响，语气变得逐渐生硬甚至不耐烦。面对客户的质疑，小李并未用安抚性的语言对客户的疑问予以回答，而是用许多的专业词汇，以及复杂的计算逻辑向C女士进行解释，这些回答使得C女士感到更加困惑与挫败。听罢，C女士虽然并不理解小李的回答，但是为了解决问题，她主动提出调整套餐以降低费用，但正值气头上的小李仅以"不能调"三个字告知C女士，并且没有主动地提出其他可行的解决方案。C女士一气之下挂断了电话，并向公司投诉了小李。

【分析】在这个案例中，小李在与客户C女士的沟通中未能营造出和谐的氛围。C女士在与小李的沟通过程中，虽然情绪激动在先，但身为客服的小李应该注意沟通方式，以温和的态度与客户进行沟通，及时帮助客户解决问题，切忌意气用事，这样才可以营造出和谐高效的沟通氛围，以提升客户满意度和忠诚度。

三、沟通的语言简明得体

不同客户的教育背景不同，因此对于专业知识的理解能力也存在较大差异。如果故意咬文嚼字或者使用深奥的专业术语，将在不知不觉中拉大员工与客户之间的距离。最好的

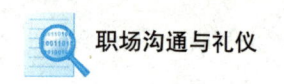

办法是用通俗的语言、简单的例子和浅显的方法来加以说明。如果进行书面沟通，员工要逐字逐句推敲将要交给客户的每一份文字材料，确保表述简明、准确无误。

沟通案例 2-15

专业术语要适当

晓琳是一家化妆品公司的销售员。在一款新防晒产品的推广活动中，她负责向顾客推荐和介绍产品。为了让自己的讲解更有说服力，她在活动前一天花了一整天的时间来准备，把产品的成分介绍、提炼方法等相关内容背得滚瓜烂熟。晓琳首先接待的客户是几位白领女性，当她熟练地说出产品中那些有效成分的名词时，她们表现得很有兴趣，并且最终购买了试用装。晓琳对自己的表现很满意。后来，当她试着用同样的语言向另一位姑娘介绍时，姑娘却皱起眉头连声说道："我从来没用过这个产品，也从没听说过它，我是不会用自己不熟悉的化妆品的。"晓琳解释道："您看这款产品的防晒指数是SPF50，它所含的这种Titanium（IV）Oxide成分是非常有效的，它可以很好地阻隔阳光中的UVB和部分的UVA……"没想到话还没说完，姑娘就转身离开了。晓琳愣住了，她不明白为什么打动了那些白领的话此刻却失灵了呢？

【分析】在这个案例中晓琳作为一家化妆品的销售人员在进行产品销售时，由于运用了过多的专业术语导致客户产生了负面情绪。该案例告诉我们：在与客户进行沟通时，不要盲目地使用过多的专业术语，要结合客户的知识水平，选择恰当的手段与客户进行沟通。

四、重视客户的反馈

（一）了解客户对于产品或服务的真实感受

客户的反馈是改进产品和服务的重要依据。员工可以通过拜访客户、开展市场调查等方式收集客户对于产品或服务的意见。对于一些批评性的意见，要认真分析研究，找到客户不满意的原因，并且拿出切实可行的改进方案。

（二）销售的每一个环节都力求让客户满意

重视客户的反馈，是建立客户信任感、稳定客户资源的重要方法。作为员工，要想与客户建立并维持长期合作关系，必须重视售前、售中以及售后的每一个环节。售前热情、售后冷漠的服务方式是绝对要避免的。正确的做法是：售前耐心讲解，告诉客户使用方法；售后开展销售跟踪，确保产品被正确使用。一旦出现问题，及时与技术人员或其他服务人员沟通，第一时间解决问题。

沟通案例 2-16

延后的反馈

有一次，一位乘客在推特上发布了关于乘机后行李丢失的消息，并且艾特了某航空公司。但是，这家航空公司的社交媒体团队在大约 8 个小时后才做出回应。并且，他们的回答也模棱两可，对于乘客的需求避之不答，并没有切实地帮助乘客解决行李丢失的问题。随后，这条帖子被超过七十万的用户看到，甚至被多家新闻网站转载报道，负面的消息铺天盖地地袭来。

上述事件使该公司的股价下跌超过 10%，客户满意度也因此大幅下跌。

【分析】这是一个由于航空公司没有及时处理客户反馈而引发的负面事件。这件小事情所产生的效应对航空公司的影响是巨大的。这一事件告诉我们企业要重视顾客的需求，及时对客户的反馈予以解决，切忌草率处理。

模块小结

要点	内容
做好上下级沟通	1. 与领导沟通应注意牢记角色定位；了解领导需求；注意沟通态度；准确理解指令；尽力而为，但也要量力而行；以谦虚的心态面对领导。 2. 与下属沟通应注意保持沟通渠道畅通；建立工作报告制度；尊重下属，换位思考；关注下属需求；先听再说；多激励，少斥责
有效与客户沟通	1. 维护公司的合法利益。 2. 营造和谐的沟通氛围。 3. 沟通的语言简明得体。 4. 重视客户的反馈

案例与思考（二）

案例 2-1

模糊指令引发的采购问题

某公司行政助理小王接到上级经理的口头指令，要求购买一批办公用品。经理只简单

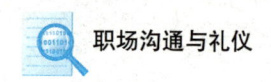

说买些笔、本子、订书机等常用的东西，未给出具体数量、品牌要求及预算限制等具体需求。小王按照常规需求估算数量，选购了市面上常见的品牌产品。然而，经理看到采购结果后，对数量、品牌选择及总体花费均不满意，认为小王未充分理解其需求，采购物品不符合公司形象且超出了预算。

  思考：1. 沟通问题出在谁身上？
     2. 请以 2 人为一小组，模拟采购的对话。

案例 2-2

反馈缺失引发的项目延期

  项目经理小张负责一个重要的软件开发项目，领导要求在两个月内完成该项目。小张带领团队积极推进，由于项目复杂度超出预期，中间遇到了技术难题和资源瓶颈。小张虽意识到可能无法按时完成，但担心上级批评，一直未主动向上级汇报项目进度及遇到的问题。直到距原定截止日期只剩一周时，小张才不得不向上级坦言项目将严重逾期。领导对此极为不满，认为小张缺乏责任心，未及时反馈问题，错过了尽早调整计划、调配资源的机会。

  思考：小张在与上级沟通的过程中出现了什么问题？

实践活动（二）

活动 2-1

精确指令传递挑战赛

  一、活动目标

  模拟工作场景，通过上下级间有效、准确地传递信息，明确清晰、具体指令的重要性。

  二、活动过程

  1. 分组：参与者随机分为若干小组，每组 5 人，组内成员分别扮演领导、下属及观察员的角色。

  2. 任务设定：领导成员从预先准备好的工作场景卡片中抽取一张；将卡片内容作为一项任务（如组织一场公司年会、策划一次市场推广活动等），并用文字写下对下属的具体指令。

  3. 指令传递：领导将指令口述给下属，下属在不提问的情况下，记忆并复述指令内容。观察员记录下属复述的准确性。

4. 执行反馈：下属根据记忆中的指令，详细地列出执行计划。领导根据下属的计划，评价其是否符合原指令意图。

5. 角色互换：小组成员交换角色，重复上述过程。

三、讨论与评价

1. 对比分析：比较领导书面指令、口头指令与下属复述内容之间的差异，分析信息丢失或误解的原因。

2. 经验分享：各小组分享在指令传递过程中遇到的问题及解决方法，讨论如何提高指令传达的清晰度与精确性。

3. 反思提升：每位参与者反思自身在指令接收与传递中的表现，提出改进措施，如主动提问澄清、使用结构化表达等。

活动 2-2

客户满意度提升与沟通实践工作坊

一、活动目标

通过模拟，提升学生服务客户的沟通技巧，增强其处理客户问题、需求和接受反馈的专业性与有效性。通过实际模拟和角色扮演等方式，让学生深入了解与客户沟通的技巧。

二、活动过程

1. 理论讲解阶段：由教师进行详细讲解，讲解内容包括倾听技巧、同理心表达、冲突解决策略以及如何处理不同类型的客户投诉等。

2. 案例分析研讨：教师分享真实的客户沟通成功或失败案例，引导学生深入剖析原因，总结经验教训，明确有效的沟通策略。

3. 角色扮演环节：学生分组（5~6人为一组），模拟各种真实的客户服务场景（如产品咨询、售后服务、投诉处理等），进行角色扮演。每个小组需要展示本小组的沟通应对策略，并接受其他小组和老师的点评。

4. 即时反馈与调整：每次角色扮演结束后，组织者和参与者共同讨论和评估，提出改进建议，及时调整沟通方式。

5. 制订行动计划：基于活动中的学习和发现，每位参与者都需要制定关于个人如何改善与客户沟通以及优化服务的具体行动计划。

三、讨论与评价

在活动结束后，教师组织全体讨论会，让所有参与者分享他们在活动中的收获、挑战以及未来将如何运用所学知识提升实际工作中与客户沟通的效果。最后，教师通过匿名问卷调查的形式收集学生对此次实践活动的满意度和建议，以便于后期活动的优化和改进。

模块三　学习语言和非语言沟通

名人名言

与人沟通，最重要的是能听出言外之意。

——彼得·德鲁克

能力标准

分类	具体内容
知识	● 了解语言沟通的特点与非语言沟通的重要性。 ● 掌握语言沟通与非语言沟通的种类
技能	● 能恰当运用语言沟通与非语言沟通技巧，提高人际交往能力。 ● 能运用口头、书面、非身体语言沟通技巧，创造良好沟通氛围，提升职场沟通效率
态度	● 培养根据不同情景主动恰当运用语言沟通与非语言沟通的意识。 ● 形成持续关注、学习与适应语言沟通与非语言沟通领域新知识的习惯，定期反思自身的沟通实践

学习导航

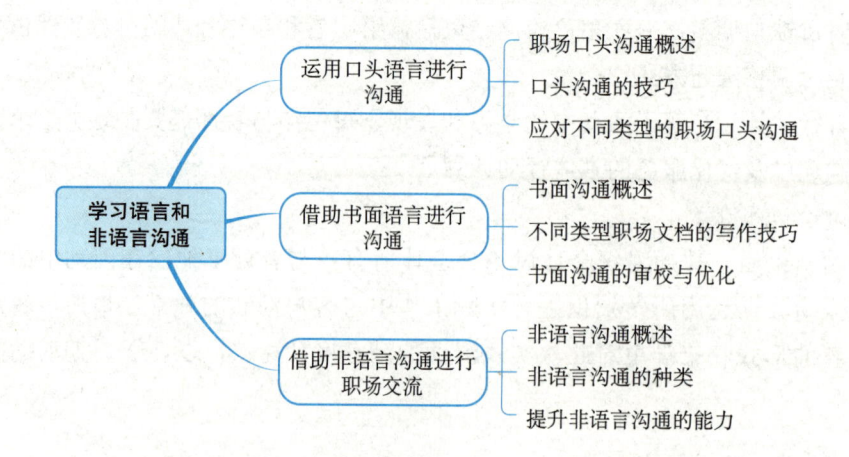

- 学习语言和非语言沟通
  - 运用口头语言进行沟通
    - 职场口头沟通概述
    - 口头沟通的技巧
    - 应对不同类型的职场口头沟通
  - 借助书面语言进行沟通
    - 书面沟通概述
    - 不同类型职场文档的写作技巧
    - 书面沟通的审校与优化
  - 借助非语言沟通进行职场交流
    - 非语言沟通概述
    - 非语言沟通的种类
    - 提升非语言沟通的能力

能力自测

小测试：你知道该如何选择恰当的沟通方式吗？

假设你是一家跨国公司的项目经理，正在负责一项涉及多个部门和地区团队的关键项目。现有以下三种情境，请你为每种情境选择恰当的沟通方式，并说明理由。

情境一：你需要向公司高层汇报项目的最新进展、主要问题及解决方案，预计汇报时间为30分钟。

情境二：你发现项目组内部存在关于某个技术细节的理解分歧，你希望组织一次讨论，让各方充分发表自己的观点，共同寻找最佳解决方案。

情境三：你注意到一位远程工作的团队成员在视频会议中表现出明显的沮丧情绪，你希望私下与他进行沟通，了解他的困扰并给予支持。

单元 3.1　运用口头语言进行沟通

引例 3-1

专业术语过多，影响沟通效果

某大型 IT 公司有两个核心业务部门——产品开发部（A 部门）与市场营销部（B 部门）。在一次年度战略规划会议上，A 部门经理王华以口头报告的形式详细介绍了部门新一年的产品开发计划，强调了技术革新和用户体验提升等方面的重点。然而，王华在表述时过于专业、术语繁多，未能充分考虑非技术背景参会者的理解能力，导致 B 部门及其他非技术部门的同事感到困惑，B 部门成员也因为对 A 部门的战略方向把握不清，在制定市场营销策略时出现了失误。

此次事件之后，公司高管认识到了沟通能力对各部门间的协作效率的影响，决定安排一次专门的沟通培训，提升全体员工尤其是管理层的口头沟通能力。

【分析】王华的口头报告未能兼顾听众的知识背景和理解能力，导致信息传递的效率降低，准确性也受到影响，给其他部门留下难以接近的印象，更是导致了 B 部门后续工作中的决策失误。可见，良好的口头沟通能力，不仅能确保关键信息被快速、准确地理解，还能够展示出对他人的尊重与理解，从而促进团队协作，提高整体工作效率。所以，提升口头沟通能力在个人职业素养提升与职业发展中有重要作用。

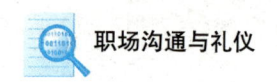

一、职场口头沟通概述

职场口头沟通是指在工作环境中，个体或群体之间通过口头语言进行的信息交流、意见表达、问题解决和决策制定等活动。它涵盖了员工与领导、同事、下属、客户、合作伙伴等不同角色之间的面对面交谈、电话会议、视频通话、小组讨论、演讲汇报等各种形式的口头交流。

（一）职场口头语言沟通的特点

1. 目标导向性

职场口头沟通常具有明确且具体的目标，如向上级汇报工作进展、向团队解释项目计划、向客户介绍产品特性等。口头沟通直接服务于工作需求，确保信息的有效传递，有助于组织和个人目标的达成。

2. 专业规范性

职场口头沟通要求对话双方都使用符合职业规范的语言，包括行业术语、公司行话、商务礼仪用语等，以体现专业素养和对工作环境的尊重。有时，职场口头沟通还需遵守公司内部沟通政策、保密协议等相关规定，如不能随意透露客户数据、商业秘密、未公开的财务信息、未来战略计划等敏感或机密内容。

3. 角色适应性

职场口头沟通者需根据自身在沟通中的角色（如领导、下属、专家、顾问等）以及对方的角色，调整沟通策略与风格。这包括明确表达立场、尊重他人意见、适时提供指导或寻求支持、展现权威或谦逊等，以适应职场中的权力关系和合作需求。

4. 信息精确性

职场口头沟通往往涉及复杂的业务信息、数据、流程和法规等，沟通者应准确、清晰、简洁地传达关键信息，避免因表述模糊或错误导致工作失误。

5. 情绪管理与文化敏感性

职场口头沟通要求讲述者妥善管理自己的情绪，保持专业、冷静、尊重的态度，对他人的情绪有所感知并适当回应。在多元文化的工作环境中，还需要理解和尊重不同文化背景下的沟通习惯与禁忌，避免因文化差异导致的沟通障碍。

6. 技术辅助性

随着信息技术的发展，职场口头沟通越来越多地借助于各种通信工具和平台（如电话会议系统、视频会议软件、企业社交平台等），沟通者需要掌握相关技术的使用，以提高沟通效率，拓展沟通范围，同时需要适应远程、异步等新型工作模式。

（二）职场口头沟通的原则与交谈禁忌

1. 避免使用贬低或歧视性语言

在口头沟通中，保持尊重和礼貌至关重要。使用尊重、包容的语言有助于营造积极、友善的工作氛围，也可以避免产生道德谴责或法律纠纷。职场环境中严格禁止任何形式的贬低、侮辱、歧视性言论，包括性别、种族、年龄、宗教以及性取向等方面的歧视。

> **沟通案例 3-1**
>
> **因歧视性言论，诺贝尔奖得主深陷舆论旋涡**
>
> 英国诺贝尔生理学医学奖得主蒂姆·亨特爵士，是一位杰出的生物化学家，因发现细胞周期蛋白依赖性激酶的作用机制而在 2001 年荣获诺贝尔生理学或医学奖。他在学术界享有极高声誉。在 2015 年 6 月的一次科学会议上，蒂姆·亨特爵士在一场午餐会的致辞中提到女性科学家时，调侃道："当你赞美女性科学家，她们会哭；当你批评她们，她们也会哭。因此最好的解决办法是单独隔离她们。"这些言论通过社交媒体迅速传播开来，引发了全球范围内的强烈批评，被认为是对女性科学家的刻板印象和性别歧视，它不仅冒犯了女性，而且与科学界追求平等、包容的价值观相悖。不久之后，伦敦大学学院宣布蒂姆·亨特爵士已辞去其荣誉教授职务，一些科学组织和委员会也宣布他已被迫离职。
>
> 【分析】蒂姆·亨特爵士因在公共场合使用贬低和歧视女性科学家的言论，不仅引发了强烈的公众抗议，导致他失去了在伦敦大学学院和其他科学机构的职务，而且对其职业声誉造成了持久的负面影响，成为其职业生涯中的一个重大挫折点。这个案例凸显了不当的言行对于职业发展的严重影响，沟通者应该引以为戒。

2. 避免抱怨工作或者议论公司的不足

职场中若频繁抱怨工作压力、同事关系、公司政策等，不仅无助于解决问题，还会给周围的人留下不好的印象。此外，消极悲观的言论还会影响团队士气。在公开场合或非正式渠道谈论公司的负面信息、内部矛盾或管理问题，还可能损害公司形象，甚至违反保密协议。如有困难和压力应该及时调整情绪，如果有建设性意见或批评，也应通过适当的渠道（如向上级、HR 或通过匿名反馈机制）提出。

3. 避免长篇大论和自说自话

职场口头沟通要在有限的时间内清晰、精练地传达信息，同时注重互动与倾听。冗

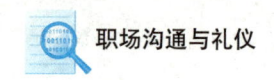

长、散漫的发言，过度自我中心或者长时间的独白不仅会削弱沟通效果，还可能给人留下缺乏效率与合作精神的印象。应使用简洁的语言和逻辑清晰的结构进行表述，同时给予他人充分的发言机会，通过提问、反馈、总结等方式确保对话的双向性，注意不要轻易否定他人观点，不随意打断对方说话，从而展现良好的团队协作意识。

4. 避免过度使用行业术语或缩略词

每个行业都有其特定的术语和缩略词，但过度使用或在非专业人士面前滥用，可能会造成沟通障碍。应根据听众的理解水平适当调整语言，确保信息的有效传达。若对方表现出困惑、不满或不耐烦的表情，也应及时调整自己的表达方式。

沟通案例 3-2

秀才买柴

一位秀才去市场买柴火。他见到一个卖柴人，便用文绉绉的语言喊道："荷薪者过来！"意思是"担柴的人，请过来一下。"卖柴人虽然听不懂"荷薪者"这个词，但听懂了"过来"，于是就把柴担到了秀才面前。

秀才接着问："其价如何？"意思是"多少钱？"卖柴人听懂了"价"字，便报了价。然后，秀才又说了一句："外实而内虚，烟多而焰少，请损之。"意思是"你的柴火外表看似干燥，里面却是湿的，烧起来会有大量烟而火不大，请减点价吧。"然而，卖柴人听不懂这些文言词汇，感到困惑。因为无法有效沟通，最终卖柴人挑起柴担离开了。

【分析】这个故事强调了在实际交流时，应该避免使用过于复杂或专业化的语言，而应选择通俗易懂的表达方式，以确保信息能够被对方正确理解。

5. 避免言而不实

沟通交谈应该秉持公正、理性、客观的态度，沟通者不应该说谎话、大话、空话等言过其实的话，沟通和发表意见时需要确保信息的真实性与准确性。同时职场交谈也不应谈论或散播未经证实的小道消息、谣言或恶意揣测他人的言论。

（三）有效进行口头沟通的基础

1. 明确沟通目标

在开始沟通前，明确自己希望通过对话达成的具体目标，如传递信息、征求意见、解决问题、寻求合作等。清晰的目标有助于双方聚焦对话内容，保持沟通方向正确。

2. 传递精简信息

使用准确、具体的词汇和表述方式，尤其是在传达关键数据、事实、要求或指示时，要确保传达的信息简洁准确，无歧义、无遗漏。同时，还需要注意信息的时效性，确保交流的信息是与当前情境相关的最新的资讯。

沟通案例 3-3

精简信息："30 秒电梯法则"

"30 秒电梯法则"来源于麦肯锡的一次惨痛教训。有一次，麦肯锡的负责人在电梯遇见了大客户的董事长，董事长问麦肯锡的项目负责人："你能不能说一下现在的结果呢？"负责人没有任何准备，回答也不尽如人意，最终失去了这一重要客户。自此，麦肯锡多了一条规定：公司员工要在最短的时间内把一件事的结果表达清楚，凡事要直奔主题、直奔结果。这就是"30 秒电梯法则"或者称"电梯演讲"。

【分析】身处紧急情况，即使有充分准备，很多人也很难在 30 秒内把事情说清楚，而这种类似的情况在职场中并不少见。例如，某人精心准备了 20 页 PPT 的汇报总结，需要 30 分钟才能全部讲完，但是老板有急事，临时更改要求，要缩短到几分钟讲解。这时，具备精简信息、高效表达的能力就尤其重要。在高层领导时间宝贵的情况下，我们需要迅速传达核心思想，避免冗长的论述浪费双方时间。

知识广角

使用金字塔原理高效传递信息

金字塔原理（如图 3-1 所示）也被称为麦肯锡沟通法，它可以保证最重要的观点永远被先说，并且表达的逻辑清晰、层次分明，是一种结构化高效表达的口头沟通方法。其遵循"结论先行、以上统下、归类分组、逻辑递进"的原则。一般要求先阐述核心观点，再阐述若干分论点，然后提供支持论据。例如，如果要说明"远程工作具有很大优势"这个结论，首先要说明中心论点（塔尖）："远程工作能显著提升员工满意度与企业效率。"接着构建支持论点（上层）："1. 提高工作灵活性，平衡生活与工作；2. 节省通勤时间，减少精力消耗；3. 扩大招聘范围，吸引更多人才。"然后每一点往下再细化（下层），如："灵活安排工作有助于员工根据个人生物钟安排高效工作时段。"这样，信息层层展开，逻辑清晰，易于对方跟进与理解。

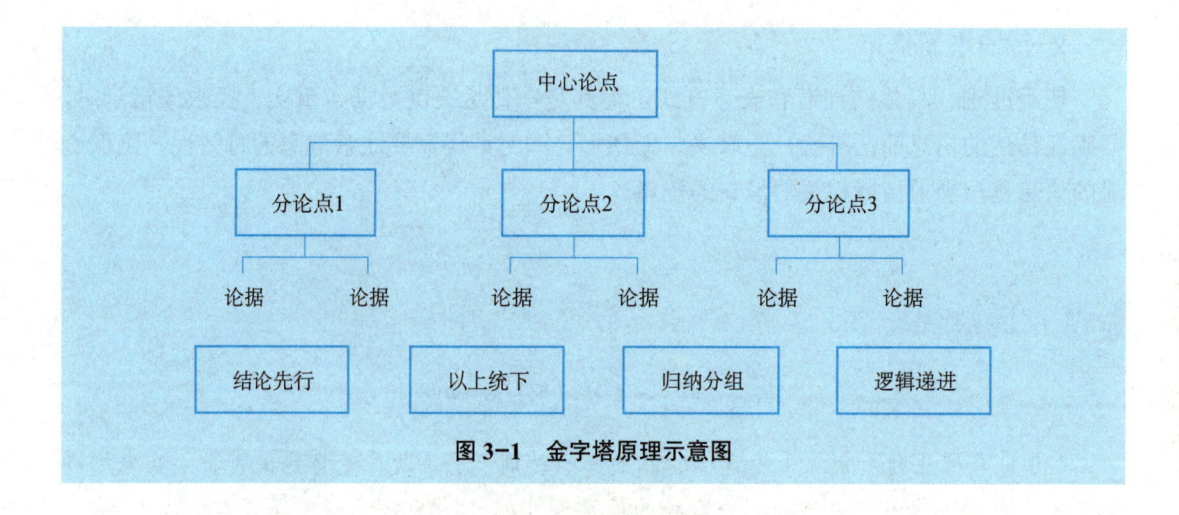

```
                        中心论点
              ┌───────────┼───────────┐
           分论点1      分论点2      分论点3
           ┌─┴─┐       ┌─┴─┐       ┌─┴─┐
          论据 论据    论据 论据    论据 论据
         ┌──────┐   ┌──────┐    ┌──────┐   ┌──────┐
         │结论先行│   │以上统下│    │归纳分组│   │逻辑递进│
         └──────┘   └──────┘    └──────┘   └──────┘
```

图 3-1　金字塔原理示意图

3. 适应沟通情境

口头沟通还需要遵循职场文化、公司规定等情境规范。有时根据场合、对象、目的等不同，可灵活调整沟通风格。例如，在正式会议中使用更为严谨、专业的语言，而在团队内部讨论时可适当放松，使用更为亲近、自然的表达。

二、口头沟通的技巧

（一）听说结合

1. 倾听与回应

倾听与回应在口头沟通中十分重要。在沟通中认真倾听并适时地给予肯定、鼓励或提出疑问，能够让对方感受到被关注和被理解。

（1）倾听：全身心投入，给予对方充分的关注。通过眼神接触、点头示意等身体语言，表明自己正在专心听取对方的意见。避免中断、预判或心不在焉，要真正理解对方的观点、情感和需求。

（2）回应：倾听者不仅要被动接收信息，还要主动反馈听到的内容，对对方的观点、感受或诉求做出及时、恰当的反馈。例如，通过复述、概括或用自己的话解释对方的观点，以确认理解无误。回应可以是赞同、补充、解释、提问、澄清或提出建议，但应保持客观、公正，即使不同意对方观点，也应以建设性的方式提出异议，避免直接否定或贬低。

沟通案例 3-4

颜回攫甑

《吕氏春秋》中记载：孔子周游列国，被困在陈、蔡之间，七日没吃下一粒米饭。一日，颜回找到一些粮食，在屋檐下用白米煮饭，饭快煮熟时，孔子偶然看到颜回掀起锅盖，抓了些白饭往嘴里塞。孔子心生疑惑，但并未立即责问。饭煮好后，颜回请孔子进食，孔子佯装没看见刚才的事，说："我刚才梦到祖先，现在我想把这碗干净的、还没人吃过的米饭先拿来祭祖先。"颜回这时赶忙解释："不行，这饭已经被用过了，不能用来祭祀。刚才煮饭时，屋顶漏雨，有灰尘掉到锅里了，我抓了出来，扔掉总觉得浪费，所以自己吃掉了。"听完此言，孔子恍然大悟，原来自己误会了颜回，便深感欣慰，还赞赏了颜回的节俭与诚实（如图 3-2 所示）。

图 3-2 颜回攫甑

【分析】此案例展现了孔子在面对可能的负面情况时，选择暂时保留判断，通过后续的口头沟通了解事实真相。孔子没有因表面现象轻易指责颜回，而是给予弟子解释的机会，体现了沟通中倾听与理解的重要性。颜回则通过清晰、诚恳的口头回应消除了误解，增进了师徒间的信任。

2. 回答问题

（1）简洁回应：在口头沟通中，如果对方通过有针对性的提问引导对话，沟通者可以对对方的提问给予清晰、准确的回答。回答时，力求简洁明了，避免冗长或模糊不清。

（2）信息整合：面对多方意见，沟通者还需要综合分析所听内容，提炼关键信息，并据此形成自己的观点或建议。在回应时，将所听、所思、所感有机融合，以连贯、有逻辑的方式表达出来，以展现思考的深度。

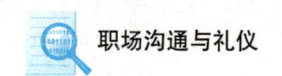

（二）提问引导

在沟通中可以通过提问增加互动，提问时需要确保问题具有明确的目的，这有助于推进对话或解决问题。沟通者可以通过开放式问题激发讨论，并运用封闭式问题确认信息。

1. 开放式问题

设计开放性、探索性的问题可以提高对方参与互动的热情，如"您如何看待这个问题的潜在解决方案"或"我们如何才能更好地满足客户需求"，这类问题鼓励对方分享见解、创新思考，有助于促进深入讨论、激发集体智慧。

2. 封闭式问题

在需要获取确切答案时，沟通者需要提出明确、具体的问题来确认信息，如"项目启动日期是本月 20 号吗"或"这份合同是否已得到法务部的审核"，这类问题有助于快速锁定关键细节，确保沟通的精确性。

3. 引导

在交流时，沟通者还可以运用提问技巧，如通过追问、归纳、转移焦点等方式来引导对话方向，确保讨论围绕主题进行，避免离题或纠结无关细节。

（三）使用结构化表述

结构化表述是口头沟通中提升信息清晰度与说服力的关键技巧，它要求说话者有逻辑、有条理地组织内容，确保信息易于理解和接受。结构化表述通常具有明确的目的与主题，采用时间、空间、问题—原因—解决方案等结构模式规划主要论点、构建内容框架、合理分配篇幅，确保主次分明、重点突出。通过结构化表述，说话者能够有效地传达复杂信息，减少听众困惑，增强沟通效果。

三、应对不同类型的职场口头沟通

在职场环境中，面对不同类型的口头沟通情境，采取相应的沟通策略和技巧至关重要。以下是几种常见的职场口头沟通类型及应对策略。

（一）正式会议沟通

事先明确会议目的，精心编制会议议程，确保议题的优先级、关联性以及时间合理分配。议程应提前发送给参会者，以便他们做好准备。

1. 意见表达

在会议中，应清晰、有条理地表达个人观点，使用事实和数据支持论点，避免空泛或情绪化的表述。尊重他人发言，等待合适时机插话或提问，确保讨论有序进行。

2. 总结归纳

会议结束时，应进行总结，重申关键决策、待办事项、责任人等要点，确保所有参会者对会议成果有统一认识。如有必要，制作并分发会议纪要以供后续参考。

（二）一对一交谈

1. 建立信任

通过真诚倾听、展示同理心、分享个人经历等方式，与对方建立情感连接，营造安全、开放的沟通氛围。保持诚实、透明，避免隐藏信息或误导对方。

2. 解决问题

共同明确问题所在，运用提问技巧引导对方深入思考，共同探讨解决方案。避免单方面主导问题解决过程，鼓励对方积极参与，达成共识。

3. 给予反馈

提供具体、客观、建设性的反馈，如描述情境、指出对方的行为、阐述其对工作或关系的影响或者提出改进的建议或期待。确保反馈是以提升绩效和关系为目标的，而非指责或批评。

知识广角

使用"SBI 模型"提供反馈

SBI 模型是一种反馈工具（如图 3-3 所示），主要方法有"摆情景""讲行为""谈影响"：先描述发生的情景，然后具体指出对方的行为动作，最后指出这个行为带来的正面影响或待改进地方。例如，你想表扬同事时可以说："昨天项目会议上（情景），你详细记录了每个人的意见（行为），这让后续的任务分配更高效，确保了大家的建议都没被遗漏（影响）。真是太棒了！"这样的反馈既具体又温暖，让人清楚知道哪里做得好。除了积极性的正面反馈，SBI 模型也常常用于改善负面反馈。例如，同事有疏漏，沟通者在进行反馈时，可以陈述事实，避免加上主观判断，从而让对方更容易接受。可以这样说："上周提交的报告中（情景），数据汇总部分缺少了最近一周的更新（行为），这导致管理层在做决策时缺乏最新信息，影响了效率（影响）。下次记得检查一下，确保数据是最全的。"这样的反馈直接指出问题，又提了建设性建议。

图 3-3　SBI 反馈模型

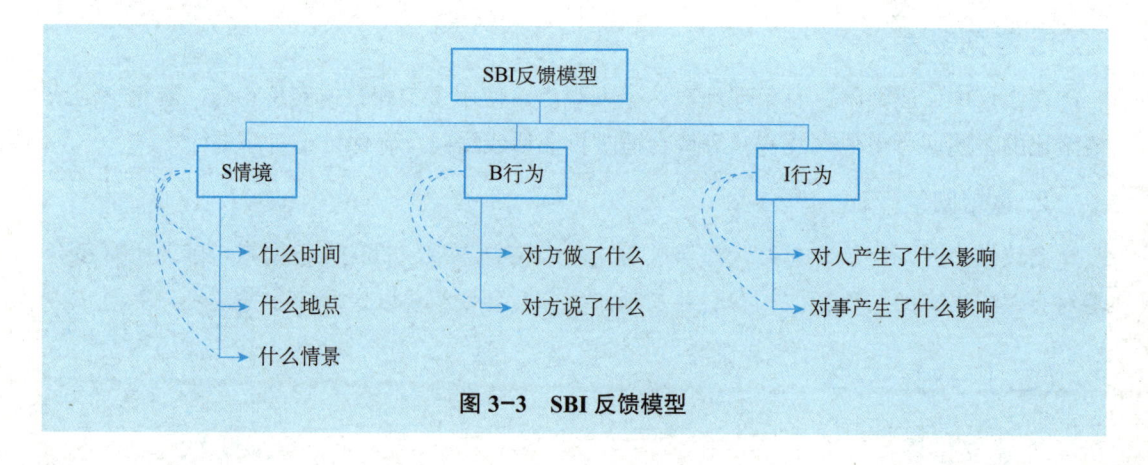

（三）冲突调解与谈判

1. 保持冷静

在冲突调解或谈判过程中，保持冷静、理智，避免因情绪激动而做出冲动决策。运用深呼吸、暂停对话等技巧调节情绪，确保对话在平和的气氛中进行。

2. 寻求共识

积极寻找双方利益的共同点，强调共赢的可能性，引导对方关注长期合作关系而非短期利益冲突。运用合作型谈判策略，如寻找创新解决方案、扩大谈判"蛋糕"等，增进共识。

3. 合理妥协

明确谈判底线，同时展现出愿意妥协的姿态，以达成双方都能接受的协议。在关键问题上坚持原则，但在次要问题上显示灵活性，通过互让换取整体谈判的成功。

（四）汇报演讲

美国作家马克·麦考梅克曾说过："对于领导而言，谁能很好地汇报工作，谁就在努力工作；相反，谁不好好汇报工作，谁就没有努力工作。"由此可见，汇报演讲能力在沟通中的重要性。

1. 准备

明确演讲目标，深入了解受众需求，精心设计演讲内容，反复排练以确保流畅度。准备视觉辅助材料（如演示文稿、图表）以增强信息的直观性。

2. 语言结构

使用简单、清晰、有力的语言，避免行话和复杂术语。运用比喻、类比等手法增加语言的吸引力。注意语速、音量、语调的变化，以保持听众的兴趣。

3. 主题突出

确保演讲主题鲜明，贯穿始终。每一部分内容都应服务于主题，避免演讲时偏离主题。适时回顾主题，强化听众记忆。

4. 技巧运用

与听众保持眼神接触，运用肢体语言增强表达力。适时提问、互动，调动听众积极性。面对突发情况时，如设备故障、听众提问等，应保持镇定，灵活应对。

5. 使用 1n1 框架

对于一次演讲，大家通常会记住前面的三点，所以沟通者应尽可能把演讲内容归纳为三点。这种归纳方法被称为"1n1 演讲框架"，它包含结论先行、论据支持、总结陈词三个部分。例如，在职场会议上，沟通者需要说服同事尽快上线项目，他就可以运用 1n1 框架做简短演讲：首先，沟通者需要明确指出"我们的项目需尽快上线以抢占市场"（1 个关键观点）。其次，要给出核心理由："抢先于竞争对手能大幅提高品牌知名度……"（多个关键理由）。最后，沟通者最好以一个生动案例收尾："就像产品×，提前发布使其成为行业标杆"（1 个有力例证）。这样，整个发言就会简洁有力。

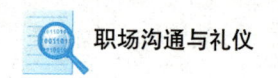

单元 3.2 借助书面语言进行沟通

引例 3-2

缺乏书面文档，众心不一难以协调

在一家中型软件开发公司中，有一个项目组负责开发一款重要的企业级应用软件。项目经理小王与团队成员们习惯于通过口头和即时通信工具进行交流，认为这样更加快捷高效。在一次需求变更的过程中，小王仅在电话会议中向团队简要介绍了客户的新需求，并没有形成详细的书面需求文档。

几周后，开发团队按照各自理解的需求开始编码工作，结果发现大家对新需求的理解各不相同，导致开发出的功能模块无法有效对接，甚至有些功能偏离了客户的真实需求。这不仅造成了大量的人力物力资源浪费，还延误了项目的交付时间，严重影响了公司的信誉和与客户的关系。项目经理小王也因为没有做好书面沟通工作，承担了相应的责任。

思考： 小王在职场沟通中存在什么问题？你能结合该案例说出为什么书面沟通在职场中如此重要吗？

一、书面沟通概述

书面沟通是一种通过书面文字或电子文档等形式，借助文字、图表等符号系统，将思想、信息、观点、指令或情感等内容精确、持久且可追溯地传达给接收方的过程。这种方式的沟通常见于正式的工作环境和业务往来，具体表现形式包括但不限于邮件、报告、备忘录、合同、政策文件、公告、提案等各种官方或商务文件。

（一）书面沟通的价值与应用

和即时性强、互动反馈快但信息易被遗忘、缺乏记录及核实困难的口头沟通不同，书面沟通的优势在于内容精确、详尽、可长期保存、容易复制和传播，而且能够经过深思熟虑和多次修改达到高度的准确性。书面沟通在职场中扮演着极其关键的角色，它的权威性、可追溯性和法律效力使其成为保证企业规范运营、降低风险、提高协作效率的重要工具。

知识广角

拉斯韦尔的 5W 模式

拉斯韦尔的 5W 模式,由美国学者哈罗德·拉斯韦尔于 1948 年提出,是传播学中的一个经典模型,全称为"Who(谁)— Says What(说了什么)— In Which Channel(通过什么渠道)— To Whom(向谁说)— With What Effect(有什么效果)"。其简洁而系统地概括了传播过程的基本要素,为沟通者提供了一个系统化的思考框架(如图 3-4 所示)。

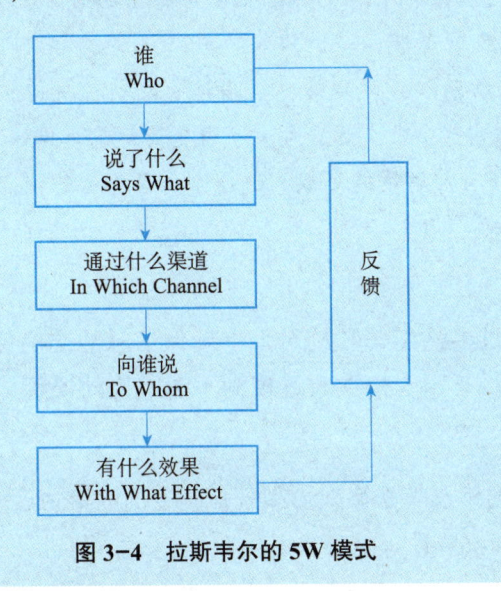

图 3-4 拉斯韦尔的 5W 模式

(二)书面沟通的优势

在职场沟通中,书面沟通的优势体现在多个方面,具体如下。

1. 持久性

书面沟通不受时间和空间限制,即使相隔较长时间或地理距离,也能有效地传达信息。它具有可以被保存和重读的特性,这有助于未来的参考和回顾。

沟通案例 3-5

重见天日的孔府壁中书

汉武帝继位之后,开始"独尊儒术"。曲阜是孔子的故乡,孔府旧宅就坐落在此。当时掌管这里的鲁恭王刘余喜好奢侈,不顾当时汉武帝推崇孔圣人的指令,依然要去拆毁孔宅,来扩建自己的鲁王宫殿。然而,孔宅的半堵墙壁一经拆毁,就有许多竹简从干土堆里露了出来。竹简上的文字,并不是当时通行的隶书,反而一个个都像蝌蚪,没人认

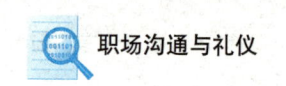

识是什么文字。鲁王知道后大为惊奇，亲自来到孔府旧宅察看，并停止了拆迁行为。

原来，秦始皇焚书坑儒时，为了保存儒家经典，孔子八世孙孔鲋偷偷将这些珍贵的儒家书籍藏入壁中。现在重见天日的，正是当时已经失传了的儒家经典，包括《尚书》遗失的十六篇，还有《礼记》《论语》《孝经》等这些经典。然而，这些汉朝才被发现的孔壁竹简上的文字，对当世而言已经是古文字，能识读的人少之又少。好在，孔子有个十世孙，名叫孔安国，他在中央王朝为官，能辨认竹简上的奇怪文字。经过数年艰苦的释读，孔安国认出了简书上的全部古文字，并把它们用当时流行的隶书一一写定，献给了朝廷。孔子壁中书的发现影响深远，被称为中国文学史上最大发现之一，东汉许慎作《说文解字》时所收的"古文"，大多来自壁中书。

【分析】由于政治动荡和战火延绵，很多远古经典都失传了，但儒家典籍却借助书面资料保存了下来。虽然由于年代久远，古文字需要重新花时间解读，但借助书面文字保存的资料，在重见天日后还有被解读的可能，这就是书面保存的优点。

2. 准确性

书面文档可以经过多次编辑和校对，以确保信息的准确性。书面记录还可以清晰、详尽地阐述议题，减少了由于口头表述模糊不清产生的误解，确保信息传递的精准度。

3. 权威性

正式的书面文件通常具有法律效力和规章制度的约束力，如合同协议、政策规定等，增强了信息的严肃性和权威性。

4. 非即时性

在书面沟通中，发送者和接收者在发送信息和回复前都有时间思考和准备。

5. 可存档性

书面沟通的内容易于保存和查阅，能够为后续的决策提供依据，方便历史记录的追溯和责任界定。

6. 详细性

书面沟通可以包含详细的信息和数据，有助于深入分析和讨论。

沟通案例 3-6

书面分析助曹操赢得官渡之战

东汉末年，曹操与袁绍之间的官渡之战，是一场决定北方霸主地位的关键战役。当时，袁绍实力雄厚，兵多将广，而曹操则处于劣势。于是曹操的谋士荀彧，通过书信向曹操献策。荀彧在信中详细分析了袁绍的军队部署、将领能力和战略意图,并指出袁绍的弱点。他建议曹操利用袁绍的骄傲自大和指挥不力,采取灵活机动的战术,主动出击,打乱袁绍的阵脚。

曹操收到荀彧的书信后,深思熟虑,认为荀彧的见解非常有见地。于是,他采纳了荀彧的建议,制定了详细的作战计划。在接下来的战斗中,曹操果然如荀彧所预料的那样,成功地击败了袁绍,取得了官渡之战的胜利。这场胜利,不仅使得曹操确立了在北方的霸主地位,也为后来的三国鼎立局面奠定了基础。

【分析】官渡之战是以少胜多的经典战役,这场战局的扭转就始于荀彧的这封分析战局的书信。书信是书面沟通的常用手段,可以包含详细的信息和数据,有助于深入分析和讨论复杂的数据和形势,也有助于阅读者仔细阅读,深思熟虑。可以说,正是曹操和谋士之间正确的书面沟通,改变了整个战局的发展方向,影响了历史的进程。

7. 规范化

书面沟通遵循一定的格式和规范,有利于提升组织形象和专业度,也有助于统一管理风格和企业文化。

(三)书面沟通的劣势

书面沟通虽然在确保信息准确、留存记录等方面具有显著优势,但也存在一些不足之处,具体如下。

1. 即时性差

相较于口头沟通,书面沟通往往不能满足快速响应的需求。从书写到对方接收到信息,可能需要耗费一定时间,尤其是在紧急情况下,书面沟通可能无法迅速解决问题。

2. 缺乏情绪和语境表达

书面文字难以完全传达说话人的语气、情感和身体语言,有可能导致信息解读的单一化或偏差,影响沟通效果。而对于复杂的概念或情感丰富的主题,书面表达可能不如口头直接明了,读者可能需要花费更多时间和精力去理解和消化。

沟通案例 3-7

书面沟通失误导致沉船悲剧

泰坦尼克号沉没事件是航海史上的一个悲剧,其中涉及多方面的失误,书面沟通的不足也是其中之一。1912年4月14日晚,在泰坦尼克号撞上冰山前几个小时,附近的几艘船只都向泰坦尼克号发送了有关附近海域存在大量冰山的警告电报。特别值得注意的是，"加利福尼亚人号"在当晚 9:30 向泰坦尼克号发送了一条含有冰山警告的电报。然而，泰坦尼克号的无线电台操作员杰克·菲利普斯和哈罗德·布莱德正在忙于处理乘客的私人电报，因为那时是发送费用较高的时段，他们对这条警告信息表现出不耐烦，并没有立即将其转交给较高级的船员。当"加利福尼亚人号"的无线电操作员尝试再次提醒泰坦尼克号注意冰山时，菲利普斯用一句"闭嘴，闭嘴！我很忙，我正在忙着与纽芬兰的无线电站通信！"回复了对方。

由于沟通失误，泰坦尼克号的指挥团队并未充分意识到前方的危险，没有采取足够的预防措施，如通过减速或改变航向以避免撞上冰山。几个小时后，即 4 月 15 日凌晨，泰坦尼克号撞上了冰山，导致了随后的沉船和大量人员伤亡。

【分析】书面沟通不能像口头沟通一样借助情绪和非语言信息表达激烈复杂的情感，因此更需要接受者仔细地阅读和严谨地核实。如果这次沟通中"加利福尼亚人号"的冰山警告能够被及时识别出严重程度，并被恰当且严肃地处理和传达给船长及航行团队，或许这场灾难就有可能避免，或者至少能够减少其严重程度。可以说，这次书面沟通的失败成为泰坦尼克号沉没事件中一个惨痛的教训。

3. 效率低下

由于书面沟通花费时间较长，发送者可能需要等待一段时间才能得到回复或确认，这对于需要立即调整策略或解决问题的情况来说是一个挑战，而且一旦书面表达引发接收者的误解，纠正起来相对口头沟通更为烦琐。

4. 沟通成本较高

撰写一份结构清晰、逻辑严谨、表达准确的书面材料，往往需要投入较多的时间和精力，有些书面沟通还依赖于相关的技术工具，如电脑。

（四）书面沟通的基本原则

书面沟通的基本原则是确保信息有效传递、沟通目标顺利达成的关键，以下四个方面是书面沟通的基本原则。

1. 主题明确

书面文件应该围绕一个中心主题展开，一文一事，无论是通知、报告、邮件或是其他类型的文档，都要做到开篇点题，让读者一眼就能明白这份文档的主要内容和目的。在行文过程中，所有的段落和内容都应紧密服务于主题，按照一定的逻辑顺序有条理地排列。叙事要简略高效，关键信息要翔实完整，还要避免无关的赘述，保持文档的焦点集中。

沟通案例 3-8

通知

各位员工：

  明天公司将进行消防演习，请大家上午 9 点在办公楼前集合。另外，午餐后的瑜伽课程报名也在进行中，感兴趣的朋友请向人力资源部报名。

办公室管理部
2024 年 4 月 29 日

【问题】以上通知有什么问题吗？你觉得应该如何修改？

2. 结构清晰

  书面沟通应当遵循一定的结构化规则，并合理使用标题、副标题、列表、段落和过渡句来组织内容，使信息层次分明、逻辑连贯，便于读者快速理解和把握全文脉络。

3. 专业规范

  书面沟通应当使用行业标准术语和规范格式。对于涉及法规、政策或合同类的文档，必须确保内容准确无误，不能含糊其词或误导他人。

4. 语言得体

  书面沟通应当根据不同的沟通对象和场景选择适当的语言风格，既不能过于随意也不能晦涩难懂。沟通过程中还要注意尊重对方，即使是批评性的表述，也要避免使用贬低或攻击性的词汇，最好使用正面积极的语言进行礼貌友好的沟通。

沟通案例 3-9

一封电子邮件引发的"秘书门事件"

  某国际网络公司北京分部的大中华区总裁 KC Lee 和他的高级女秘书因不当的电子邮件发生激烈争吵，结果导致两人先后被迫离职。此事就是曾被评为当年互联网上十大事件之一的"秘书门事件"（如图 3-5 所示）。事情的起因是 KC Lee 下班后回到办公室，没带钥匙，试图联系秘书 Tracy 未果，于是在凌晨一点通过内部邮件系统给 Tracy 发了一封措辞严厉且语气生硬的邮件对其进行指责，并且将这封批评邮件同时抄送给公司多位高管。Tracy 则以一封咄咄逼人的邮件澄清自己完全没有错误，指出上司要求不合理，并且让中国公司的所有人都收到了这封邮件。此事在网络上发酵，最终形成了大量中国外企员工转发该邮件的局面。

【分析】电子邮件注重措辞礼貌和尊重对方是至关重要的。案例中 KC Lee 的邮件问题在于语气生硬，给人以命令和指责的感觉，缺乏对下属的基本尊重和理解。他将批评邮件同时抄送给公司多位高管，完全没有顾及秘书的面子，加剧了冲突的公开化。虽然秘书有权利为自己辩解，但她采取了同样强硬的语言针锋相对，加剧了对抗。双方在书面沟通过程中均未能展现出应有的职业礼貌和尊重，从而引发了严重的后果。

图 3-5 一封电子邮件引发的"秘书门事件"

一封电子邮件引发的"秘书门事件"

二、不同类型职场文档的写作技巧

（一）电子邮件

1. 明确主题

主题是对邮件内容的高度概括，应当一目了然地反映出邮件的主要意图。例如，一份关于会议安排的邮件，主题可以设置为"【会议通知】2月10日部门周会安排及议程"。

2. 精炼内容

邮件正文应尽可能简洁明了，避免冗长繁复。每一个段落都应有明确的焦点，先概述主旨，再详细论述，并利用子标题、项目符号或编号列表来分解和突出重点信息。如果邮件中含有多个事项或请求，应逐项列出，并用明显的标识（如序号或项目符号）区分开，以便读者快速理解。

3. 用语礼貌

正文开始时应使用适当的称呼，如尊敬的某某先生/女士。表达诉求或意见时，采用委婉且尊重对方的语气，避免命令式或指责性的语言。请求协助或提出问题时，先对对方的关注与支持表示感谢，再陈述具体需求，如"非常感谢您之前的支持，关于……一事，我有个疑问需要请教……"结束时，还要表示诚意和期待，如"期待您的回复"或"再次感谢您的配合和支持"，并视情况添加适当的祝福语。

（二）工作报告

1. 数据支持

工作报告中的数据是支撑分析和决策的基础，应确保数据来源可靠、准确无误。可以结合表格、图表等形式直观展示各项指标的变化趋势、对比分析结果等，使数据更具说服力。除此之外，还要针对所展示的数据，提供必要的解读和注释，深入分析，找准症结，让读者能够快速理解数据背后的意义和关联性。

2. 问题分析

解读完数据后，还要结构化分析问题，如采用 SWOT 分析等方法分析一个企划的优劣势，从多维度审视当前状况，揭示问题产生的根源及其连锁反应。要注意在分析问题时应实事求是、客观公正，避免主观臆断，要勇于揭露存在的问题和短板，深入挖掘问题背后的深层次原因，以便有针对性地提出解决方案。

3. 建议提出

基于问题分析的结果，工作报告还应提出切实可行的改进措施或发展策略。在解决问题的同时，最好还要着眼于长远发展，提出具有前瞻性的改善机制、优化流程等建议，从而提升组织或项目的长期竞争力和发展潜力。

沟通案例 3-10

福特公司用工作报告进行变革

20 世纪 70 年代末至 80 年代初，日本汽车制造商如丰田等汽车品牌异军突起，凭借其高效的生产系统，以低库存、高效率、快速响应等特点在全球市场取得了显著的成效，给美国汽车企业造成了巨大压力。面对这种挑战，福特公司意识到必须进行根本性的变革，于是公司内部的高管团队组织了一系列深入的研究，最终形成了一个综合的工作报告。这份报告详细分析了福特与丰田生产方式之间的差距，指出福特存在的生产过剩、流程浪费和响应迟缓等问题。工作报告不仅诊断了问题，还提出了解决方案。报告建议全面引入精益生产原则，包括即时生产、持续改进、全员参与等，并围绕优化生产线布局、减少库存、提高产品质量和缩短产品开发周期的目标设计了一套详细的改革蓝图。这份工作报告通过清晰的数据、图表和案例研究，向各级管理人员和员工展示了变革的必要性和紧迫性，成为内部沟通和变革动员的关键，激发了全公司的改革热情。基于这份工作报告的

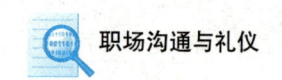

建议，福特选择了位于密歇根州的罗斯维尔工厂作为精益生产的试点。同样，得益于这份工作报告中的策略，罗斯维尔工厂的生产效率和产品质量显著提高。随着试点项目的成功，福特在全球范围内推广精益生产方式，这不仅改善了其财务状况，还提升了市场竞争力，为后续几十年的持续发展奠定了坚实基础。

【分析】面对日本竞争对手的挑战，美国汽车制造业巨头福特汽车公司通过一份详尽的工作报告制定了精益生产方式，推动了内部改革，最终实现生产效率和企业竞争力的大幅提升，还推动了整个汽车产业及至制造业的生产方式变革。这个案例充分体现了书面沟通在企业战略转型中的重要价值。

（三）商业提案

1. 市场分析

商业提案需要分析市场现状，这需要收集包括市场份额、主要竞争者、消费者偏好和购买动机等在内的最新数据信息。然后根据收集到的信息分析竞争对手的产品特性、定价策略、市场份额以及优劣势等，以此为基础确定自身产品或服务的独特卖点。再据此明确目标市场细分，定位目标客户群体等。

2. 解决方案

商业提案还需要准确识别目标市场中存在的问题或客户痛点，提出独特的、针对性的解决方案，并详细地规划落地执行步骤，确保方案的实际可操作性。

3. 效益预测

商业提案的写作目的是增加效益，因此还需要基于可靠的市场数据和财务模型，预估新方案实施后可能带来的收入增长、成本节约、利润提升等经济效益。除此之外，商业提案还可评估方案对社会、环境、客户满意度等带来的潜在益处；预测潜在的市场风险、技术风险或其他不确定性因素，并提出相应的应急计划；设立短期和长期的业绩目标并设定明确的评估标准和时间节点，使提案显得稳健和具有可预见性。

沟通案例 3-11

创造了动画奇迹的商业提案

在 20 世纪 80 年代初，皮克斯还只是卢卡斯影业的一个计算机图形部门，专注于开发计算机硬件和软件。1986 年，史蒂夫·乔布斯看到了该部门在动画领域的潜力，于是投资并将其独立出来，成立了皮克斯动画工作室。起初，皮克斯主要为广告和电影制作特效，但乔布斯的愿景远不止于此，他希望皮克斯能够成为一家领先的动画制作公司。为了实现这一愿景，乔布斯需要找到一个强大的合作伙伴来分担风险并提供发行渠道。他的目标瞄准了迪士尼，这个在动画电影界具有深厚底蕴和广泛影响力的品牌。乔布斯精心准备了一份商业提案，该提案不仅详细阐述了皮克斯的技术优势和创新的计算机动画技术，还提出了一个全新的故事概念——《玩具总动员》。这个商业提案不仅是一份技术展示，更是一个关于创意、故事叙述和未来动画行业变革的愿景陈述。乔布斯通过书面形式，清晰而有说服力地表达了皮克斯如何能够引领动画电影进入一个全新时代。1991 年，皮克斯与迪士尼达成协议，根据这份商业提案，共同制作了《玩具总动员》。1995 年，《玩具总动员》上映，成为全球首部完全由计算机制作的动画长片，取得了巨大的商业和艺术成功，革新了动画电影行业。随后，皮克斯继续与迪士尼合作推出了多部经典动画电影，开启了计算机动画电影的新时代。

【分析】书面沟通在这次商业合作中扮演了极为重要的作用，乔布斯通过商业提案中详细的计划和数据分析，展示了皮克斯项目进军动画制作领域的可行性和潜在的市场价值。接着，乔布斯巧妙地利用书面提案作为谈判的起点，提出了对双方都有利的合作框架，虽然书面沟通本身是静态的，但乔布斯通过提案展现出来的远见、决心和对细节的关注，赢得了迪士尼的信任，为皮克斯与迪士尼建立长期合作关系奠定了基础。

（四）社交媒体和即时通信

1. 微信与 QQ

微信与 QQ 是腾讯公司开发的两款即时通信软件，支持在线聊天、视频电话、续传文件、共享文件、群发消息等功能，日渐成为工作环境中不可或缺的工具。使用微信或者 QQ 进行工作沟通时，沟通者需要区分哪些内容适合工作群群发，哪些内容适合一对一发送。在工作群发送内容时，可以使用"@"功能指明接收人以确保信息送达；一对一沟通时，应该在沟通内容前添加称呼。无论是群聊还是个人聊天，发送信息时都需要保持信息简洁明了。对于重要或正式的消息需要使用文字形式而非语音留言，这样方便回顾和记录。还可以适当运用表情符号和动图以增进友好气氛，但需注意场合和对象，保持企业形象。

知识广角

微信沟通的注意事项

发送信息要选择合适的时间。对于不熟的人，不要发起语音或视频通话。考虑他人编辑的需要，确定发文字还是截图。原则上不发语音，特别是工作微信。涉及利害关系的信息要防止别人截屏传播。

收到信息应及时回复对方。对于下属的请示，要明确表态。将重要的人物或微信群置顶，这样不容易遗漏重要的信息。如果接收语音类的工作微信，暂时不方便接听，可回复"现在不方便接听语音"，或者用微信的"语音转文字"功能（如图 3-6 所示）。

图 3-6　微信沟通的注意事项

2. 微博

微博作为一种公开的社会化媒体平台，信息传播速度快且受众广泛。很多企业或者工作单位都有自己的官方微博，用于宣传和扩大影响力。撰写微博时，要抓住微博"短平快"的特点，使标题醒目、内容精辟，加入热门话题标签以增加曝光度，使用图片、视频或 GIF 动态图辅助传达信息。同时，运营微博时互动回复要及时，保持与粉丝的良好互动关系，遇到争议话题时，也要冷静理智，展现积极正面的企业形象。

3. 企业 OA（如企业微信）

企业 OA 指的是办公自动化，有用语规范得体、注重时效、符合流程的特点。在企业 OA 系统中，所有沟通应遵循官方和正式的原则，确保内容符合公司文化和规定。撰写公告、邮件等书面文件时，应注意结构清晰，要点前置，使用专业术语和行业标准格式，明确指向性动作和期限，如发起审批、布置任务时，要注明截止日期和具体要求。此外，对于敏感或机密信息，需遵守保密规定，选择安全的渠道进行传递。

三、书面沟通的审校与优化

审校与优化在书面沟通中扮演着至关重要的角色，它们是确保信息有效传达、提升沟通品质的核心环节。

（一）文档结构与逻辑检查

对书面文件进行审校与优化的第一步是确保文档的结构清晰、逻辑严密。首先，沟通者需要通读文章，检查基本结构和布局，保证各个部分之间过渡自然，层层递进。其次，对于复杂的观点或流程，需使用子标题、编号或项目符号进行分类归纳。最后，还要对整篇文档跳跃性思维或自相矛盾的地方进行逻辑审查。

（二）语言精准度与规范性校对

审校与优化时还需要使用准确、专业的词汇替代那些模糊不清或容易引发歧义的表述，同时，要注意遵循语体和文体规范，保持句子结构的完整性和一致性，避免语法错误和错别字，行业特定术语或缩略词首次出现时，还需给出全称或解释。

（三）可读性与视觉效果提升

书面沟通还可以通过段落划分、合理间距、字体大小和颜色搭配等方式优化原有的文章。必要时使用加粗、斜体或下画线等格式强调关键词句。采用列表、图表、引用框等多种元素，将大量信息以可视化形式呈现。

视觉效果方面，整体布局应当整洁有序，色彩搭配协调，不刺眼。如有必要，可以插入图像、图表、截图等非文字元素以增强信息的表现力。对于长文档，还要考虑制作目录、索引或页眉页脚，便于查阅。

（四）利用技术工具辅助编辑与校验

在进行审校优化时，沟通者还可以利用技术工具辅助编辑与校验。例如，利用 Microsoft Word 等现代办公软件自带的拼写和语法检查功能进行初步校对；使用智能 AI 工具文心一言、通义千问、智普清言等修订大纲、润色文稿等，它们不仅能检测出基础的语法错误，还能帮助改善句子结构、提高语言清晰度，甚至给出改进建议；运用 Adobe InDesign、PPT、XMind 等图形处理工具优化视觉效果、设计思维导图、完成复杂的设计和排版需求；使用 Excel、Tableau 等数据可视化工具制作图表，进行数据分析。

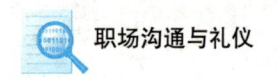

单元 3.3　借助非语言沟通进行职场交流

引例 3-3

非语言沟通助力会议进程

张先生是一家知名企业的部门经理，正在与团队召开一个重要项目的进度会议。在会议上，他提到项目即将进入关键阶段，需要所有人加班以确保按时完成。在讲述这个要求时，张先生保持了稳定的目光接触，并且他的面部表情显示出决心和信心，身体姿态开放且挺直，这传递出他对团队的信任以及对项目成功的坚定信念。同时，张先生在提到加班时稍微提高了他的声音语调，但确保语气中不含责备，而是充满鼓励。他还偶尔点头和微笑，用这些身体语言来表达对团队过往努力的认可，并暗示这将是一段辛苦但值得的过程。

会后，张先生所在的部门成员面对繁重的工作斗志满满、势在必得，最终顺利完成了任务。

思考：张先生在面对重要项目进度的推进时，除了口头沟通，还使用了哪种沟通方式？这种沟通方式有什么好处？

一、非语言沟通概述

非语言沟通是指在人际交流过程中，除语言信息之外的一切用于传达意义的符号系统和行为方式，经常与语言沟通相结合，以丰富和补充语言表达的含义，大部分是非结构化的，且很多是通过观察和模仿习得的。非语言沟通是人类沟通的一个重要组成部分，甚至在语言诞生之前，就产生了非语言沟通。例如，原始人类就通过面部表情、大声呼叫、打手势等方式来进行危险信号传递。在人类历史中，非语言沟通占据的比例甚至超过了语言沟通。

（一）非语言沟通的重要性

高达 80% 的人际沟通被认为是非语言性的，这凸显了非语言沟通在职场沟通中的重要地位。非语言信号往往是即时的反应，能够揭示说话者的真实情绪和意图，有时甚至比语言更能准确表达一个人的状态。因此，在理解和分析人际互动时，非语言沟通的解读不可或缺。

沟通案例 3-12

空城计中的非语言沟通

三国时期,蜀汉丞相诸葛亮率军北伐曹魏,而魏国则由司马懿担任抵抗蜀军的统帅。一次战役中,诸葛亮因连年征战,身体状况不佳,兵力也相对有限。为了能够安全撤退并保持蜀军的战斗力,他需要智取而非力敌。诸葛亮深知司马懿生性多疑,于是利用这一点设计出了"空城计"。他命令士兵打开城门,自己则坐于城楼上,悠然弹琴。周围仅有几个老弱士兵做伴,营造出一副毫无防备的景象。司马懿面对这番景象,考虑再三,最终决定不冒险进攻,而是下令全军撤退。就这样,诸葛亮凭借一曲琴音和精心布置的非语言场景,不费一兵一卒,便使司马懿的15万大军撤退,成功实现了战略转移,保障了蜀军的安全。

【分析】这个案例深刻体现了在高度紧张的军事对峙中,非语言沟通是如何成为一种强大的策略工具的。诸葛亮镇定自若的弹琴姿态展示了一种异常的自信。除此之外,在环境布置上,敞开的城门和稀少的守卫,以及平静的音乐等非语言沟通的信号都传递了一种超然物外的平静,从而影响了对方的心理判断,达到了不战而屈人之兵的效果。

(二)非语言沟通在职场沟通中的作用与影响

1. 增强表达的清晰度与说服力

通过肢体语言、面部表情和语音语调的变化,职场人士可以更有效地强调重点,使信息的传达更为生动有力。例如,坚定的眼神和适当的语调起伏可以使陈述更具说服力。

2. 建立信任与亲和力

非语言行为如微笑、点头、开放式姿势等,能够传递友好、开放和真诚的信号,有助于快速建立与同事、上级或客户的信任关系。

3. 传递情绪与态度

职场中,非语言信号能够微妙地透露个人的情绪状态和对某个话题的态度,如皱眉可能表明不满或困惑,而轻微的点头则是认同的表现。正确解读这些信号可以调节会议气氛、处理冲突。

4. 展现影响力与领导力

领导者的非语言行为尤其重要。例如,有力的手势、稳定的视线接触和自信的步伐,都能够展现领导的权威性和决断力,激励团队成员并增强团队的凝聚力。

📖 **沟通案例 3-13**

拿破仑的指挥姿态

拿破仑·波拿巴在战场上的指挥姿态，是他卓越领导力的缩影。通过挺拔的身姿、坚定果敢的眼神交流、强有力且目的明确的手势，以及在硝烟中亲临前线的身影，拿破仑无需多言便能激发士兵的勇气，传递必胜的决心。这种非语言沟通的力量，超越了言语的局限，深化了士兵对他的信赖与服从，从而创造了一个又一个军事奇迹。

【分析】在危机四伏的战场上，一个领导者坚毅自信的非言语表现，是凝聚军心、增强影响力、展现非凡领导力的关键所在。通过这些非语言沟通的方式，拿破仑不仅有效地指挥了大军，还塑造了一个不可战胜的领袖形象，这种形象在他的追随者心中种下了敬畏和忠诚的种子。拿破仑的例子充分说明，非语言沟通是领导力展现中不可或缺的一部分，它能够超越言语，深刻地影响人心，激发团队的潜力。

5. 遵循文化与规范

在多元文化的职场环境中，非语言沟通还反映了个体对组织文化和社交规范的理解与尊重，如适当的身体距离、着装风格等，都能够促进跨文化沟通的顺畅进行。

📖 **沟通案例 3-14**

跨国会议中的非语言沟通

在一个跨国公司中，有一位来自美国的项目经理与一支由印度、中国和巴西成员组成的多元化团队合作。在一次项目启动会上，项目经理注意到，当他提出项目目标时，尽管口头上的反馈都是积极的，但几位印度和中国的团队成员在听到截止日期时，微微皱眉并互相对视了一下，而巴西的团队成员则显得比较轻松，面露微笑。这位项目经理敏锐地捕捉到了这些非语言信号，意识到有些成员可能对项目时间表的安排存在异议。基于这一观察，项目经理随后安排了个别小组会议，邀请团队成员分享他们对时间表的看法和担忧。

在与印度和中国团队成员的交流中，他发现他们对紧迫的时间线感到忧虑，担心资源分配和工作质量可能受影响。而在与巴西团队的讨论中，则了解到他们对快速推进项目持有乐观态度。于是，项目经理调整了管理策略，增加了跨文化的沟通环节，如提供更多详细规划的讨论时间和弹性工作安排，以适应不同团队成员的需求。他还特别强调了团队内部应开放反馈，确保所有团队成员都能舒适地表达自己的观点和感受。

【分析】这个案例展示了在多元文化的职场环境中，非语言沟通对识别潜在的文化差异、增进理解和调整管理策略具有至关重要的作用，它帮助领导者跨越语言和文化的界限，促进更有效的团队合作。

6. 管理压力与情绪

在高压的职场环境中，通过控制自己的非语言行为（如保持冷静的面部表情、稳定的语速）来管理个人情绪，不仅能够减轻自身的压力，也能够稳定周围人的情绪，创造一个更加积极的工作环境。

（三）非语言沟通的特点

1. 普遍性

几乎在所有的沟通情境中都会出现非语言沟通行为，无论是在面对面交流、视频会议时使用的肢体语言，还是文字交流时使用的标点符号、表情符号，都属于非语言沟通的范畴。

2. 多样性

非语言沟通的形式多样，包括身体语言（如手势、面部表情、身体姿态）、副语言（如语调、节奏、音量）、空间利用、触摸、时间行为（如沉默、时机选择），以及视觉辅助物（如穿着打扮、环境布局）等。

3. 文化差异性

在不同的文化背景下，相同的非语言行为可能有着截然不同的含义，如眼神接触在某些文化中表示尊重和专注，而在另一些文化中可能被视为不礼貌或挑战。

4. 可信性

在很多情况下，非语言信号被认为是比语言更真实的沟通方式，因为它们更难伪装，更能揭示说话者的真实感受和态度。

沟通案例 3-15

饭店老板和无赖

一个人走进饭店要了酒菜，吃完摸摸口袋发现忘带钱了，便对老板说："老板，我今日忘带钱了，改日送来。"店老板连声道："不碍事，不碍事。"并恭敬地把他送出了门。

这个过程被一个无赖给看见了，他也进了饭店要了酒菜，吃完后摸了一下口袋对店老板说："老板，我今日忘带钱了，改日送来。"谁知店老板脸色一变，揪住他，非剥他的衣服不可。无赖不服说："为什么刚才那人可以记账，我就不行？"店家说："人家吃饭，筷

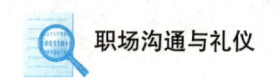

子在桌子上找齐，喝酒一盅盅地筛，斯斯文文，吃罢掏出手绢揩嘴，是个有德行的人，岂能赖我几个钱，你呢？筷子在胸前找齐，狼吞虎咽，吃上瘾来，脚踏上条凳，端起酒壶直往嘴里灌，吃罢用袖子揩嘴，分明是个居无定室，食无定餐的无赖之徒，我岂能饶你！"一席话，说得无赖哑口无言，只得留下外衣，狼狈而去。

【分析】非语言沟通往往隐藏着沟通者的大量信息，可信度往往较高，因为它难以伪装。店老板正是基于顾客的非语言行为（身体动作和姿态、个人卫生习惯、整体行为模式）判断其信誉，而不是仅仅听信口头承诺。这个故事生动地展示了非语言沟通在人际交往（尤其在判断他人意图、个性和社会地位时）中的作用。

5. 情境性

非语言行为的意义往往依赖于具体的情境，同一个行为在不同的场景下可能有不同的解释。例如，微笑在朋友间可能表示友好，而在谈判桌上可能是一种策略性的表现。

（四）非语言沟通的原则

1. 一致性

确保非语言沟通与语言表达相匹配。不一致的非语言信号（如说"是"时摇头）会造成混淆，降低信任度。

2. 适度性

在使用非语言信号时，注意适度原则。过度的肢体动作或过分亲密的接触可能会让人感到不舒服或分散他人注意力。保持适当的身体距离，尤其是在初次见面或与不熟悉的人交流时，可以避免侵犯个人空间。

知识广角

人际关系的四种距离

四种人际距离的概念是由美国人类学家爱德华·霍尔提出来的。霍尔根据人们在不同社会交往情境下所需的空间范围，将人际距离分为四种类型：亲密距离、社交距离、礼仪距离和公共距离。依照人们之间不同类型的关系和亲密程度，需要选择不同的距离。

亲密距离：0～0.5米，适用于最亲近的人之间，如家人、恋人或非常亲密的朋友间的交往。这个距离内，人们可以感受到彼此的气息、体温，进行身体接触如拥抱、亲吻等。

社交距离：0.5～1.5米，适用于朋友、熟人或同事之间的日常交往。在商务场合，如办公室会议或客户会谈中，这个距离既保持了礼貌又能进行有效沟通。

礼仪距离：1.5~3 米，常见于较为正式的社交场合，如进行商务会议、演讲、仪式或接待客人时。这个距离强调了双方的相互尊重和正式性。

公共距离：超过 3 米，适用于公共演讲、大型集会或陌生人之间的距离。在此距离下，直接的身体接触或亲密交流较少，通常以点头、挥手作为打招呼的方式。

3. 敏感性

在不同文化中，同样的非语言行为可能有截然不同的含义。因此使用非语言沟通时需要注意文化差异，尊重他人的个人空间和文化习俗。

4. 清晰性

通过明确的肢体语言和表情传达意图和信息，避免模棱两可的信号，以减少误解。

二、非语言沟通的种类

（一）身体语言

1. 面部表情

人类的面部肌肉能够做出成千上万种表情，表情是情绪最直接的反映。例如，微笑通常表示愉快或友好；皱眉则可能表达不满或困扰。同一表情的不同程度，如真诚的微笑与社交性微笑，在传递情感的深度上也会有所不同。

2. 眼神交流

眼神是沟通中最有力的非语言线索之一。直接的眼神接触通常表示关注、自信或诚实，而避免眼神交流可能被解读为不诚实、害羞或不感兴趣。

3. 头部动作

点头通常表示同意或肯定，摇头则表示否定。倾斜头部可以表达好奇、同情或友好，而昂首挺胸则展示自信和权威。

4. 手势

手势可以强化言语信息，如用手指指点强调要点，或双手摊开表示开放或无助。不同文化对手势的解读不同，同一个手势在某些文化中是善意的，在另外一种文化中却可能是侮辱性的。

5. 触摸

适当的触摸，如轻拍背部或握手，可以表达支持、安慰或建立联系，但需注意文化差

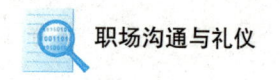

异和个人界限，以免造成对方不适。

6. 姿态

双臂展开、身体面向对方、腿部不交叉的姿势表示开放和接受，有利于建立信任和营造积极的交流氛围。而交叉双臂、双腿紧闭、身体转向一侧通常被视为防御或排斥的信号，可能阻碍有效沟通。直立的站姿和坐姿传达自信和尊重，而懒散或驼背的姿势可能会给人留下缺乏自信或不专业的印象。

（二）副语言

副语言涉及语言交流过程中的声音特征，但不直接涉及词汇本身的意义。副语言能够补充、强化甚至颠覆言语信息的含义。

1. 语调与音高

语调的升降、音高的变化能够极大地改变一句话的含义和情感色彩。例如，升调可能表示疑问或不确定性，降调则常用来表达肯定或结束。同样一句话，用不同的音调表达，可能包含询问、命令、惊讶或讽刺等多种不同含义。

2. 音量

说话的响亮度能够反映说话者的情绪状态或意图。大声说话表达兴奋、愤怒或强调，而轻声细语则表示亲密、谨慎或不自信。

3. 语速

快速讲话可能表明紧张、兴奋或急迫，而缓慢的语速则表示平静、深思熟虑或权威。

4. 停顿与沉默

在对话中适时的停顿可以用来强调某些要点，让听众有时间消化信息，或者作为策略性手段以增加期待感或紧张感。而沉默则可以表达多种复杂情感，如不同意、思考、尴尬或拒绝交流。

5. 重音

通过重读单词或句子中某些特定音节，可以改变信息的重点，引导听者注意特定信息，从而影响听者对整个信息的理解。

沟通案例 3-16

使用重音表达不同的意思

请你用不同重音朗读同一句话并回答这三个问题：我去过上海。
你觉得，重音应该放在哪个字上面才能准确回答这些问题？

回答：谁去过上海（提示：**我**去过上海）

回答：你去没去过上海？（提示：我**去过**上海）

回答：北京、上海等地，你去过哪儿？（提示：我去过**上海**）

【分析】在这个例子中，由于重音的位置不同，同一句话的语意也随之发生了变化。强调主语"我"，侧重去上海的主人公是谁；强调"去过"，侧重去上海的结果；强调"上海"，侧重去过的地方。可见，仅仅是选择了同一个句子的不同的部分加以强调，这个句子被听者接收到的信息就完全不同。

（三）环境因素

1. 物理空间布局

办公空间的布局会影响员工间的互动频率和沟通方式。开放空间鼓励更多的非正式交流和团队协作，而封闭空间则可能促进专注和私密对话。

2. 光线与色彩

光线的明暗和色彩能够影响人的情绪和注意力集中度。明亮的照明和温暖色调通常会营造积极、舒适的交流环境，而昏暗或冷色调可能引发沉思或紧张感。

3. 噪声水平

不同的噪声水平对沟通有不同影响。噪声较高会干扰沟通，增加沟通难度，导致信息误解或遗漏；低噪声有利于清晰地沟通和深度讨论。而适度的背景音乐有时能缓解紧张气氛，促进放松。

4. 布置与装饰

办公环境中的装饰品、艺术品、植物等，不仅能美化环境，还能反映企业文化和价值观，影响员工的心理状态和沟通态度。例如，创意和艺术性强的装饰可能激发创新思维和促进开放交流。

沟通案例 3-17

麦当劳巧用环境因素提升顾客体验

麦当劳作为一个全球知名的快餐连锁品牌，其餐厅环境设计对顾客的非语言沟通体验有着直接的影响。在麦当劳的环境中，明亮的照明、开放式的空间布局，以及特意设计的座位安排共同作用，促进了顾客之间不经意的视线交流与身体语言的互动，还通过播放适宜的背景音乐调节顾客情绪，影响其表情和动作的微妙变化。例如，家庭座区的设置鼓励亲子间进行亲密的非语言沟通，如肢体接触和微笑，而单独的顾客可以通过选择吧台座位来减少非必要的社交接触，将环境作为非语言界限。此外，麦当劳清洁的环境和鲜明的品

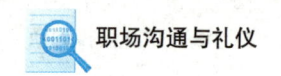

牌标识能够激发顾客的正面情绪反应，这反映在他们放松的姿态和满意的眼神中。快节奏的音乐可能使顾客的用餐速度加快，身体语言更加活跃。柔和的音乐则可能会让顾客拥有悠闲的用餐体验，顾客间的交谈和非语言互动也会更加温和。

【分析】麦当劳的环境设计细节不仅增强了顾客的用餐体验，也无形中引导和反映了顾客之间的非语言沟通模式，从空间利用到感官刺激，每一环节都在无声地促进或制约着人与人之间的交流。

（四）职场形象

1. 专业形象

得体的职业装束可以立即构建起专业的第一印象，这包括穿着整洁、合身的职业装，如西装、衬衫、正装裙或裤装等。专业的形象传达了认真对待工作、尊重同事和客户的态度。从衣物的干净程度、熨烫平整到配饰的选择，每一个细节都能反映个人的细心程度和品位。

2. 行业规范

不同行业有着不同的着装规范。例如，金融、法律行业倾向于正式保守的着装，而广告、设计行业可能更接受创意和个性化的装扮。符合行业标准的着装体现了对行业文化的理解和融入。

3. 身份与地位

职位高低有时可以通过着装风格反映出来，高级管理层可能倾向于更高端的品牌或定制服装，以此体现其地位和权威。

4. 个人品牌

职场形象也是个人品牌的塑造，它反映了个人的价值观、审美观和职业定位。通过个性化但不失专业的着装，可以展现独特的个人风格。

知识广角

从着装风格看一个人的性格特质

简约风格：偏好简约风格，如喜欢基本款、中性色调衣物的人，往往追求实用主义，性格上可能更为内敛、稳重，注重效率和生活质量。他们可能拥有清晰的生活哲学，不喜欢繁复的装饰，反映了一种成熟、独立和自信的个性。

文艺风格：喜欢文艺风格的人，通常富有创造力和想象力，对艺术、历史有浓厚兴趣。他们可能情感丰富，善于思考，渴望通过独特的着装表达个性，展示自己与众不同的一面。

运动休闲风格：常穿运动装备或休闲服饰的人，往往活力四射，热爱自由，追求舒适和便捷。这类人性格开朗、随和，喜欢户外活动，乐于接受新挑战，同时也可能表示他们注重健康和体态。

正式/商务风格：偏好正装如西装、衬衫的人，通常职业性强，注重形象和专业度。他们可能具有较强的责任心、条理性，追求事业成功，自我要求严格，同时也希望通过正式着装展现权威和可信赖感。

彩色系偏好：喜欢穿彩色系衣物的人，通常性格开朗、乐观，富有感染力。他们善于社交，喜欢成为人群中的焦点，具有较强的自我表达欲和创新精神，希望用色彩传递积极的生活态度。

暗色系偏好：偏好黑色、深蓝等暗色系服装的人，可能性格上更加内向、深沉，追求神秘感或安全感。暗色系着装有时也反映出一种低调、严谨或保守的个性，以及对私隐的保护欲。

三、提升非语言沟通的能力

（一）自我觉察与调整：认识并改善自身的非语言习惯

我们首先要觉察自己的非语言习惯，如打响指、抖腿等，通过细致分析个人的身体语言、面部表情和语调，我们可以识别那些可能引起误解或不良影响的习惯。再通过练习与模拟在低风险环境下践行习惯的改变，如在镜前练习更加自然的微笑，或与亲朋进行角色扮演等。改变过程中我们还可以主动向周围人询问，了解他们对自己非语言沟通的真实看法，并依据这些外部视角进行适时调整。

（二）观察自己与解读他人：提高对他人的非语言信号的敏感度与理解力

除了观察自己，我们在日常互动中也要留意他人的面部表情、身体语言及语调的细微变化，力求从中解析其潜在情绪与真实意图。平时我们还可以通过研读专业书籍、文献及参与培训课程，系统掌握非语言沟通的基本理论框架及其跨文化的多样表现形式，在践行这些理论时，我们还要培养深刻的同理心，设身处地地从对方视角出发，以便更加精准地感知和理解对方的情感状态，从而在沟通中实现更深层面的理解与连接。

（三）综合运用语言与非语言沟通：实现信息传递的协调一致

在日常对话中，我们需要有意确保语言信息与非语言举止一致。例如，在传递积极信息时，配合微笑和点头等肢体语言，增强语言的正面影响力。除此之外，我们在互动时也要对对方的非语言反馈信号保持高度敏感，如眼神交流的维持、理解与否的细微表现，据此判断对方真正想要传递的信息，并迅速调整沟通策略，确保信息的准确传达与接收，从而促进深层次的理解与互动。

（四）提高文化敏感性和适应性

非语言沟通在不同文化背景中含义并不相通，因此，为了提高非语言沟通能力，我们还要深入了解不同文化中的非语言沟通规则，遇到不解之处主动询问，避免基于自己的文化假设去解读他人的非语言行为。在跨国或跨文化沟通中，还要尽量采用更具有普遍性的非语言行为，如微笑、点头等，同时灵活调整，以适应对方的文化习惯。通过这些方法，个人可以逐步提升文化敏感性和适应性，在职场上开展更加和谐、有效的交流。

模块小结

要点	内　　容
运用口头语言进行沟通	1. 职场口头沟通旨在实现工作目标、协调任务、建立与维护工作关系、解决冲突、分享知识与经验、提升工作效率与质量等。 2. 口头沟通的技巧：听说结合、提问引导、使用结构化表述。 3. 应对不同类型的职场对话：正式会议沟通、一对一交谈、冲突调解与谈判、汇报演讲
借助书面语言进行沟通	1. 书面沟通在职场中扮演着极其关键的角色，它的权威性、可追溯性和法律效力使其成为保证企业规范运营、降低风险、提高协作效率的重要工具。 2. 不同类型职场文档有不同的写作技巧，职场中需要根据不同情景灵活使用电子邮件、工作报告、商业提案以及微信、QQ、微博和企业OA等工具。 3. 审校与优化是确保信息有效传达、提升沟通品质的核心环节，主要包括文档结构与逻辑检查、语言精准度与规范性校对、可读性与视觉效果提升、利用技术工具辅助编辑与校验等几个方面
借助非语言沟通进行职场交流	1. 高达80%的人际沟通被认为是非语言性的，非语言沟通在职场沟通中扮演着极其关键的角色。 2. 身体语言和姿态、副语言、环境因素、职场形象等都是非语言沟通的重要组成部分。 3. 提升非语言沟通能力是一个涉及自我认知、观察学习、综合应用及跨文化交流的过程，需要持续努力

案例与思考（三）

案例 3-1

冗长的汇报

在一次会议中，产品经理张强向技术经理李华汇报产品的新功能需求。

张强（产品经理）："我来详细阐述一下我们下一季度即将推出的新功能——用户个性化推荐系统。首先，这个功能的提出是基于我们对市场需求的深度调研以及对竞争对手策略的详尽分析。我们认为，通过引入机器学习算法，结合用户的浏览历史、购买记录、互动行为等多维度数据，我们可以实现精准推送，显著提升用户体验，增强用户黏性，从而提高我们的市场竞争力。其次，关于技术实现方面，我们需要构建一个高性能的数据处理平台，包括数据采集、清洗、存储、分析以及模型训练和预测等多个环节，每个环节都需要精心设计和优化。另外，考虑到隐私法规要求，我们在数据使用和保护上要遵循严格的合规标准，确保用户数据的安全。最后，为了确保项目的顺利推进，我们需要制定详细的项目计划，明确各阶段的目标、责任人以及时间表，同时建立有效的沟通机制，确保团队间的协作高效顺畅。综上所述，这就是我对新功能需求的整体构想，希望能得到你的技术支持和团队配合。"

思考：在张强的表述中，哪些方面可能导致沟通效率降低？

案例 3-2

"甲方爸爸"的无理要求

在职场尤其是设计、广告、项目管理和工程等领域，"甲方爸爸"这一网络用语常用来幽默地形容那些提出苛刻或不合理要求的客户。以下是一些典型的调侃甲方爸爸无理要求的句子，它们既反映了工作中的无奈，也透着几分黑色幽默：

1. 甲方爸爸说：我们需要一个简洁而不简单的页面设计，元素要多，信息量要大，同时保持界面干净清爽。
2. 甲方爸爸说：要把 Logo 放大，但同时又希望整体版面不要有任何东西显得太大。
3. 甲方爸爸说：我们要一个五彩斑斓的黑，要有深度、有层次，但别太花哨。
4. 甲方爸爸说：我想要那种看起来高端，但预算要非常亲民的方案。
5. 甲方爸爸说：这个视频要短，但要把我们的百年历史全讲清楚。

6. 甲方爸爸说："我觉得还差点感觉，你再改改看。"改了十几稿后，甲方爸爸说："还是第一版好。"

7. 甲方爸爸说："希望网站能在一秒内加载完所有高清大图，同时保证用户体验流畅，服务器预算不变。"

思考：请你从沟通的角度评论一下"甲方爸爸"的问题出在哪里。

案例 3-3

求职者的不同姿势

假设在一个工作面试场景中，应聘者出现以下姿势：

1. 在回答问题时，始终保持目光直视面试官，同时身体微微前倾。
2. 手势适度，配合谈话内容自然展开。例如，在解释某个项目成就时，双手轻轻摊开。
3. 面试过程中偶尔点头。
4. 应聘者交叉双臂，身体向后靠在椅子上，目光不定或频繁向下看。
5. 缺乏眼神交流。

思考：假如你是面试官，你能说出这几种姿势分别代表求职者什么样的状态吗？

实践活动（三）

活动 3-1

沟通游戏——介绍产品

一、活动目标

能熟练使用金字塔原理介绍一件产品。

二、活动过程

给班级每个同学发一份电子产品的使用说明书，要求认真阅读后按照结论—分论点—具体论据—再次总结的思路，用金字塔原理介绍该产品。两人一组，互相打分。

三、讨论与评价

1. 如果你是消费者，你愿意买他介绍的这个产品吗？如果不愿意，原因是什么？
2. 你记住这个产品的功能和特点了吗？你觉得哪些介绍让你印象深刻？
3. 完成任务测评（如表 3-1 所示）。

表 3-1　任务测评表

评价指标	评分等级	测评结果
逻辑：金字塔结构严谨，结论、分论点层次分明，各部分之间逻辑关联性强，无跳跃或断裂现象。听众能轻松跟随讲解者的思路。 论点：明确提出并准确概括出产品的核心结论与各个分论点，论点具有高度概括性和针对性。 论据：论据丰富、具体且与论点高度相关，具有较强的说服力和可信度。 表述：语言精练，表达流畅，专业术语使用恰当，没有冗余信息和复杂句式。适当运用图表、示例等辅助手段	优秀：90 分以上	
逻辑：基本遵循金字塔原理，各部分相对独立，某些细节处逻辑衔接不够紧密，需要听众稍加思考。 论点：论点基本明确，能大致反映产品的关键特性，但不够精练或缺乏一定的独特性，吸引力稍显不足。 论据：提供了若干相关论点，但论据的丰富程度、针对性或权威性有所欠缺。 表述：表述基本清晰，语言通顺，偶有冗余或不够精准之处。专业术语使用基本得当，辅助手段运用较为合理	良好：75～89 分	
逻辑：金字塔结构较为模糊，论点与论据之间的逻辑联系不够明确，听众需要反复确认或自行填补逻辑空缺。 论点：表述较为模糊，未能突出产品的核心竞争力，无法给听众留下深刻印象。 论据：论据较少，主要依赖主观描述或笼统概述，缺乏具体数据、实例等有力支撑。 表述：有冗余信息，语言不够精练，有过多复杂句式或不当的专业术语，辅助手段运用不足或不当	一般：60～74 分	
逻辑：未能有效运用金字塔原理，各部分逻辑混乱，缺乏内在联系。 论点：论点不清晰甚至缺失，无法有效传达产品的核心价值。 论据：几乎没有提供有效的论据支持论点，使得整个介绍缺乏说服力。 表述：表述冗长烦琐，语言晦涩难懂，专业术语误用频繁，辅助手段运用匮乏或混乱，严重阻碍听众理解	较差：60 分以下	

活动 3-2

修改通知

一、活动目标

体会书面沟通的作用和重要性，学会使用准确、正向、得体的语言进行书面沟通。

二、活动过程

要求：相邻的 2 人为一组，写完更正邮件后互相评分。

1. 阅读以下通知。

关于开展 2023 年度员工满意度调研的通知

尊敬的员工们：

  我们很高兴地宣布，今年的员工满意度调查将于下周一（2月28日）开始，至3月7日结束。请大家务必在这段时间内完成在线问卷，以便我们收集到宝贵的意见和建议，进一步提升我们的工作环境和福利政策。

  请注意，所有问卷必须在截止日期前提交，否则将被视为自动放弃参与本年度的奖金评定。

  谢谢大家的合作！

人力资源部
2023 年 2 月 21 日

2. 找出通知中的错误和不妥之处。

3. 请重新拟写正确的通知。

三、讨论与评价

1. 修改后的通知语言是否做到了准确、得体？

2. 修改后的通知是否做到了正向沟通？有没有用鼓励、肯定的语言调动起读者的积极性？

职场礼仪篇

模块四　感悟职场礼仪

名人名言

一个人的礼貌，就是一面照出他的肖像的镜子。

——歌德

能力标准

分类	具体内容
知识	● 掌握礼仪的基本特征和作用。 ● 掌握职场礼仪的原则，掌握职场礼仪的要求
技能	● 能用所学礼仪知识分析个人行为是否合乎礼仪。 ● 能够遵守职场礼仪的基本要求和基本原则
态度	● 增强礼仪意识，尊重他人，构建得体的礼仪氛围。 ● 认识到职场礼仪在个人形象塑造和职业发展中的重要性

学习导航

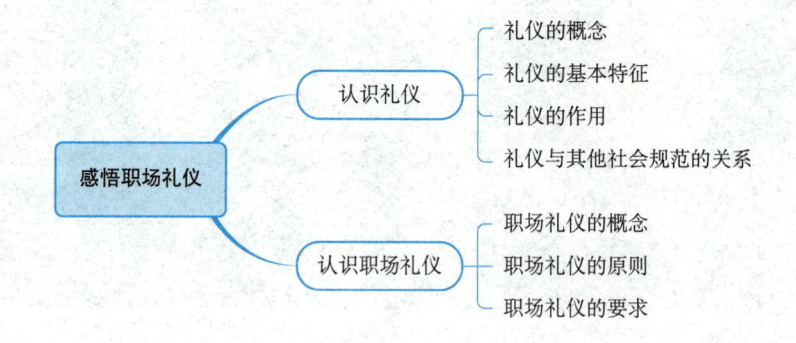

感悟职场礼仪
- 认识礼仪
  - 礼仪的概念
  - 礼仪的基本特征
  - 礼仪的作用
  - 礼仪与其他社会规范的关系
- 认识职场礼仪
  - 职场礼仪的概念
  - 职场礼仪的原则
  - 职场礼仪的要求

能力自测

小测试：你了解礼仪吗？

假如你接到邀请，要参加一个规格很高的宴会，从服饰着装、就餐入座到自我介绍与介绍他人，你知道都需要注意哪些问题吗？

单元 4.1　认识礼仪

引例 4-1

礼仪得体带来商机

李明是某科技创业公司的公关经理，以其卓越的沟通能力和优雅的处世之道闻名于业内。而该公司 CEO 以其雷厉风行、直接果断的管理风格在行业内颇有名气，但这有时也会让潜在合作伙伴感到难以接近。一次，李明陪同公司 CEO 参加一场由政府主办的高新技术产业交流晚宴，该晚宴会聚了众多行业领导者及新兴创新企业代表。

在这场晚宴上，李明的细致入微与周到礼仪成为公司的一张闪亮名片。当一位政府高级官员在晚宴上分享了对未来科技政策的展望后，李明敏锐地捕捉到这一交流契机，适时而礼貌地提出了一系列深思熟虑的问题，既展现了对公司业务的深入理解，又体现了对政策导向的高度重视。他在对话中始终保持着谦逊的姿态，同时不失自信地介绍了公司最新的研发成果，巧妙地将技术优势与政策导向相结合，展现出公司的发展潜力和合作价值。

在用餐环节，面对一道道精致菜肴，李明更是展现出他对于餐桌礼仪的精通，无论是使用餐具的顺序、切割食物的优雅动作，还是在谈话间恰当地停顿以品尝美食，都显得自然而不造作，给同桌的几位重量级投资人留下了深刻的印象。特别是在与一位年长的投资人交谈时，李明始终保持眼神交流，耐心聆听对方的每句话，让人感受到了充分的尊重和关注。

晚宴结束之际，李明主动协助主办方整理现场，他的这种主动服务精神和团队协作的态度，再次赢得了在场许多人的赞誉。通过这一系列得体的举止和专业的表现，李明不仅成功地软化了公司高层给人留下的强硬形象，还为公司建立了广泛而正面的社交网络，直接促成了与两位重要投资人的初步合作，为公司后续的融资和发展开辟了新的道路。

【分析】个人的礼仪修养不仅能够塑造良好的个人形象，还能在商业场合中成为公司形象的加分项，为企业发展带来意想不到的机遇。在社交活动中，每个人都应当学习并遵循礼仪规范，这不仅是对交往对象的尊重，也有利于建立和谐的人际关系，在竞争中求得

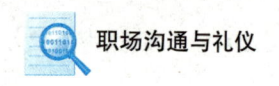

生存与发展。

一、礼仪的概念

中国素有"礼仪之邦"之称,古人云:"不学礼,无以立。"在中国传统文化中,礼仪是不可或缺的一部分。礼仪是在人际交往中,以一定的、约定俗成的程序、方式来表现的律己敬人的规范。"礼",即礼貌、礼节;"仪",即仪容、仪表、仪态、仪式(如图 4-1 所示)。

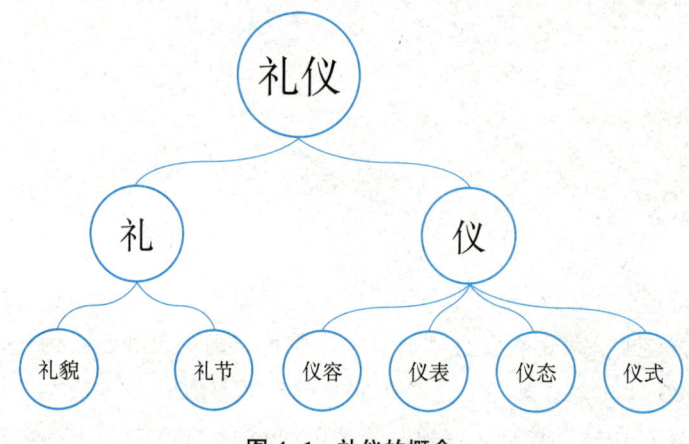

图 4-1 礼仪的概念

(一)礼貌

礼貌是指在社交互动中对他人表示尊重和友好的语言和行为,包括使用恰当的称呼、表达感谢和道歉、倾听他人意见等。礼貌体现了个人的教养和对他人的尊重。

(二)礼节

礼节是一系列传统的、约定俗成的社交规则,它们规定了在特定情境下的适当行为。礼节可能涉及问候、餐桌礼仪、商务交往、礼物交换等方面。遵守礼节有助于维护社交秩序和个人形象。

(三)仪容

仪容指的是个人的外观和清洁度,包括衣着、发型、面部修饰等。良好的仪容可以给人留下良好的第一印象,显示个人对自身形象的重视和对场合的尊重。

(四)仪表

仪表与仪容相似,但更侧重于个人整体的外观和风格,包括衣着、饰品等。适当的仪表可以增强个人魅力,体现个人的社会地位和职业特征。

（五）仪态

仪态涉及个人的举止和行为方式，包括站姿、坐姿、走路方式等。优雅的仪态可以传达自信和从容，使个人在社交场合中更加得体。

（六）仪式

仪式是一系列具有象征意义的正式活动，通常用于庆祝或纪念重要事件，如婚礼、毕业典礼、纪念活动等。仪式有助于增强文化认同感和社会凝聚力。

礼仪是人们在社会交往中形成的，为人们所认同和遵守的，以建立和谐关系为目的的各种符合社会交往要求的行为准则和规范的总和。礼仪受历史传统、风俗习惯、宗教信仰、时代潮流等因素的影响和制约，并且其内涵随着时代的发展不断丰富。

礼仪案例 4-1

因缺乏礼仪修养而失去机会

一天上午，一家公司同时来了两位客户（如图 4-2 所示），她们分别是两家知名化妆品公司的销售人员。第一位销售人员自我介绍、递名片都彬彬有礼，穿着打扮和言谈举止都显得很有涵养，第二位销售人员则穿着随便，言谈举止比较粗俗。最终，这家公司和第一位销售人员签订了销售合同。

这家公司的主管解释说："第二位销售人员缺乏礼仪修养，给人一种不可信的感觉，由此我对这家公司的产品和售后产生了怀疑。而第一位销售人员则给我留下了很好的印象，所以我对其产品和售后服务有信心。"

【分析】尊重是礼仪的核心素养，尊重他人就是尊重自己。在此案例中，同样是进行化妆品销售，最终礼仪规范运用得体、礼仪素养较高者得到了合作机会，而穿着和言谈随意、不注意礼仪素养者失去了合作机会，足见礼仪在商务活动中的重要作用。

图 4-2 缺乏礼仪修养丢掉合同

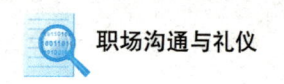

二、礼仪的基本特征

（一）规范性

自古以来，礼仪犹如社会生活的脉络，无时不在、无处不在。不论任何地域、民族或是国家，都孕育了其独有的礼仪制度。这些制度背后，隐藏着一套人们普遍认同且世代相传的行为准则，它们无形中指引着人们在相互交往时的言辞行为，持续地调整和指导着人际互动的模式，成为评判个体是否具备自我约束力及尊重他人的标准。在此框架内行动，则视为符合礼仪的典范；反之，偏离这些准则，则被视为礼仪缺失。因此，礼仪的本质特征之一是社会普遍认同的规范性，它既是个人品德的镜鉴，也是社会秩序的守护者。

礼仪案例 4-2

礼教启蒙：《弟子规》中的规范与德行养成

《弟子规》是清朝李毓秀根据儒家思想编纂的一部儿童启蒙读物，全书以《论语》等儒家经典为基础，详细列出了在家、出外、待人接物、学习等方面的礼仪规范，强调儿童应当遵循的行为准则和道德规范，是传统儒家礼仪教育的重要教材。

《弟子规》开篇即说："弟子规，圣人训，首孝悌，次谨信。"这里明确提出了孝顺父母、友爱兄弟姐妹是最基本的道德要求，接着强调了言行谨慎、诚实守信的重要性。

书中还细致地规定了日常生活中的诸多礼节。例如，"晨必盥，兼漱口；便溺回，辄净手。"教导儿童早晨起床后要洗脸刷牙，方便后要洗手，注重个人卫生。"冠必正，纽必结；袜与履，俱紧切。"强调儿童应穿戴整齐，帽子戴正，衣服扣好，袜子鞋子穿戴合适，体现出对外表的重视。"长者立，幼勿坐；长者坐，命乃坐。"这是关于尊敬长辈的礼仪，年轻者不应在长辈未坐下前先坐，须等长辈示意方可就座。

【分析】《弟子规》通过这些具体的规范，不仅教育儿童如何在日常生活中实践礼仪，而且更深层次地培养了尊老爱幼、诚实守信、克己复礼等道德品质，是中国古代社会礼仪规范性教育的典型代表。

（二）多样性

礼仪作为一种行为规范，涉及社会生活的各个方面，与每一个人都有着密切的联系。这决定了礼仪具有多样性的特点，无论是内容上还是形式上，礼仪都是丰富多样的。

不同的职业、不同的生活领域需要遵循不同的礼仪规范。随着社会的进步发展，人们的生活领域不断拓宽，只有在不同层次的生活领域中都严格地遵守相应的礼仪规范，才能在各个方面展现出最优秀的个人素养。

（三）发展性

礼仪是社会互动产物，承载着历史与时代印记，经历了漫长岁月的筛选与锤炼，既有对传统封建礼教中落后成分的抛弃与否定，也有对积极、有益元素的继承与弘扬。这体现了礼仪文化自身的生命力与社会进步对文化选择的自然法则。

知识广角

我国礼仪的发展

我国礼仪发展可分为起源时期、形成时期、变革时期、强化时期、新礼俗的形成与发展五个时期（如图4-3所示）。

1 起源时期
（夏朝以前，公元前21世纪前）
在夏朝之前，即尧舜时期，礼仪制度已初具雏形，出现了"五礼"的分类，包括吉礼、嘉礼、宾礼、军礼和凶礼。这一时期，礼仪主要与原始宗教活动相关。

2 形成时期
（夏、商、西周三代，公元前21世纪—公元前771年）
夏、商、西周三代，礼仪进一步发展和制度化。周朝特别重视礼仪，设置了专门的礼官来管理，并制定了《周礼》《仪礼》《礼记》等典籍，这些文献对后世的礼仪制度产生了深远的影响。

3 变革时期
（春秋战国时期，公元前771—公元前221年）
春秋战国时期，百家争鸣。礼仪观念出现了多元化的趋势。儒家、道家、法家和墨家等学派对礼仪的理解和主张各不相同，这一时期的礼仪变革对后续的社会治理和文化发展产生了重要影响。

4 强化时期
（秦汉到清末，公元前221—1911年）
从秦汉到清末，礼仪作为社会治理和道德教化的重要工具被历代统治者所强化。特别是汉武帝时期，礼仪的重要性被提升到了新的高度，礼仪成为国家治理和社会稳定的基石。

5 新礼俗的形成与发展时期
（1911年至今）
1911年辛亥革命后，封建专制制度结束，礼仪开始向现代化转型。民国时期，西方的平等思想和文化习俗开始影响中国的礼仪实践。1949年中华人民共和国成立后，新型社会关系和人际关系确立，礼仪发展进入崭新时期，传统的优秀礼仪得到继承和发扬，同时吸收了国际礼仪的长处。

图4-3 我国礼仪的发展

在国际化背景下，礼仪边界更宽广，内涵与形式不断丰富与拓展。中华礼仪兼容并

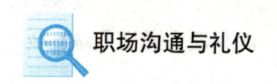

蓄，展现出强大的适应性和创新性，增强了跨文化交流的顺畅性，促进了全球文化多元化发展。

礼仪的本质属性决定了它必须与时俱进，与社会的发展同步。在快速变化的现代社会，新兴的社交方式、技术革新等因素不断催生出新的社交场景和需求，如电子邮件、社交媒体的礼仪规范，以及远程会议的礼节等，这些都是对传统礼仪的补充与拓展，体现了礼仪在新时代下的活力与创新。

同时，随着全球一体化程度的加深，不同文化间的礼仪交融与碰撞愈发频繁，礼仪不再局限于单一文化的框架内，而是逐渐形成了一种跨越国界、融合多文化的"全球礼仪"。这种趋势要求我们学习和接纳不同文化背景下的礼仪习俗，以更加包容的心态和灵活的策略，适应全球化时代下礼仪的新内涵，从而促进国际的理解和尊重，构建更加和谐的国际社会关系。

（四）差异性

"十里不同风，百里不同俗。"这句话精准地描述了礼仪在地域上的差异性。礼仪不仅因地域而异，还随着时间的变化而有所不同。礼仪是人类在交际活动中逐渐形成、发展并完善的，因此其规范在不同时代、不同场合以及针对不同对象时均存在显著差别。例如，握手作为一种常见的礼貌行为，其在不同国家、不同场合以及针对不同交往对象时，所表达的程度和意义均有所差异。

鉴于礼仪的差异性，我们在社交活动中应熟练掌握并灵活运用各种礼仪规范，以展现个人的风采并塑造良好的个人形象。这需要我们深入理解礼仪规范，还要能够根据实际情况灵活调整自己的行为，以确保符合当地的文化习惯和礼仪规范。

礼仪案例 4-3

不同的习俗：一次中东商务之旅的教训

李经理是一位国际贸易公司的资深代表，他带领团队前往中东某国参加一场重要的商务洽谈。抵达后，对方公司隆重接待了他们，并安排了一场盛大的欢迎晚宴，以展现东道主的热情。

晚宴上，气氛热烈，双方交换着商业见解与合作愿景。按照当地习俗，主人为了表达最高规格的欢迎与尊敬态度，特地准备了用精致银盘盛装的传统阿拉伯咖啡。当服务人员开始逐一为来宾奉上这象征尊贵的饮品时，李经理注意到前面的客人都用右手轻握杯柄，优雅地接过咖啡，随即以右手轻点杯口两次，以示感谢与尊重。

然而，李经理作为一名左撇子，习惯性地伸出了左手去接咖啡，这一举动在他看来似乎并无不妥，但他并未意识到在当地的文化背景下，使用左手被视为不敬之举，尤其是在饮食和传递物品时，因为左手常用于处理个人卫生事务，因此被认为不洁。主人看到这一行为后，脸色瞬间凝重，尽管没有表现出明显的愤怒，但李经理明显感到不适，导致之后的交流气氛略显尴尬，影响了原本融洽的商务氛围。

这次经历给李经理及其团队留下了深刻的印象，他们意识到，在全球化的商务活动中，深入了解并尊重合作伙伴的文化习俗是至关重要的。事后，李经理特意学习了更多关于中东文化的商务礼仪，确保未来在类似的情境中，能够更加得体地运用，避免因文化差异造成不必要的误解与障碍。

【分析】不同国家和地区往往会有不同的礼仪习俗。到异地开展活动之前，要提前做好功课。如果触犯对方的禁忌，即使是无意的，也是非常失礼的。这个案例再次证明，跨文化交流中的"入乡随俗"不仅是一种礼节，更是商务成功的关键因素之一。

三、礼仪的作用

孔子视礼仪为修身养性、持家立业、治国平天下的基石。荀子在《荀子·修身》中写道："人无礼则不生，事无礼则不成，国家无礼则不宁。"对普罗大众而言，礼仪是陶冶情操、塑造品格、维系家庭和谐、奠定事业根基的不可或缺的要素；对领导者而言，礼仪则是管理企业、治理国家的必备基础。礼仪规范着人们的言行举止，对个人与社会均有裨益。因此，每个人都应学习并践行礼仪，以礼待人。礼仪的作用具体体现在对国家与社会、对个人两个方面。

（一）礼仪对国家与社会的影响和作用

自古以来，礼仪一直是中华民族文化的重要组成部分。礼仪作为人们行为的准则和规范，不仅影响着个体的行为和形象，更关乎整个国家、社会的整体素质与文明程度。

一个国家、一个民族的礼仪水准，直接影响着其形象和声誉。一个注重礼仪的国家或民族，往往能够赢得他人的尊重和信任，进而在各个领域取得更好的发展和成就。相反，一个缺乏礼仪的国家或民族，则可能因其不文明的行为而遭受他人的非议和排斥。

古人曾将礼仪列为立国的精神要素之本，提出"礼义廉耻，国之四维"的观点。这充分说明了礼仪在国家治理和社会发展中的重要地位。在现代社会，遵守和运用礼仪规范，不仅有助于净化社会风气，提升个人乃至全社会的精神品位，更是一种对传统文化的传承和发扬。中共中央、国务院颁布的《新时代公民道德建设实施纲要》明确将"明礼遵规"规定为我国公民的基本道德规范，这进一步强调了礼仪在现代社会中的重要性和地位。

礼仪作为一种外在的表现形式，是国家和民族整体素质与文明程度的重要体现。倡导遵守礼仪并合理运用礼仪，有助于净化社会环境，提升全社会成员的精神品位与

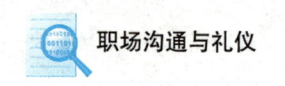

道德文化素质。

（二）礼仪对个人的影响和作用

礼仪对个人的影响和作用是全方位的，它不仅塑造个体的外在形象，更深刻地影响着个人的内在品质和人生道路。

1. 有利于培养高尚的道德情操

礼仪不仅仅是表面的行为规范，更是内心道德的外在体现。遵循礼仪规范，如诚实守信、尊重他人、谦虚谨慎等，能够潜移默化地培养个人的道德感和责任感，使人在日常生活中更加注重自我修养，形成积极向上的价值观和道德观。

2. 培养优雅的气质

良好的礼仪习惯能够提升个人的内在气质和外在风貌。优雅的举止、恰当的言谈不仅令人赏心悦目，还能反映出一个人的教育背景和文化素养，使人在各种社交场合中显得更加自信从容，形成独特的个人魅力。

3. 培养优雅的风度

风度是个人魅力的综合体现，其中包括了礼貌、谦逊、宽容等品质。礼仪教育教导我们在面对不同情境时如何保持冷静、得体，如何在压力之下不失态，从而展现出一种超脱的内在风度，使人在任何情况下都能保持尊严与格调。

4. 有利于建立良好的人际关系

礼仪是人际交往的"润滑剂"。掌握合适的社交礼仪，能够帮助个体在社交活动中更加顺畅地与人沟通，减少误会和冲突，增强互信，从而建立起和谐的人际网络。良好的人际关系是个人幸福感的重要来源，也是成功路上的重要助力。

5. 促进事业的发展

在职场中，专业的礼仪表现是职业素养的重要组成部分。得体的商务礼仪不仅能给人留下专业的印象，还能在商务谈判、团队合作中发挥重要作用，增强个人的领导力和团队协作能力。良好的礼仪习惯有助于赢得客户的信任，促进业务合作，最终推动事业的发展与成功。

礼仪案例 4-4

礼仪的力量：奥普拉·温弗瑞的影响力密码

奥普拉·温弗瑞是全球最具影响力的女性之一，她以其同名脱口秀节目《奥普拉·温弗瑞秀》而闻名全球。该节目不仅创造了收视奇迹，也深刻影响了无数观众的生活态度。

奥普拉的成功，很大程度上归功于她对礼仪的深刻理解和运用，她以亲切、真诚、尊重他人的主持风格，赢得了广泛赞誉。

在节目中，奥普拉展现出极高的倾听技巧，无论嘉宾是名人还是普通人，她都能给予同等的关注和尊重，让每个人感受到被重视。她的提问深刻而不失敏感，总能引导嘉宾分享真挚的情感和有趣故事，同时，她也会分享自己的经历和感悟，与观众建立情感共鸣。这种以尊重和理解为核心的交流方式，是奥普拉个人魅力的核心，也是她能够在媒体界取得巨大成功的基石。

此外，奥普拉在慈善事业上的投入和对社会正义的倡导，进一步展现了她作为公众人物的责任感和高尚的道德情操。她通过自己的基金会支持教育、女性权益和公共卫生项目，以实际行动践行了礼仪背后的价值观——对他人的关怀与帮助。

【分析】从上述例子可以看出，良好的礼仪不仅限于表面的礼节，更是一种深刻的人文关怀和价值观的体现。通过真诚的交流、尊重他人和积极的社会贡献，不仅能够建立起强大的个人品牌，促进事业的发展，还能对社会产生深远的正面影响。

四、礼仪与其他社会规范的关系

礼仪之所以成为现实生活中卓有成效的交往工具，在于礼仪的核心是建立以礼为中心的道德规范。它是工作和生活中最常见、最通用的规范，与其他社会规范存在千丝万缕的联系。

（一）礼仪与社会道德

《礼记·曲礼》曰："道德仁义，非礼不成，教训正俗，非礼不备。分争辩讼，非礼不决。君臣上下父子兄弟，非礼不定。宦学事师，非礼不亲。班朝治军，莅官行法，非礼威严不行。祷祠祭祀，供给鬼神，非礼不诚不庄。是以君子恭敬撙节退让以明礼。"在中国古代几千年的历史长河中，"礼"扮演了最为核心的角色，中国传统文化的核心思想就是"礼"。在中国文化里，道德是无形的约束，它约束着个人、家庭、社会，维系着社会的和谐健康发展，推动社会不断前进。而礼仪是道德约束的外化形式，是一种制度化、规范化了的外在的道德要求，是人们的行为举止、人际关系、交往方式乃至社会秩序的标准和尺度，所以礼仪是一种行为规范，是道德的重要内容之一。

道德与礼仪两者相辅相成，相互促进。道德作为内在的自律力量，虽无法律的强制性，却依赖于个体的自觉、社会共识以及文化传承来发挥作用。礼仪则是道德的可视化表现，通过遵循礼仪，个体的道德修养得以展现，而良好的礼仪实践又反哺于道德情操的提升。在实际生活中，一个人的道德素质往往通过其日常行为中的礼仪表现来评价，知礼、守礼、行礼成为衡量个人道德修养的重要标尺。

职业道德是社会道德在特定职业领域的具体体现，它规范着人们在职业活动中的行为，确保职业活动的正当性与高效性，是社会道德体系中不可或缺的一部分。它强调了职业中的特定道德要求，体现了个人在职业领域中的道德承诺与社会责任，进一步印证了道德与礼仪在不同社会领域内的普遍适用性和重要性。总而言之，道德与礼仪共同构成了社会文明的基石，是推动社会和谐与持续进步的强大力量。

（二）礼仪与社会公德

社会公德简称"公德"，是指存在于社会群体中的道德，是为了群体利益而约定俗成的、应该做什么和不应该做什么的行为规范。社会公德在本质上是一个国家、一个民族或者一个群体在社会实践活动中积淀下来的道德准则、文化观念和思想传统。与"私德"相对，"公德"是指与国家、组织、集体、民族、社会等有关的道德；而"私德"则指个人的品德、作风、习惯以及个人私生活中的道德。遵守社会公德是成为一个有道德的人的最基本要求。

正如《左传》所说："礼，经国家，定社稷，序民人，利后嗣者也。"如果不遵循"礼"的原则，人际关系中的其他道德要求也就无从谈起。"礼"也是儒家伦理思想的重要道德范畴之一，是与"仁"的要求相一致的、关于人的行为的礼节、制度和规范。礼仪是社会公德的基本表现形式。"礼"的主要内容和作用，就是密切人们的伦理关系，改善人们的社会关系，维护和安定社会秩序。而社会公德发挥着维护社会稳定、公道，扬善惩恶的功能，它对维系社会公共生活和调整人与人之间的关系具有重要作用，在社会生产和生活中起着强大的舆论监督作用和精神感召作用。

（三）礼仪与伦理道德

"礼"是一种制度化、规范化的外在的道德要求，是人们的行为举止、人际关系、交往方式乃至社会秩序的标准和尺度。《礼记·冠义》曰："凡人之所以为人者，礼义也。"意思是，人之所以为人，就在于人能够按照礼的要求行事，能够按照礼的要求选择自己的行为方式；否则，心目中没有"礼"的约束，其言行举止不遵从甚至违背"礼"的要求，则与禽兽无异，人也就不称其为人。同时，礼不仅是伦理道德的体现，也是伦理道德的重要内容，如果离开了规范和约束人们具体行为的"礼"，伦理道德也就无从谈起。

单元 4.2　认识职场礼仪

引例 4-2

电子邮件的误会

张华是一家国际软件公司的技术支持工程师,他负责与全球的合作伙伴进行日常的技术交流和问题解答。由于时差和紧迫的项目截止日期,张华经常需要快速回复电子邮件。

最近,张华收到了一个来自欧洲合作伙伴的询问邮件,对方需要了解某个软件更新的详细信息。由于正在处理多个紧急任务,张华匆匆回复了一封邮件,邮件内容直奔主题,没有包含常规的问候语和结束语。

合作伙伴收到张华的邮件后感到困惑和不快,他们认为邮件的简洁可能意味着张华并不重视与他们的合作关系,甚至怀疑他的专业性和对待工作的态度。这导致了合作伙伴的不满,他们开始减少与张华的沟通,并对软件公司的服务质量产生了怀疑。

由于沟通不畅,合作伙伴在软件更新实施过程中遇到了问题,但并没有及时向张华寻求帮助。这最终导致了项目的延误,并有可能影响到两家公司之间的长期合作关系。

意识到问题的严重性后,张华立即采取了行动。他发送了一封新的电子邮件,首先为之前的简短回复道歉,并解释了自己那样回复的原因。在这封邮件中,张华使用了正式的问候语和结束敬语,并详细地回答了合作伙伴的问题。此外,他还安排了一个视频会议,以便更直接地沟通和解决问题。

通过张华的及时沟通和专业解释,合作伙伴的疑虑得到了缓解,他们重新建立了对张华及软件公司的信任。双方的合作关系得以保持,项目也逐步回到了正轨。

【分析】在跨文化交流中,即使是电子邮件中的小细节也可能对商业关系产生重大影响。它提醒我们,无论时间多么紧迫,保持专业和礼貌的沟通方式是至关重要的。此外,当误会发生时,及时的道歉和解释可以帮助挽救局面,恢复信任。职场礼仪不仅关乎个人行为,更是影响企业运营和国际商务交流的关键因素。因此,学习职场礼仪,对于个人和企业都具有长远的价值。

一、职场礼仪的概念

职场礼仪是指在职业环境或工作场合中,人们应当遵循的一系列行为规范和道德准

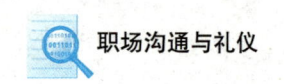

则。这些规范和准则旨在塑造和维护个人及组织的专业形象，促进和谐、有效的工作关系，确保业务活动的顺利进行。职场礼仪不仅涉及外在的行为举止、着装打扮、交流沟通等方面，也包括内在的职业道德，如尊重他人、团队合作精神等。

二、职场礼仪的原则

（一）真诚尊重原则

真诚尊重是职场礼仪的基石，体现在对待每一位同事、上级或客户的言行之中。这意味着倾听他人意见时不打断，与人沟通时使用礼貌用语，尊重他人的工作和个人空间，以及对不同的观点持开放态度。尊重还包括承认他人的努力和成就，避免贬低或忽视他人的贡献。

礼仪案例 4-5

跨文化项目中的礼仪冲突与融合

在一项跨国界合作项目中，张先生作为项目领导，管理着由中国总部与英国分部联合开展的产品研发项目。该项目会聚了来自不同文化背景的团队成员，这无疑为沟通和管理增加了难度。特别在一次关键的项目评估会议期间，不同的交流习惯和期望成为讨论的核心。

在会议筹备阶段，一位英国团队的年轻工程师直接向张先生指出了项目中发现的问题，言语直接，未加修饰。这种行为若放在中国传统文化背景下，尤其是考虑到尊敬长辈的传统，可能被解读为失礼。张先生最初感到有些意外，表情略显不适，其他中国团队成员也对此表现出不满，感觉英国同事在礼貌上有所欠缺。

相反，英国团队视直接表达为提高效率和透明度的方式，这是其文化中坦诚直接沟通的价值观的体现。他们并未意识到这可能被解释为不敬，反而将其视为高效工作的一部分。

为解决这一分歧，张先生利用会议间隙组织了一场非正式对话。他首先阐述了中国传统文化中尊敬长辈的理念，解释在中国文化里，直接向上级或长辈提出批评可能被视为不够礼貌，因此更倾向于间接和婉转的表达。同时，张先生也引导中国团队成员认识到西方直接沟通模式的优点，强调在全球化工作环境里，开放直接的沟通能提高效率，减少误会。

接着，张先生向英国团队成员介绍了中国的传统礼仪知识，解析了某些行为的深层文化原因，并提议未来交流时可以适当顾及对方的感受，探索更加平衡的沟通策略。例如，先赞扬对方的努力再提出改进意见。

经过这次深入的交流，双方团队成员都开始更加留意并尊重不同文化的交流习惯与规范差异。英国团队在后来的会议中尝试采用了更加柔和的表达方式，而中国团队也变得更加接纳，乐于接受直接且具建设性的反馈。这种相互的文化尊重与适应不仅消除了之前的误会，还增强了团队的团结性，推动项目顺利推进，并最终取得成功。

【分析】在多元文化的职场环境下，认识并尊重不同文化特有的交流习惯和道德规范极为重要。通过积极的沟通和相互学习，文化差异不仅不会成为障碍，反而能够转化为团队的多元化优势，促进跨国合作和谐发展。

（二）平等适度原则

在职场中，无论对方的职位高低，我们都应该以平等的心态对待，与任何人交流，都应当遵循平等的原则，这有助于建立和谐的同事关系。适度原则要求在职场交流和行动中把握合适的分寸，既不显得过分亲昵也不过于疏远。例如，在着装上符合公司文化和职位身份，在会议发言时简洁明了，在庆祝或批评时保持恰当的情绪。适度还意味着对权力保持清晰的认识，不滥用职权也不自我贬低。

（三）自信自律原则

在职场中，自信是必不可少的品质，它不仅能帮助你在工作中游刃有余，也能使你在社交场合展现出良好的形象。同时，自律也是职场礼仪的一部分，它是个人品行的体现，要求我们在无人监督的情况下仍能保持高标准的职业道德和行为规范。这包括准时、守信、保密、自我管理情绪和欲望等。自律也意味着对自己的职业发展负责，持续学习，不断提升专业能力和个人素养。

（四）从俗原则

从俗原则强调在不同的职场文化和社会背景下，应遵循当地或行业的习惯和规范，了解并适应所在组织的非正式规则、传统习俗和礼仪习惯。例如，商务宴请的座次安排、节日庆典的参与方式。这样可以避免无意间触犯禁忌，促进良好人际关系的建立。

（五）宽容原则

宽容原则是指在面对工作中的误解、错误或冲突时，采取理解、包容和积极解决的态度。这包括愿意原谅他人的无心之失，以建设性的方式提出批评，以及在压力之下保持冷静和理性。宽容还能促进团队合作，减少内部摩擦，有助于建立一个支持性和恢复性的职场环境。

三、职场礼仪的要求

职场礼仪是职场人员应当遵循的基本行为规范，它不仅关乎个人形象，更关乎企业形象和整体工作效率。因此，我们应该注重职场礼仪的学习和实践，不断提升自己的职业素

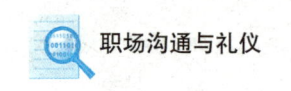

养和综合能力。

（一）尊重他人，诚信待人，保持谦逊

尊重他人是职场礼仪的核心，这一原则贯穿于职场生活的方方面面。在多元化的职场环境中，每个人都有其独特的价值观、思维方式和行为习惯。因此，无论职位高低，每个人都应受到平等对待，这是构建和谐职场关系的基础。

在沟通、交流和合作中，尊重他人显得尤为重要。我们应该学会倾听他人的意见和想法，理解并尊重他们的立场和观点。在表达自己的观点时，也要尊重他人的感受，避免使用贬低或忽视他人的言辞。这样的尊重不仅有助于建立良好的人际关系，还能提高团队的凝聚力和工作效率。

诚信是职场礼仪的基础，也是职场成功的关键。在工作中，我们要遵守承诺，诚实守信，不欺骗、不隐瞒。诚信待人能够赢得他人的信任和尊重，为职业发展奠定良好的基础。同时，诚信也有助于建立个人品牌，提高自己在职场中的声誉和影响力。

在职场中，无论取得多大的成就，我们都应保持谦逊的态度。谦虚使人进步，骄傲使人落后。我们应该虚心向他人学习，不断提升自己的能力和素质。同时，也要学会欣赏他人的优点和成就，给予他们应有的赞誉和鼓励。这样的谦逊和包容能够营造一个积极向上的职场氛围，促进团队的共同成长和发展。

总之，尊重他人、诚信待人和保持谦逊是职场礼仪的重要原则。只有将这些原则内化于心、外化于行，我们才能在职场中取得更好的成绩和发展。同时，这些原则也有助于我们塑造良好的个人形象，赢得他人的尊重和信任，为未来的职业发展奠定坚实的基础。

（二）专业形象、守时守约

在职场中，一个人的形象往往代表着其所在团队或公司的形象，因此，职场人员应当始终保持专业的形象，以展现其职业素养和尊重他人的态度。其中，穿着得体、举止大方、言谈举止有分寸是构成专业形象的重要组成部分。

首先，穿着得体是塑造专业形象的基础。在不同的场合，职场人员应选择适合的服装，以展现自己的专业气质。例如，在正式的商务场合，应穿着西装或职业套装，颜色以深色系为主，避免过于花哨或暴露的款式；而在休闲的聚会或团队活动中，则可以穿着相对轻松但又不失得体的休闲装。

其次，举止大方也是展现专业形象的关键。在职场中，人们需要时刻保持自信、稳重和礼貌的态度。无论是与同事交流、与客户沟通，还是在公共场合，都应避免过于随意或过于张扬的举止。例如，在与人交谈时，应保持眼神交流，避免频繁看手机或做其他小动作；在公共场合，应保持安静、遵守秩序，避免大声喧哗或乱丢垃圾等行为。

最后，言谈举止有分寸也是塑造专业形象的重要方面。在职场中，人们的言语和行为往往代表着其思想水平和职业素养。因此，在与人交流时，应尊重他人、善于倾听、表达清晰。避免使用粗俗、不礼貌的言辞或做出不当的行为，以免给他人留下不专业的印象。

守时守约则是职场礼仪的基本要求。在参加会议、约会等活动中，准时到达并遵守约定的时间和地点是尊重他人和职业素养的体现。如有特殊情况需要调整时间或地点，应提前通知对方，并说明原因，以显示对对方的诚意和尊重。

职场人员应当通过塑造专业形象以及守时守约来展现自己的职业素养和尊重他人的态度。这不仅有助于提升个人在职场中的形象和地位，也有助于维护团队和公司的形象和声誉。

（三）有效沟通，团队合作

在职场中，有效沟通是成功的关键要素之一。有效的沟通不仅能增强团队成员的默契度，提高工作效率，更能帮助我们树立良好的职业形象，进而促进个人职业发展。在沟通中，我们要避免使用攻击性语言或情绪化表达。攻击性语言很容易引发冲突，影响沟通的效果。而情绪化表达则可能让人误解我们的意图，甚至破坏我们与他人的关系。因此，我们要时刻保持冷静和理性，用平和的语气和态度进行沟通。

除了有效沟通，团队合作也是职场中的重要一环。在团队中，我们要积极参与、分享经验、互相帮助，共同推动项目的进展。团队成员之间的协作能力和默契度直接影响着团队的工作效率和成果质量。因此，我们要尊重团队成员的差异，发挥每个人的优势，共同实现目标。

在团队合作中，我们还要学会倾听他人的意见和建议。每个人都有自己的长处和短处，我们要善于发掘他人的优点，并鼓励他们充分利用这一优势。同时，我们也要敢于承认自己的错误和不足，积极向他人学习，不断提高自己的能力和素质。

总之，有效沟通和团队合作是职场成功的两大基石。通过清晰地表达自己的想法和需求、倾听他人的意见、寻求共同点以及积极参与团队合作等方式，我们可以不断提升自己的沟通能力和团队协作能力，为职场成功奠定坚实的基础。

礼仪案例 4-6

专注工作，赢得尊重

小华是一家大型跨国公司的项目经理，负责一项涉及多个部门的复杂项目。这个项目需要按照严格的时间表完成，因此每个团队成员的专注度和合作精神都至关重要。

一天，项目团队召开了一次关键性的会议，旨在讨论项目的进展情况和未来计划。会议开始前，小华注意到有几个团队成员在交头接耳，显然并没有完全准备好。她意识到这种情况可能会影响会议的效率，甚至可能导致项目延期。

于是，小华决定采取行动。她站起来，走到白板前，用清晰而坚定的声音说："各

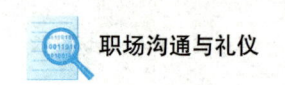

位，我知道我们都很忙，但这个会议对我们项目的成功至关重要。希望我们能够专注于讨论。请把手机调到静音或振动模式，让我们共同为项目的成功努力。"

小华的话起到了立竿见影的效果。团队成员们纷纷把手机调成了静音，开始认真参与讨论。会议进行得非常顺利，每个部门都提出了有建设性的意见和建议。最终，项目按照预定的时间表成功完成，得到了公司高层的高度评价。

【分析】这个故事说明，对工作的专注和对他人的尊重是相互关联的。当我们能够专注于工作，尊重他人的时间和努力时，不仅能够提高工作效率，还能够赢得他人的尊重和信任。这种尊重和信任是职场中非常宝贵的财富，能够为我们带来更多的机会。

模块小结

要点	内容
认识礼仪	1. 礼仪是人际交往中的规范，包括礼貌、礼节、仪容、仪表、仪态和仪式。 2. 礼仪具有规范性、多样性和发展性，是社会交往要求的行为准则和规范的总和。 3. 礼仪对国家和社会有积极影响，对个人而言，有助于培养高尚道德情操、优雅气质、风度，建立良好人际关系，促进事业发展
认识职场礼仪	1. 职场礼仪是职业环境中的行为规范和道德准则，包括外在行为举止和内在职业道德。 2. 职场礼仪的原则是真诚尊重、平等适度、自信自律、从俗、宽容。 3. 职场礼仪的要求是尊重他人、诚信待人，保持谦逊；专业形象、守时守约；有效沟通、团队合作

案例与思考（四）

案例 4-1

如何做到礼仪得体

某市政府计划举办一场国际文化交流论坛，旨在促进不同国家间的理解和交流。论坛筹备委员会正在制定一套详细的礼仪指南，以确保此次论坛能够展示出东道主的热情好客及对文化的尊重，同时维护国家形象。

思考：

1. 根据礼仪的定义，请你列举出至少三项具体的礼仪规范。
2. 请分析礼仪对此次国际文化交流论坛可能产生的积极影响，分别从国家社会层面和个人层面进行阐述。

案例 4-2

职场新人的初次印象与改正

在一家公司中，财务部门的刘女士的座位位于公司入门玄关旁，这一特殊位置让她成为每位员工进门时首先注意到的人。近期，公司新入职一名大学毕业生小王，起初她对坐在玄关旁的刘女士不够尊重，没有打招呼便径直走入办公区。随着时间推移，小王了解到刘女士实际上是财务人员，负责工资发放，小王的态度随即发生巨大转变，变得极为恭敬。然而，刘女士对她前后的态度变化感到不满，认为小王过于势利，而且缺乏基本的职场礼仪。

思考：

1. 分析小王初入职场时的行为，指出其在礼仪上的主要疏忽，并讨论这种行为可能对她个人职业形象及与同事关系构建方面造成的短期与长期影响。

2. 假设你是小王的导师，你会如何指导她正确理解并践行职场礼仪呢？尤其是在面对不同职位的同事时应持有什么态度？请列出至少三条具体建议，并说明理由。

实践活动（四）

活动 4-1

礼仪之光——身边的礼仪故事分享

一、活动目标

1. 增强学生对日常生活礼仪的重要性的认识。
2. 通过分享身边的真实案例，让学生学会从实践中提炼礼仪知识。
3. 促进班级间的沟通与交流，培养学生公共演讲的技巧和倾听的能力。
4. 激发学生对礼仪文化的兴趣，培养学生良好的礼仪习惯。

二、活动过程

1. 第一阶段。

成员分组：将班级分成若干小组，每组 4~5 人。

活动安排：提前一周通知学生活动主题——"身边的礼仪小故事"，要求学生留意生活中的礼仪实例，准备分享。

资料收集：鼓励学生利用图书馆、网络资源，查阅相关礼仪书籍、文章，丰富自己的礼仪知识。

场地布置：教室布置成适合分享的圆形或 U 形布局，营造温馨、开放的交流氛围。

2. 第二阶段。

每个小组内部先进行讨论，每人分享自己准备的礼仪小故事，组内成员可提问、补充，共同筛选 1~2 个最具代表性或启发性的故事准备在班上分享，并由小组成员共同准备 PPT、图片或小道具。

3. 第三阶段。

每组派代表分享选定的故事，要求结合 PPT、图片或小道具增加讲述的生动性。

每个故事分享后，预留时间让其他同学提问或发表看法，教师引导学生总结礼仪要点。

三、反思与总结

1. 个人反思：每位学生撰写简短心得，加深对于学习礼仪知识的思考。

2. 教师总结本次活动，强调礼仪在日常生活中的作用，鼓励学生在生活中践行。

3. 完成任务测评：使用以下测评表对参与者的表现进行评价（如表 4-1 所示）。

表 4-1　任务测评表

评价指标	评分等级	测评结果
生动且精准地分享了身边的礼仪小故事，充分体现了礼仪的规范性、多样性和实际应用价值。展现了对礼仪文化的深刻理解与高度尊重。 表达清晰流畅，能吸引听众注意力，有效回应提问，展现出良好的公众演讲技巧和倾听能力。 小组内部讨论活跃，成员之间互动密切，能有效整合信息，共同呈现了一个或多个高质量的礼仪故事分享。 个人或小组在分享后能深入反思，提炼出实用的礼仪学习要点	优秀：90 分以上	
故事分享较为生动，基本覆盖了礼仪的核心要素，听众能够从中获取一定的礼仪知识与启示。 沟通表达较为清晰，能够回答大部分提问，展现出一定的公众表达能力。 小组合作顺利，能够共同完成故事的准备与分享，成员间有基本的互动交流。 分享后有所反思，能提炼出一些礼仪学习的要点，对个人行为有简单的思考	良好：75~89 分	
故事分享基本完成，但缺乏深度或细节，对礼仪的展现不够全面，听众理解可能受限。 表达能力一般，沟通中偶有不流畅，对听众的反应不够敏感。 小组能合作完成任务，但协作程度有限，个别成员参与度不高。 分享后的反思较为表面，缺乏深度分析或具体改进措施	一般：60~74 分	
故事分享简单，未能充分展现礼仪的内涵与价值，可能存在误解或信息不准确的情况。 沟通表达能力较弱，难以引起听众兴趣，对提问的回答不够充分。 小组合作松散，成员间缺乏有效沟通，影响了分享的质量。 分享后缺乏自我反思，未展现出对礼仪学习的深刻认识或对未来行为改变的规划	较差：60 分以下	

活动 4-2

探索国与国之间礼宾活动的奥秘

一、活动目标

1. 通过访问外交部官方网站,了解国家间礼宾活动的基本框架与重要性。
2. 增强学生对国际礼仪的认知,学习外交场合中的行为规范与交流艺术。
3. 提升学生的跨文化交流能力,理解尊重与平等在国际关系中的核心作用。
4. 鼓励学生反思并运用所学知识,促进个人修养与社交技能的发展。

二、活动过程

1. 第一阶段:自主学习与资料收集。

任务分配:学生分组,每组负责研究一个特定的礼宾活动主题,如"国事访问接待流程""国际会议礼仪规范""外交礼物的选择与赠送"等。

网站访问:学生登录外交部网站,查找并阅读相关文章、公告、视频或图片资料,记录重要信息。

2. 第二阶段:小组讨论与分享。

内部讨论:各小组成员汇总收集的信息,讨论分析所选主题的礼仪要点、背后的文化意义以及实际操作中的注意事项。

成果展示:每组派代表,通过 PPT 或口头报告形式,向全班同学展示研究成果,分享对国与国之间礼宾活动的新认识。

3. 第三阶段:案例分析与角色扮演。

案例选取:教师提供或学生自选一个具体的国际礼宾事件(如某次重要的国事访问)。

角色扮演:学生根据案例内容,分角色模拟外交场景,如国家元首、外交官等;实际操作外交礼仪,如欢迎仪式、会谈、宴请等环节。

观察反馈:其他同学和教师作为观察员,对模拟过程中的礼仪细节进行点评,提出改进建议。

4. 第四阶段:反思与总结。

三、讨论与评价

1. 个人反思:每位学生撰写简短心得,总结学习国际礼仪的收获。
2. 集体讨论:全班围绕"国际礼仪对促进世界和平与合作的作用"的主题进行开放式讨论,并对此发表个人观点。
3. 完成任务测评:使用以下测评表对参与者的表现进行评价(如表 4-2 所示)。

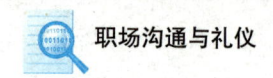

表 4-2　任务测评

评价指标	评分等级	测评结果
全面且深入地展现了角色的特点。对礼宾活动有深入的理解并能准确地组织。 沟通流畅自然，能够迅速适应不同文化礼仪并有效解决跨文化障碍。 团队协作默契，反思深刻，提出有见地的建议	优秀：90 分以上	
较好地展现了角色特点，沟通和适应性表现良好。对礼宾活动有较为深入的理解并能较为准确地组织。 团队合作顺畅，有一定的反思总结能力	良好：75～89 分	
角色扮演一般，存在一些文化理解偏差，沟通和适应性表现一般。对礼宾活动的理解和组织一般。 团队互动有限，反思总结较为简单	一般：60～74 分	
对角色理解不足，沟通不畅，难以适应文化差异。对礼宾活动的理解和组织不足。 团队协作缺失，缺乏有效的反思与总结	较差：60 分以下	

模块五　塑造职业形象

名人名言

每个人的工作，不管是文学、音乐、美术、建筑还是其他工作，都是自己的一幅画像。

——勃特勒

能力标准

分类	具体内容
知识	● 理解职业形象礼仪的含义和基本原则。 ● 掌握形象礼仪的所属范围
技能	● 掌握仪容修饰、仪表管理和常用仪态礼仪的要领。 ● 能运用更合适的方式去塑造个人的职业形象
态度	● 建立主动管理个人仪容、仪表、仪态礼仪的意识。 ● 树立正确的职场礼仪观念，注意细节，严以律己

学习导航

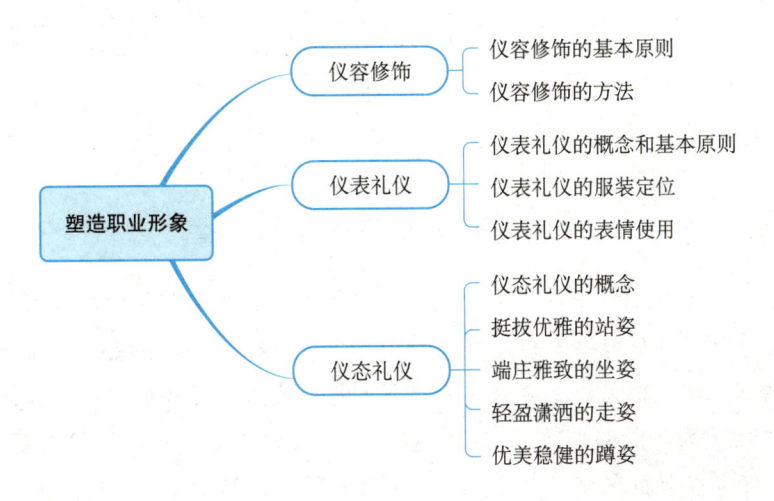

塑造职业形象
- 仪容修饰
  - 仪容修饰的基本原则
  - 仪容修饰的方法
- 仪表礼仪
  - 仪表礼仪的概念和基本原则
  - 仪表礼仪的服装定位
  - 仪表礼仪的表情使用
- 仪态礼仪
  - 仪态礼仪的概念
  - 挺拔优雅的站姿
  - 端庄雅致的坐姿
  - 轻盈潇洒的走姿
  - 优美稳健的蹲姿

能力自测

小测试：你会怎么做呢？

假设你即将参加一场重要的工作面试，你想要确保自己的仪容仪表和仪态能够给面试官留下专业且积极的印象。

思考：

1. 选择合适的面试着装时，你会考虑以下哪些因素？
   A. 公司文化和职位性质　　　　　　B. 面试当天的天气
   C. 个人喜好与舒适度　　　　　　　D. 最新流行与时尚趋势

2. 关于个人卫生，面试前你应该确保做到：
   A. 头发整洁，无异味　　　　　　　B. 指甲干净，修剪得体
   C. 身体无明显异味，可适当使用淡香水　D. 以上全部

3. 你认为正确的坐姿应该是怎样的？
   A. 坐满椅子，背部斜靠椅背
   B. 双腿交叉，手放在大腿上
   C. 上身挺直，双脚平放在地面，双手自然放在桌上或膝盖上
   D. 不停摆动腿部或脚尖点地

4. 在面试中怎样保持良好的眼神交流？
   A. 直接盯着面试官的眼睛，不眨眼　　B. 适时与面试官目光接触，展现自信与关注
   C. 避免眼神接触，以免显得过于侵犯　D. 眼神四处游移，显示自然放松

单元 5.1　仪容修饰

引例 5-1

抓住第一印象，树立专业信誉

小李就职于一家位于繁华都市中心且专注于科技创新的企业，她是这家初创公司的前台接待员。每天，小李的日常工作之一就是迎接各式各样的访客，包括潜在的商业伙伴以及满怀激情的求职者。然而，小李对个人仪容的忽视成为她工作中的一大盲点。她常常以未经打理的发型示人，脸部缺乏基本的妆容修饰，衣着方面也倾向于休闲装而非职业装，这一切在她看来是个性的展现，却不知这样的装扮已悄然影响了公司的形象。

某日，一家知名风险投资公司的代表前来考察，意在评估是否投资该公司的一个前沿技术项目。这位投资者不仅是该项目潜在的资金来源，更是未来可能合作的重要伙伴。小李作为公司"第一张名片"，负责了接待工作。然而，当投资者步入公司，首先映入眼帘的就是小李那凌乱的发型和随性的装扮，这与他预期中专业严谨的科技公司形象形成了鲜明对比。尽管小李在接下来的引导和服务中展现了她的热情和专业能力，耐心解答了所有提问，但投资者的眉头始终未能完全舒展。

在后续的反馈中，投资者间接提到了对前台接待员的第一印象，并表示这影响了他对整个团队专业性和公司文化的判断。他解释说，公司的前台是外界获取企业形象的窗口，员工的仪容仪表直接反映了企业的管理水平和企业文化。尽管技术实力至关重要，但团队的整体风貌同样不容忽视，尤其是在建立信任和评估长期合作潜力的初期阶段。

这次经历为小李和公司管理层上了一堂生动的教育课。公司随后加强了对员工，特别是前台接待人员的仪容仪表培训，强调了专业形象的重要性。小李也意识到了自身在职场形象上的不足，开始注重个人打扮，学习化妆技巧和职业着装搭配，逐渐成为一个既能展现个人特色，又能完美符合公司形象的专业前台接待员。

【分析】此案例深刻揭示了仪容礼仪在职场中的重要性，尤其是在面对重要客户和合作伙伴时，良好的第一印象往往是促成成功合作的敲门砖。它提醒每一位职场人士，无论职位高低，维护专业的个人形象是至关重要的，因为这不仅关乎个人品牌，更直接影响到公司的声誉和业务发展。

在职场中，颜值或外表吸引力在一定程度上会影响个人的职业形象。人们往往会对外表整洁、有吸引力的人产生更积极的第一印象。这种现象有时被称为"吸引力偏差"或"颜值效应"，它反映了一种非意识的人类倾向，即倾向于将正面特质如智慧、能力、诚实等与外表吸引力联系起来。

仪容，通常是指人的外观、外貌。它包括发式、面容、气色等状态。它反映了一个人的精神面貌、朝气与活力，是传达给接触对象的最直接、最生动的信息。仪容是个人形象的重要组成部分，在人际交往中，必须展现良好的仪容。

一、仪容修饰的基本原则

仪容修饰旨在通过化妆、发型等手段弥补个人容貌和身材的不足，从而增强自信心，展示最佳个人状态，并提升个人在人际交往中的吸引力。成功的仪容修饰应遵循以下几个关键原则。

(一) 干净清爽

良好的个人卫生习惯是仪容修饰的基础。在日常生活中应注重细节，保持面部清洁，

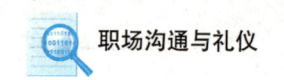

避免油光、汗渍等不洁之物。保持牙齿洁白，口气清新。

（二）适度修饰

仪容修饰的程度、饰品的数量以及技巧都应适度，避免过度。职场妆容应追求简约、清丽，具有立体感，以淡雅而传神为目标。

（三）整体协调

仪容修饰应综合考虑个人的年龄、职业、性格、身材、肤色和服饰等因素，以确保整体形象的和谐。修饰仪容时，应先考虑整体特点，再进行局部修饰，确保色系搭配和谐，视觉感柔和。妆容应与出席的场合相匹配。例如，白天工作时宜化淡妆，晚上的宴会等活动则可化浓妆。

（四）避免当众修饰

仪容修饰应在私密环境下进行，避免在公共场合整理衣物或化妆，以免造成失礼。

遵循这些原则，可以帮助个人在不同的社交场合中展现出得体、适宜的仪容，从而提升个人魅力和社交效果。

知识广角

55387 定律

55387 定律，又称为梅拉宾法则，是由美国心理学家艾伯特·梅拉比安提出的，用于描述人际沟通中不同沟通元素对于信息传递效果的相对贡献（如图 5-1 所示）。这一法则概述如下。

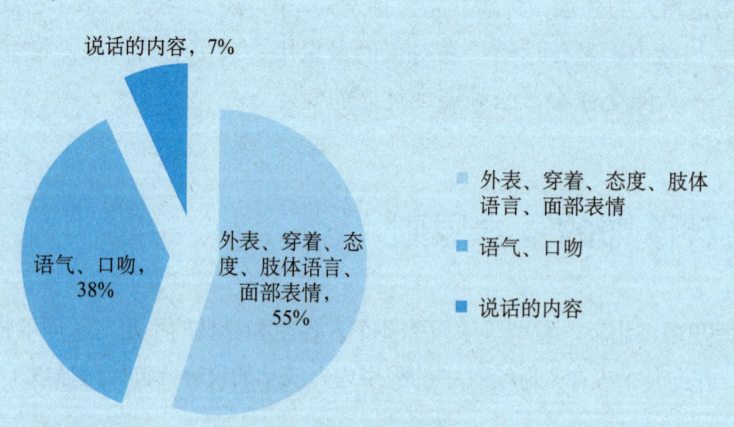

图 5-1　55387 定律

55% 的沟通效果来源于视觉要素，包括外表、穿着、态度、肢体语言、面部表情等。这些非言语视觉信号对塑造第一印象和传达情绪状态尤为重要。

38%的效果源自听觉要素，主要是说话时的语气、口吻。这些听觉特征能够传达说话人的情感和态度，影响听者对信息的接受和理解。

剩余的7%则归因于说话的内容，即说话的具体词汇和逻辑结构。尽管内容是沟通的目的所在，但在整体沟通的感知中所占比例最小。

梅拉宾法则强调了在沟通中非言语信号的重要性，提示我们在任何沟通场景中，都应重视自己的非言语行为和外观呈现，因为这些方面在很大程度上会影响对方对我们的看法。

仪容礼仪不仅关乎个人形象，也是沟通和社交成功的关键因素。遵循仪容礼仪的原则，可以提高沟通效率，增强个人魅力，取得更好的沟通效果。

二、仪容修饰的方法

仪容修饰，必须从"头"做起。发型的可塑性和化妆色彩的可变性，在迎合服饰整体风格、服饰整体色彩中起着重要的作用。发型可以改变人的形象与气质，修饰脸型的不足；化妆可以改善人的气色，修饰五官，提升自信心。发型、妆容是整体形象的重要组成部分，不同人的脸型与五官适合的发型与妆容也不一样。同时，手作为仪容的重要部分，对我们日常沟通与交往有着重要影响，因此，我们也需要重视手部的修饰。

（一）发型修饰

一个合适的发型不仅能够提升个人形象，还能够展现自己的职业态度和专业素养。职场人士的发型以简洁大方为佳，发型应与身高、气质、职业背景和场合相匹配，不宜染烫过于夸张的发型和发色。头发要定期清洗，以保持蓬松和干净。特别是在参加重要活动之前，一定要清洗头发，去除头屑和异味，同时使头发保持蓬松，因为蓬松的头发可以提升面部肤色的亮度，使人看起来神采奕奕。

1. 男士发型

男士的发型要求相对简单而明确：首先，要保证轮廓分明，这样显得干练有型。同时，样式也要尽量保守、整洁，避免过于花哨或张扬。其次，在修剪方面，男士需要注意两侧鬓角的长度，一般来说，鬓角不应超过耳垂底部，以保持整体的协调感。最后，头发后面不应超过衬衣领底线，以避免给人带来拖沓或不专业的感觉。而在前面，头发不应遮盖眼部，以确保面部轮廓的清晰展现。

在选择发型时，男士可以考虑自己的脸型、发质以及职业特点等因素。例如，对于脸型较长的男士，可以选择有层次感的短发，以平衡脸型；而对于发质较硬的男士，则可以选择一款柔顺的发型，以减少头发的蓬松感。此外，不同的职业也会对发型有不同的要求：商务

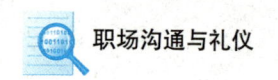

人士可能更适合稳重的发型，而创意行业的工作者则可以选择更具个性的发型。

2. 女士发型

相较于男性，女士在职业场合的发型选择更为丰富多样，包括长发、短发和中长发，女士可以根据个人的喜好和气质进行选择。尽管发型的选择范围较广，但女士仍需注意保持发型的得体与整洁。

一方面，女士的发型不应过于奇特或夸张，以免给人留下不专业的印象。在职业场合中，简洁、大方的发型往往更受欢迎。另一方面，女士应避免佩戴过分花哨的发饰，以免分散他人的注意力或影响整体形象。如果留的是长发，在正式场合一般需要束起来或者盘于脑后，以保持整体形象的整洁和干练。

同时，女士在选择发型时也可以考虑自己的脸型、发质以及职业特点等因素。例如，对于脸型较圆的女士，可以选择有层次感的短发或中长发，以拉长脸型；而对于发质较细的女士，则可以选择一款蓬松的发型，以增加头发的厚度和质感。此外，不同的职业特点也会对发型有不同的要求。例如，律师或银行职员可能更适合稳重的发型，而设计师或艺术家则可以选择更具个性的发型。

礼仪案例 5-1

小米的长发

爱漂亮的小米留着一头长长的秀发（如图 5-2 所示），尽管平时打理麻烦但也乐在其中，这天早晨，小米醒来的时候已经八点了，因为上午约了重要客户洽谈生意，小米来不及洗头，更来不及整理一个漂亮的发型。于是她顶着一头散发，急匆匆地赶去约见客户。由于头发过长，不时地荡到胸前和脸颊旁，她不得不总是用手掌按着后脑勺，不让头发散到脸上，这使她非常烦恼，与客户谈话也不能安心。客户看到如此披头散发，又时有小动作的小米，没说几句话就走了，生意自然也没谈成。

图 5-2 小米的长发

【分析】长发飘飘是极富女性魅力的,但是小米却因为一头披散的长发而丢失了客户。此案例告诉我们,职场女性的发型应体现干练与稳重。在职场上,女性应不留怪异的发型,不染奇异的颜色,如果留中长发,长度不宜过肩。在庄重严肃的场合,职场女性应该将长发梳成发髻,盘在头上。

(二)面部修饰

在商务场合与人交流,面部的清洁与修饰非常重要,整洁明朗、容光焕发的面部会给对方留下良好的第一印象,为双方的沟通、交流与合作创造良好的开端。

1. 面部的清洁

(1)眼睛:心灵的窗户。眼睛,作为人体最重要的感觉器官之一,被誉为"心灵的窗户"。在人际交往中,无论是面对面的交流还是远程的视频通话,眼睛都是首先被注视,也是被最多关注的部位。一双明亮有神、黑白分明的眼睛,能够提升个人形象,给人留下深刻的印象。

眼睛的魅力不仅在于其外观,更在于它所传递的情感和信息。通过眼神交流,我们能够感知到对方的喜怒哀乐,理解对方的意图和需求。因此,保持眼睛的清洁和明亮至关重要。在日常生活中,我们应该注意眼部卫生,定期清洁眼部,避免不洁分泌物的产生。同时,保持充足的睡眠和合理的饮食,也有助于维护眼睛的健康和魅力。

(2)耳朵:倾听世界的门户。耳朵作为我们倾听世界的"门户",同样具有重要的社交作用。在日常生活中,耳朵的清洁和保养往往被忽视,但在人际交往中,耳朵同样影响着我们的形象。

一方面,耳朵的清洁非常关键,我们应该定期清洁耳朵,避免耳垢的积累。另一方面,需要注意的是,在清洁耳朵时,切勿过于深入或使用过于尖锐的工具,以免对耳朵造成伤害。

此外,耳毛的修剪也是耳朵保养的一部分。过长的耳毛不仅影响美观,还可能影响我们的听觉效果。因此,我们应该定期修剪耳毛,以保持耳朵的整洁和美观。

注意:在他人面前掏耳朵是一种不雅的行为。这种行为不仅会引起他人的不适,还会被视为缺乏教养和礼貌。因此,我们应该避免在公共场合或他人面前掏耳朵。

(3)鼻子:呼吸的通道。鼻子作为我们呼吸的通道,在人际交往中同样扮演着重要的角色。然而,很多男士在日常生活中往往疏于对鼻子的保养和修饰,从而在社交场合中给人留下不良印象。

鼻毛的修剪是鼻子保养的重要一环。过长的鼻毛不仅影响美观,还可能影响到我们的呼吸健康。因此,我们应该定期修剪鼻毛,保持鼻子的整洁和美观。

同时,在社交场合中,我们也应该注意避免一些不雅的动作,如用力吸鼻、捏鼻涕、甩鼻涕、挖鼻孔。这些动作不仅会引起他人的不适和反感,还会被视为缺乏教养和礼貌。因此,我们应该时刻保持鼻子的清洁和整洁,避免在他人面前做出不雅的动作。

（4）嘴巴：言行的窗口。嘴巴作为我们表达思想和情感的重要器官，在社交场合中扮演着举足轻重的角色。

为了保持嘴巴的清洁和美观，我们应该注意口腔的清洁和保养。定期刷牙、漱口是基本的口腔卫生习惯，它可以有效预防口腔疾病的发生。同时，我们也应该注意饮食卫生和营养均衡，避免摄入过多的刺激性食物和饮料，以免对口腔造成损害。

此外，在社交场合中，我们也应该注意自己的言谈举止。避免说脏话、粗话等不良言语，保持礼貌和文明的交流方式。同时，我们也应该注意控制自己的情绪和表情，避免在他人面前露出不雅或尴尬的表情。

2. 面部的修饰

（1）男士面部修饰。面部修饰作为个人形象塑造的重要一环，不仅能够帮助男士们维持健康年轻的形象，还能提升自信和竞争力。

在商务场合中，男士面部的修饰显得尤为重要。一般来说，男士们应保持面部干净、自然，避免给人留下不修边幅或过于花哨的印象。胡须的处理就是一个关键环节，通常建议男士不留胡须，因为整齐的面部轮廓更容易给人留下专业、可靠的印象。

男士们还可以根据自己的肤色、脸型等特点选择合适的护肤品和化妆品进行修饰。例如，选用适合自己肤质的洁面产品、爽肤水、面霜，以保持面部肌肤的健康和光泽，使用遮瑕膏、粉底等化妆品可以遮盖面部的瑕疵，使肤色更加均匀自然。

总之，通过掌握正确的修饰技巧和方法，男士们可以展现出更加健康、年轻、专业的形象，从而在职场中更具竞争力。

（2）女士面部修饰。女性化妆不仅是一种个人形象的展示，更是一种社交礼仪的体现。尤其在职场中，化妆更是女性展示职场形象不可或缺的一环。淡妆是职场女性的首选，它既能提升个人魅力，又能表现出对交往对象的尊重和礼貌。

职场女性的妆容需要受到职业环境的制约。在化妆过程中，女性应注重突出自己的专业性、责任性和知识性。因此，妆容应以自然、清新为主，避免过于浓重或夸张。通过适当的修容和提亮，可以突出面部轮廓，使整体形象更加立体饱满。同时，选用适合自己的眼影、口红等彩妆产品，可以增添气色，提升自信。

除了化妆技巧外，女性还应注重面部肌肤的保养。保持肌肤的清洁、水润和光滑是化妆的重要一环。女性应选用适合自己肤质的洁面产品、护肤品等，定期进行深层清洁和保养。同时，防晒也是面部肌肤保养的重要一环，它可以有效防止紫外线对肌肤的伤害。

在修饰面部时，女性还应注重细节的处理。例如，修剪眉毛和画眉可以使眼睛更有神采；唇部的护理和口红的涂抹可以增添嘴唇的丰满度和色彩；眼部的遮瑕和眼影的晕染可以突出眼神的深邃和明亮。这些细节的处理可以使整体妆容更加完美。

总之，通过掌握正确的化妆技巧和保养方法，女性可以展现出更加秀丽、典雅、干练、稳重的形象，在职场中更具魅力和竞争力。

礼仪案例 5-2

选择适合自己的妆容

小雅刚刚步入职场，对于如何选择合适的妆容感到非常困惑。每天早晨，她都会在镜子前花费大量的时间，试图打造出完美的妆容，但结果往往并不如人意。有时候妆容太过浓重，显得不够自然；有时候又太过淡雅，几乎看不出化了妆。

小雅的同事小梅注意到了她的困扰，于是在一个午休时间，主动向小雅分享了自己的化妆心得。小梅说："选择合适的妆容其实并不难，关键是要根据自己的脸型、肤色以及当天的服饰和场合来搭配。例如，如果你的脸型偏圆，可以利用一些修容技巧来拉长脸部线条；如果你的肤色偏白，可以利用暖色调的眼影来增添气色。此外，妆容的浓淡也要根据场合来调整，如在正式会议上，妆容应该更加自然、低调。"

小雅听了小梅的建议，决定尝试一下。她开始关注自己的脸型、肤色以及每天的服饰搭配，并尝试根据不同的场合调整自己的妆容。她还学会了使用修容、高光等技巧来更好地修饰自己的脸型，从而让妆容更加自然立体。

经过一段时间的实践，小雅的妆容水平得到了很大的提升。她发现自己的妆容不仅更加自然、美丽，而且还能更好地展现出自己的气质和自信。同事们也纷纷称赞她的妆容越来越精致，这给她的职场形象加分不少。

【分析】选择合适的妆容对于塑造职场形象来说非常重要。我们应该根据自己的脸型、肤色以及当天的服饰和场合来搭配妆容，让自己看起来更加美丽、自信。同时，我们也要不断学习和实践，提升自己的化妆技巧，为自己的职场形象加分。

（三）手部修饰

1. 手部的清洁与修饰

手是仪容的重要部位，一双清洁的双手是交往时的最低要求。在职业场合，清洁并精心护理过的双手显示了一个人的良好教养。在日常生活中，接触不洁物品或间隔一段时间后都应清洁手部，重点清洗指甲缝等部位，洗完后切勿将水珠随意抖到他人身上。洗手后要及时涂抹护手霜，对指甲周围的死皮要定期修理。

2. 指甲的修饰

指甲要经常清洗和修剪，指甲缝中不能留有污垢，男士指甲的长度不应超过手指指尖。注意不要在公众场所剪指甲，这是失礼的表现。生活中常见的甲形有方形、方圆形、椭圆形、圆形几种，可以根据个人的手形和喜好修剪出完美的甲形。女士涂抹指甲油时，从色系角度考虑，皮肤偏黑的女性选择暗色系列比较合适，皮肤白皙的女性使用亮色或无色透明指甲油会很漂亮；在商务场合中指甲油的颜色不要太过鲜艳。

礼仪案例 5-3

改变从指甲护理开始

小美在一家知名公司担任前台接待员。小美长得非常漂亮,拥有一双修长纤细的手指。然而,她却有一个不好的习惯,那就是不注意修剪和打理自己的指甲。

每天上班时,小美的指甲总是长长的、脏脏的,甚至有些时候还带着一些划痕和破损。这让公司的领导和同事们感到有些不满。作为前台接待员,小美的职责之一就是为来访的客人提供热情周到的服务。然而,每当有客人看到她的指甲时,都会向她投来异样的眼光,甚至有些人还会私下议论她的形象问题。

有一天,公司的总经理终于忍不住了,他找到小美,语重心长地对她说:"小美,你的形象代表着我们公司的形象。作为前台接待员,你的指甲应该保持整洁干净。我建议你定期修剪指甲,并涂抹适合的指甲油,这样可以提升你的专业形象。"

小美听后感到非常惭愧,她意识到自己的疏忽确实给公司带来了不好的影响。于是,她决定改变自己的坏习惯,开始注重指甲的护理和美化。她购买了一套指甲护理工具,每周都会定期修剪和打磨指甲,并涂抹上适合自己手部肤色的指甲油。此外,她还学会了如何根据自己的服装搭配来选择合适的指甲油颜色。

渐渐地,小美的指甲变得越来越干净整洁,甚至成为她的一大亮点。公司的领导和同事们也纷纷称赞,认为她不仅在形象上有所提升,而且在工作中也更加自信和专业。

【分析】这个案例告诉我们,在职场中,我们应该注意自己的个人形象,包括指甲的整洁与美化。作为职场人士,我们应该养成良好的指甲护理习惯,定期修剪和打磨指甲,并涂抹适合的指甲油。这样不仅可以展现出我们的专业形象,还能增加我们的自信心,为自己的职场生涯增添光彩。

单元 5.2　仪表礼仪

引例 5-2

失败的面试

小王去一家公司面试总经理助理，为确保万无一失，她做了精心的打扮。性感前卫的衣着、个性的妆容以及时尚的饰品，这让她自我感觉良好。她的对手是一个学历一般、相貌平平的女孩。小王觉得胜券在握，通过楼道时她快步越过对手，并昂着头骄傲地走进面试室，主动坐下并跷起了二郎腿。最后面试结果却出乎小王的意料，这家公司录用了那个平常女孩。面试官对小王说："王小姐今天很漂亮，精心的装扮让人赏心悦目，可是这份助理的工作并不适合你，实在抱歉。"

思考：
1. 本案例中小王的行为存在什么问题？
2. 如何才能成功地通过面试？

一、仪表礼仪的概念和基本原则

（一）仪表礼仪的概念

莎士比亚曾说："一个人的穿着打扮就是他的教养、品位、地位的最真实的写照。"仪表是人的外表，包括容貌、身材、服装、举止等外观形象。在工作中，仪表可反映出一个人的精神状态，良好的仪表可以体现成熟、谦逊、宽容、干练的职业形象，也可以展现个人的礼仪素养。仪表是人际交往中的第一形象。国际电影演员索菲亚·罗兰曾说："你的服装往往表明你是哪一类人物，它们代表着你的个性。一个和你会面的人往往自觉不自觉地根据你的衣着来判断你的为人。"

（二）仪表礼仪的基本原则

1. 整洁原则

整洁是塑造个人形象的首要原则。无论身处何种场合，保持仪表的整洁都是对他人的一种尊重。一个穿着讲究但仪表不整的人，往往会给人留下不拘小节、缺乏自律的印象。

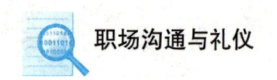

例如，一位男士的西装颜色搭配得恰到好处，但头上头屑不断、胡子拉碴、指甲缝里满是污垢油泥，这样无疑会使形象大打折扣。因此，保持仪表的整洁，不仅是个人形象的基本要求，更是展示个人修养和品质的重要途径。

2. 自然原则

仪表要自然，避免矫揉造作。过于刻意地追求某种形象或风格，往往会让人觉得不自然，甚至产生反感。因此，在塑造个人形象时，我们应该根据自己的性格、气质和场合来选择合适的穿着和打扮。只有在自然的基础上，才能展现出真实的自我，赢得他人的尊重和信任。

3. 互动原则

互动是塑造个人形象的关键环节。互动意味着我们的仪表、穿着和打扮需要得到交往对象的认可。这需要我们在塑造个人形象时，注重与他人的沟通和交流。通过了解他人的喜好和风格，我们可以更好地调整自己的形象，使之更符合他人的期望和审美。同时，我们还可以通过互动来展示自己的个性特点和独特魅力，从而增强个人的吸引力和影响力。

总之，整洁、自然与互动是塑造个人形象的三大黄金法则。遵循这些原则，才能在人际交往中展现出良好的形象，赢得他人的尊重和信任。同时，我们还需要不断地学习和实践，提升自己的审美能力和形象塑造技巧，以更好地适应不同场合和人群的需求。

二、仪表礼仪的服装定位

（一）着装的 TPO 原则

TPO 是三个英语单词的缩写，它们分别代表时间（Time）、地点（Place）和场合（Occasion），即着装应该与当时的时间、所处的地点和场合相协调。

1. 时间（Time）原则

了解不同时段的着装规则对女士尤其重要。男士有一套质地上乘的深色西装或中山装足以应对多数正式场合，而女士的着装则要随时间而变换。白天工作时，女士应穿着正式套装，以体现专业性；晚上出席鸡尾酒会就须多加一些修饰。例如，换一双高跟鞋，戴上有光泽的配饰，围一条漂亮的丝巾。服装的选择还要适合季节气候特点，保持与潮流大势同步。

2. 地点（Place）原则

在自己家里接待客人，可以穿着舒适但整洁的休闲服；如果是去公司或单位拜访，穿职业套装会显得专业；外出时要顾及当地的传统和风俗习惯。例如，去教堂或寺庙等场所，不能穿过露或过短的服装。

3. 场合（Occasion）原则

衣着要与场合协调。与顾客会谈、参加正式会议等，衣着应庄重考究；听音乐会或看芭蕾舞，则应按惯例着正装；出席正式宴会时，则应穿中国的传统旗袍或西方的长裙晚礼服；而在朋友聚会、郊游等场合，着装应轻便舒适。试想一下，如果大家都穿便装，你却穿礼服就有欠轻松，同样，如果以便装出席正式宴会，不但会令自己尴尬，更是对宴会主人的不尊重。

（二）职场着装搭配参考

职场对服饰要求相对严格规范，职场人士要根据不同场合、不同群体，选择不同种类的职场服装。服饰选择既要结合人的性别、年龄、职业、体型，还要顾及文化背景、民族习俗、道德宗教等因素。

1. 男士套装

职场男士尤其是白领男士在日常办公或是在现代交际的正规场合中，最为体面的装束就是西装，而要使西装穿着得体必须把握以下要领：

（1）西装。西装穿着要注意色彩、质地、剪裁的选择。

色彩：首选深色系，如黑色、藏蓝色或深灰色，这些颜色给人以稳重、专业的印象。

质地：推荐纯羊毛或高质量混纺材质，质感好且适合多种季节。

剪裁：应合身而不紧绷，保证活动自如，西装外套袖口应刚好到手腕，露出衬衫袖口约1厘米。

（2）衬衫。白衬衫是最经典的选项，应保持干净、合身，领口应能舒适地系上最上面的纽扣。衬衫颜色应与西装协调，避免选择过于鲜艳的颜色。

（3）领带。颜色和图案应与衬衫和西装相匹配，遵守"三色原则"，即全身不超过三种颜色。打结整齐，长度适宜，领带尖应触及皮带扣。

（4）裤子。应与西装相配，长度以轻微覆盖鞋面为宜，裤脚不宜过长或过短。

（5）鞋子。黑色或深棕色皮鞋，光亮无痕，保持清洁。鞋袜应颜色协调，一般选择深色系，避免穿白色袜子搭配深色西装。

（6）配件。皮带、手表、公文包颜色应尽量统一，避免过度装饰。可以佩戴婚戒和一块简洁的手表，避免佩戴夸张的首饰。

（7）整体整洁。衣物无褶皱、无污渍，确保衣物干净、清新，尤其是领口和袖口。

2. 女士套装

职场女士的着装礼仪要求旨在体现专业、得体与自信，职业女士的正装大多是套裙，相较于男士着装相对亮丽丰富。

（1）色彩选择。避免全身着装大面积使用过于深沉的黑色，建议黑色占比不超过一半，可以作为配饰的颜色使用，如黑色腰带。选择柔和的浅色或彩色上装，以增加亲和力和时尚感，同时保持色彩与个人气质相符。

（2）服装款式与质地。确保衣物干净、整洁、无褶皱，裙装或裤装皆可，但需符合办公室的正式程度。上衣应平整挺括，少用装饰，所有纽扣应系上。选择单色或简约图案的衬衫，以体现专业性。建议选择羊绒或羊毛材质，质地柔软，适合不同季节。

（3）配饰。配饰应简洁大方，颜色和质地尽量统一，数量不超过三件，如手表、婚戒、耳钉，优选银饰而非黄金。

（4）丝袜。职场女性在政务或商务场合只能穿肉色丝袜，与个人肤色相匹配。需要注意的是，穿有明显破损或脱丝的丝袜是相当不雅的，因此重要场合需备好备用丝袜。

（5）鞋子。选择圆头或微尖头、包脚的职业鞋，颜色以黑色为主，高度适宜，通常建议3~5厘米，避免过高。

知识广角

四季色彩理论

四季色彩理论是一种个人形象管理和色彩搭配的理论体系，由美国色彩大师卡洛尔·杰克逊（Carol Jackson）基于瑞士色彩学家阿尔伯特·孟塞尔（Albert Munsell）的色彩系统发展而来。该理论将人的自然体色特征（如肤色、发色、瞳孔色）与色彩学原理相结合。通过分析将常用色彩分为四组，分别对应一年中的四个季节：春、夏、秋、冬。每组色彩都有其独特的冷暖属性、明度和纯度。此分组旨在帮助个人找到与其自身色彩特质最协调的色彩群，从而在着装、化妆等方面达到最佳的视觉效果。

（1）春季型

体貌特征：通常拥有明亮、温暖的肤色，发色偏浅，眼睛清澈明亮。

适合穿着鲜艳、清新的色彩，如桃红、奶油黄、浅绿等，这些色彩能增添青春活力。

（2）夏季型

体貌特征：肤色偏冷、柔和，发色和眼睛颜色也较为淡雅。

适合灰调、粉彩或蓝基调的颜色，如淡紫、薄荷绿、柔和的蓝色，这些色彩能衬托出其温婉高雅的气质。

（3）秋季型

体貌特征：具有暖调的、金色底调的肤色，发色和眼睛颜色较深且偏暖。

适合大地色系、暖棕色、橙色、橄榄绿等饱和而温暖的色彩，这些色彩能强调其成熟稳重的魅力。

（4）冬季型

体貌特征：肤色偏冷、明净，发色和眼睛对比强烈。

适合清晰、鲜明的颜色，如纯白、黑、皇家蓝、艳红等，这些色彩能展现其鲜明个性和高贵气质。

(三) 职场着装六忌

1. 过于鲜艳

商务人员在正式场合的着装切忌色彩繁杂，过分鲜艳。

2. 过于杂乱

着装过于杂乱是指不按照正式场合的规范化要求着装。杂乱的着装极易给人留下不好的印象，容易使客户对企业的规范化程度产生疑虑。

3. 过于暴露

在正式的商务场合中，身体的某些部位是不适宜暴露的，如胸部、肩部、大腿。在正式的商务场合通常要求不暴露胸部，不暴露肩部，不暴露大腿。

4. 过于透视

在社交场合穿着透视装往往是允许的，但是在正式的商务交往中着装过分透视就有失对别人的尊重，有不尊重对方的嫌疑。

5. 过于短小

在正式场合，商务人员的着装不可以过于短小。例如，不可以穿短裤、超短裙，非常重要的场合不允许穿露脐装、短袖衬衫等。需要特别强调的是，男士在正式场合身着短裤是绝对不允许的。

6. 过于紧身

在社交场合身着非常紧身的服饰是允许的。但是必须注意，工作场合和社交场合是有区别的，因此在比较正式的场合中不可以穿着过分紧身的服装。

三、仪表礼仪的表情使用

表情是指人的面部情态，即通过面部眉、眼、鼻、嘴的动作和脸色的变化表达出来的内心思想感情。在人际交往中，不适当的表情会成为沟通的障碍，如呆板、僵硬的表情，会给人以一种高高在上、拒人于千里之外的感觉；亢奋、过于激动的表情又会使对方产生急于推销、甩货的感觉。这些表情都难以赢得他人的信任，使人失去沟通的兴趣和合作的意愿。在表情礼仪这一部分，我们需要重点关注微笑和目光运用的礼仪。

(一) 微笑

微笑（如图 5-3 所示），作为社交场合中最具吸引力的面部表情，同时也是一种跨越国界的通用语言。它深刻地展现出个人的热情、修养与魅力，无疑是最能增强他人好感、强化友善氛围以及促进有效沟通的表达方式。在与客户、领导及同事的交往中，我们应积极培养并保持微笑的良好习惯，以此传递出积极、友善的职业形象。

图 5-3　自然的微笑

1. 微笑的要点

（1）培养内在自信。微笑应源自内心，自信是微笑真实和具有感染力的关键。相信自己，认识到自己的微笑是独一无二的，这种自信就会透过微笑自然流露。

（2）练习真诚的微笑。真诚的微笑不仅是嘴角上扬，而是眼睛也会"微笑"，即所谓的"杜兴微笑"（Duchenne Smile）。19世纪法国神经学家杜兴在面部肌肉电刺激的研究中首次详细描述了这种微笑的特点。杜兴发现，真正的、发自内心的微笑不仅仅是嘴角上扬那么简单，它涉及两组面部肌肉的协同工作：

颧大肌：这组肌肉负责提升脸颊，使嘴角向外侧拉伸，形成基本的微笑形态。

眼轮匝肌：特别是它的上睑提肌部分，当这部分肌肉收缩时，会牵涉眼睛周围的肌肉，让笑容看起来更加温暖和真挚。

（3）注意表情的细节。避免眨眼过多、皱眉、转眼珠等分散注意力的动作，确保微笑时嘴巴的张合适中，牙齿清洁无残留。目光要真诚，避免笑容显得僵硬或不自然。

（4）身体语言的配合。微笑时，身体语言也很重要，保持开放的姿态，头部微微倾斜可以增加亲和力，整体姿态应传达出友好和欢迎的信息。

（5）适时微笑。在合适的时机展现微笑，如与人初次见面、交流时，或者在表达感激、认可时，微笑都能够有效地缩短心理距离，促进人际和谐。

2. 微笑的练习方法

（1）发音练习。朗读"茄子"或"田七"等词语，以1秒每个词的速度念。这可以帮助练习嘴角上扬的动作。

（2）筷子训练法。轻咬一根筷子，让筷子的两端与嘴角对齐，保持几分钟。这有助于调整微笑的幅度，同时锻炼脸部肌肉。

（3）持续练习。站在镜子前，尝试不同的微笑，观察哪种笑容让你看起来最自然、最吸引人。重点注意眼睛的参与，尝试让眼周肌肉轻轻收缩，形成"杜兴微笑"。每天坚持练习至少10分钟，甚至更长时间，逐渐增加练习的难度和持续时间。

礼仪案例 5-4

微笑的奇迹

在一个风景如画的小镇上，有一家名为"阳光咖啡馆"的小餐馆，它的主人是一位名叫艾米丽的年轻女性。近年来，镇上的咖啡馆数量逐渐增加，艾米丽面临着激烈的竞争和顾客流失的问题。一次偶然的机会，艾米丽读到了一个关于微笑力量的故事，这激发了她改变现状的决心。

艾米丽决定将微笑作为咖啡馆的核心文化，她相信微笑能够传递温暖和快乐，吸引顾客并提升他们的用餐体验。于是，她开始在每天的晨会上强调微笑的重要性，并亲自示范如何用真诚的笑容迎接每一位顾客。

起初，员工们对这一变化持怀疑态度，他们认为在忙碌的工作中保持微笑是困难的。但艾米丽没有放弃，她通过举办微笑培训和分享微笑带来积极变化的故事，逐渐改变了员工们的态度。她甚至在咖啡馆的墙上挂上了一面"微笑镜"，提醒每位员工在忙碌之余，对着镜子练习微笑。

随着时间的推移，阳光咖啡馆开始发生微妙的变化。顾客们注意到了员工们真诚的微笑，他们感到受尊重和舒适。微笑成为咖啡馆的一种无形资产，它不仅提升了顾客的满意度，还增加了回头客的数量。顾客们开始在社交媒体上分享他们在阳光咖啡馆的美好体验，这些正面的口碑逐渐传播开来。

艾米丽还注意到，微笑不仅影响了顾客，也影响了员工。员工们在工作中更加积极乐观，团队的凝聚力和工作满意度显著提高。微笑成为阳光咖啡馆的一种语言，它跨越了语言和文化的障碍，连接了来自不同背景的人们。

几年后，阳光咖啡馆成为小镇上的一个标志性地点，以其独特的微笑文化而闻名。艾米丽的微笑策略不仅挽救了她的生意，还为整个小镇带来了积极的影响。阳光咖啡馆的故事证明了微笑的力量，它能够改变人们的心情，提升服务质量，甚至能够改变一个企业的命运。

【分析】在商业和服务行业中，微笑是一种简单而有效的工具，能够促进企业与客户之间的积极互动。真诚的微笑能够传递出正面的情感和诚意，有助于建立顾客的信任，随着时间的推移，这种信任转化为对品牌的忠诚。在案例中，微笑文化不仅改善了顾客体验，还提升了员工的幸福感，这些正面影响持续存在并不断扩散，最终导向企业的成功。

（二）目光

泰戈尔曾说过："一旦学会了眼睛的语言，表情的变化将是无穷无尽的。"在现实中，人们经常通过目光的交流来传递信息和思想感情，或赞许、或拒绝、或期盼、或焦虑、或厌恶、或同情。在人际交往中，恰到好处的目光应该是自然、稳重、柔和的，不能死死盯住对方某一部位，或不停地在对方身上"扫射"，上下打量。

1. 目光接触的时长

在与人交谈时，注视对方的时间大致占全部谈话时间的30%～60%，超过60%往往是因为对谈话者本人比对谈话内容更感兴趣，低于30%则是由于对谈话者和谈话内容都没有兴趣。在许多文化背景中，长时间地注视或上下打量对方，都是失礼的行为。

2. 目光接触依话题而变

随着话题和谈话内容的变化，使用适当的目光接触可以有效调节交谈的气氛。例如，在开场发言时，用目光环视全场，意味着"请予以注意"；交谈中，用柔和友善的目光正视对方，表示积极地聆听；如果想要中断谈话，可以有意识地将目光移向别处。

3. 目光注视的区间

与交往对象之间的关系有亲疏之分，目光注视的范围也相应有所不同。一般来说，主要有以下三种（如图5-4所示）。

公务注视区间　　社交注视区间　　亲密注视区间

图5-4　目光注视的区间

（1）公务注视区间。也称正视三角区。这是人们在进行业务洽谈、商务谈判、布置任务等谈话时采用的注视区间，其范围一般是：以两眼为底线、以前额上部为顶点所连接成的三角区域。注视这一部位能造成严肃认真、居高临下的效果，所以在贸易谈判时，希望掌握谈话主动权和控制权的一方通常会注视此范围。

（2）社交注视区间。也称亲和三角区。这一区间的范围是以两眼为上线、以下颚为顶点所连接成的倒三角区域。在社交场合，如茶话会、舞会等各种聚会中，人们注视此区域会显得亲切友好，有利于营造一种和缓的社交气氛。

（3）亲密注视区间。也称亲密三角区。具有亲密关系的人在交谈时会注视对方从眼睛至胸部的三角区域。如果关系更近一步，注视的范围会扩大为从对方的眼睛至胯部的区域。

礼仪案例 5-5

张经理的高效沟通策略

张经理是一家跨国公司的人力资源部负责人，以其卓越的沟通能力和团队管理技巧闻名。在处理内部协调、招聘面试以及日常团队交流时，张经理特别注重一个常被忽视的细节——目光交流的距离，即适宜的目光距离管理。

一天，公司迎来了海外分部的关键候选人李女士，她将角逐亚洲区市场部门主管的职位。面试由张经理亲自负责，这不仅是因为职位的重要性，还因为张经理深知通过恰当的非语言沟通，能够更有效地评估候选人并建立信任。

面试开始前，张经理特意选择了一个光线柔和、布置舒适的会议室，确保面试环境既专业又不失亲切。当李女士走进房间，张经理立即站起身，微笑着，以开放的姿态迎向她。在握手的同时，张经理保持了大约一臂之遥的距离，这是初次见面时既尊重对方个人空间又不失友好的适宜距离。

随着对话的深入，张经理巧妙地运用了目光距离来调节面试氛围。在提问时，他会稍微向前倾身，保持约 60 厘米的距离，这样的距离既能让李女士感受到他的专注与兴趣，又不会造成压迫感。在李女士回答问题时，张经理则稍微后退，恢复到约一米左右的社交距离，给予对方足够的空间来表达自己，同时也体现了聆听的尊重。

在谈到一些较为敏感的话题，如职业规划和期望薪资时，张经理特别注意调整目光交流的强度，通过偶尔适度的眼神接触，传达理解和接纳，同时避免连续地直视，以免给对方造成过度的压力。

面试结束后，李女士对张经理的专业和亲和力印象深刻，她提到："在整个面试过程中，我感觉非常舒适，好像我们是在进行一场有深度的对话，而不是一场审讯。"最终，李女士接受了职位邀请，成为团队的一员。

【分析】这个案例展示了张经理如何通过掌握适宜的目光距离，创造了开放、信任的沟通环境，这不仅有效评估了候选人的综合能力，还为公司赢得了人才的心。它强调了在职场沟通中，有效运用非语言信号如目光交流的距离管理，是建立良好人际关系与促进高效沟通不可忽视的关键因素。

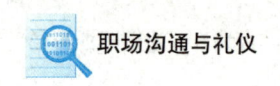

单元 5.3　仪态礼仪

引例 5-3

张先生的晚宴

张先生是一位事业有成的商人，经常需要参加各种晚宴和商务活动。然而，他一直有一个问题，就是不太懂得正确的仪态礼仪。

有一天晚上，张先生受邀参加一个高级商务晚宴。他精心挑选了一套西装，准备展现自己的风采。晚宴开始前，他站在镜子前，仔细整理自己的衣服和发型。

晚宴开始了，张先生走进会场，却发现自己的举止有些不自然。他不知道应该把手放在哪里，怎样保持优雅的姿势。当与人交谈时，他不自觉地扬起眉毛，显得有些紧张。

幸运的是，张先生注意到了一位举止得体的女士。他仔细观察她的仪态，学习她的举止。他学会了如何将双手交叠在身前，如何保持微笑和自然的目光交流。他也学会了在与人交谈时保持冷静和自信。

晚宴结束后，张先生感觉自己表现得非常出色。他意识到，正确的仪态礼仪不仅让他看起来更加自信和专业，还让他感到更加自在和舒适。

从此以后，张先生开始注重自己的仪态礼仪。他参加了专业的培训课程，阅读了相关的书籍和文章，不断提高自己的修养和素质。他的仪态越来越得体，举止也越来越优雅，成为一位备受尊敬的人物。

【分析】正确的仪态礼仪对于一个人的形象塑造和事业成功非常重要。通过学习和实践，我们可以逐渐掌握正确的仪态礼仪，展现出优雅、自信和专业的形象。

一、仪态礼仪的概念

在礼仪要求中，"站有站相，坐有坐相"是对一个人行为举止最基本的要求。仪态，也被称为仪姿或姿态，泛指人们身体所呈现出的各种姿态。它包括举止动作和相对静止的体态。人们的体态变化，行、走、站、立、举手投足都可以表达思想感情。仪态被视为表现个人涵养的一面镜子，也是构成一个人外在美好形象的主要因素。不同国家、不同民族，以及不同的社会历史背景，对不同阶层、不同群体的仪态都有不同的标准或要求。

二、挺拔优雅的站姿

站姿，能够无声地传达出个人的气质与修养。一个挺拔优雅的站姿，更是能够展示出人的自信与风采，不仅让人看起来更加精神饱满，更能够在无形之中传递出一种积极向上的生活态度。

在塑造挺拔优雅的站姿时，我们需要遵循一些基本的要求：第一，头部要正，双眼平视前方，展现出一种从容不迫的气质。第二，颈部要保持直立，避免向前或向后倾斜，这样不仅能够显得更有精神，还能够防止颈椎问题的发生。第三，肩部要平展，避免高低肩或耸肩等不良姿势，这有助于展现出自信与从容。第四，收腹的动作有助于保持身体的挺拔与稳定，同时也有助于塑造良好的体态。第五，挺胸的动作能够展现出个人的自信与力量，让人看起来更加精神饱满。第六，提臀的动作有助于塑造出优美的曲线，让人看起来更加优雅动人。第七，腿部要保持直立，膝盖微微放松，避免过度紧绷或弯曲，这样能够保持身体的平衡与稳定。

（一）标准站姿

保持身体直立，挺胸立腰，肩膀放松下沉，头部正直，眼睛平视前方，保持自然微笑（如图 5-5 所示）。双手自然垂放于身体两侧，虎口向前，双膝并拢，两腿绷直，脚跟靠紧，脚尖分开呈"V"字形，男士脚尖张开约 60°，不宜超过肩宽；女士脚尖张开 30°～60°。这种站姿适用于升旗仪式等庄重严肃的场合。

女士标准站姿　　男士标准站姿

图 5-5　标准站姿

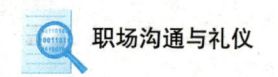

（二）男士站姿

1. 前腹式站姿

两手在腹前交叉，左手握空心拳，右手握住左手手腕，自然垂放于腹前，双腿可以分开，但不能超过肩宽。长时间站立时，身体重心可以在两脚间转换，以减轻疲劳。这是常用的接待站姿。

2. 后背式站姿

双手在身后交叉，左手握空心拳，右手握住左手手腕，自然贴在背后，两脚间的距离不超过肩宽；立正时，脚跟靠拢，脚尖分开成 60°。这种站姿略带威严，易产生距离感，常用于门卫和保卫人员。

（三）女士站姿

女士站姿主要有以下两种，无论哪种站姿，均应保持身体直立，挺胸立腰，肩膀放松下沉，头部正直，眼睛平视前方，保持自然微笑。

1. 前腹式站姿

双脚呈"V"字形或"丁"字形站立。"V"字步：脚跟并拢，脚尖打开 30°～60°；"丁"字步：双脚前后分开，一只脚的脚跟贴住另一只脚的脚弓处，形成"丁"字形，重心微微向前。双手虎口相交，四指并拢，右手在上，左手在下，双手叠放自然垂于腹部。在工作及社交场合可采用这种站姿（如图 5-6 所示）。

V 字步　　　　丁 字步

图 5-6　前腹式站姿

2. 腰际式站姿

双脚呈"V"字形或"丁"字形，双手交叠，手型、脚型与前腹式站姿相同。不同点在于手型摆放的位置：双手交叠后拇指可以顶到肚脐处，手指伸直不外翘，手臂自然打开。这种站姿适用于迎宾或颁奖礼等重大场合（如图 5-7 所示）。

丁字步　　　　　　V 字步

图 5-7　腰际式站姿

（四）避免不良站姿

要避免以下不良站姿：
（1）含胸驼背，背屈膝松。
（2）站立时背靠柱子、桌子或者墙面，歪斜站立。
（3）手插在衣裤口袋里或抱肘于胸前。
（4）站立时用脚打拍子、一条腿弯曲或抖动。

（五）站姿练习方法

1. 贴墙站立

这是一项简单易行的日常练习方法，能帮助我们改善体态，塑造优美的身姿。这一练习方法的具体步骤和注意事项如下：

将双脚并拢，脚跟紧贴着墙壁，然后将整个身体向上挺起，使小腿、臀部、双肩和后脑勺都紧贴着墙壁。在这个过程中，要注意保持身体的自然直立，不要过分挺胸或收腹，以免造成不适。

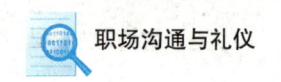

在贴墙站立的过程中，我们可以利用一些辅助工具来增加练习效果。例如，可以在头顶放置一本书，使其保持水平状态。这样不仅能够锻炼我们的颈部肌肉，还能帮助我们保持正确的头部姿势。同时，我们还可以将双手放在身体两侧来增加身体的稳定性。

贴墙站立的时间也是一个重要的因素。一般来说，我们可以根据自己的身体状况和锻炼需求，保持10~20分钟的站立时间。在刚开始练习时，可能会感到有些吃力，但随着时间的推移，我们的身体会逐渐适应这种练习方式，从而提高练习效果。

2. 背靠背站立

这种练习方法需要两人一组，相互将脚跟、小腿、臀部、双肩和后脑勺贴紧。同时我们可以增加难度，在各自头顶放一本书外，在两个人的肩部和小腿贴合处各放一张卡片，不能让卡片掉下来。这样不仅能够锻炼我们的身体协调性和平衡能力，还能增强我们与他人的互动和合作能力。

让我们从现在开始，养成良好的站立习惯，为自己优雅的体态打下坚实的基础。

三、端庄雅致的坐姿

良好的坐姿不仅是个人形象的一种体现，更是一种展现自信、稳重的精神风貌的重要方式。在社交场合中，一个端坐如松、仪态优雅的人，往往能够给人留下深刻而积极的印象。相反，不良坐姿则会给人留下懒散、不专业的负面印象，有损个人形象。

良好的坐姿还对身体健康有正面影响。长期保持不正确的坐姿，如低头看手机、弯腰驼背、跷二郎腿等，会对骨骼和肌肉造成压力，久而久之，容易导致骨骼变形。这种变形一旦形成，就会出现两肩不平、驼背等问题，这样的变形将难以逆转，给身心健康带来极大的影响。

我们应该时刻注意，积极调整，保持端庄雅致的坐姿状态。

（一）入座与离座

入座与离座的动作要轻缓优雅。

入座时，从座位左侧入座，右腿跨到座位前方，左腿与右腿并拢站立，小腿离椅子约一掌距离，然后右腿后撤，小腿肚碰到椅子边缘，保持上身直立轻稳地坐下，收回后撤的小腿。女士入座时应反手抚裙摆，确保裙子平整再坐下，双膝并拢，做到自然美观，落座后需确保膝盖、脚踝、脚尖并拢。通常落座时要在椅子的2/3处，头部保持平衡自然，上身挺直。坐下后，双眼平视，下颌内收，双肩自然下垂，腰背挺直。应注意大腿与小腿垂直，小腿与地面垂直。

离座时，右脚稍微后退，找到支撑点，然后起立。在起立的过程中保持上身竖直平稳，不要向前弯腰。

（二）男士坐姿

1. 标准式

头部挺直，双目平视，下颌内收，抬头挺胸收腹，上身微前倾，两肩放松勿靠椅背，双手分别搭放在腿上，双腿可稍分开（如图 5-8 所示）。

图 5-8　男士标准坐姿

2. 屈伸式

在标准式的基础上，一只脚前伸，另一只脚屈回，幅度均不超过 10 厘米（如图 5-9 所示）。

图 5-9　男士屈伸式坐姿

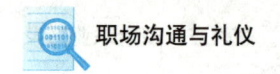

（三）女士坐姿

1. 标准式

双手叠放在大腿中部，双膝并拢，小腿垂直于地面，两脚跟相靠（如图 5-10 所示）。

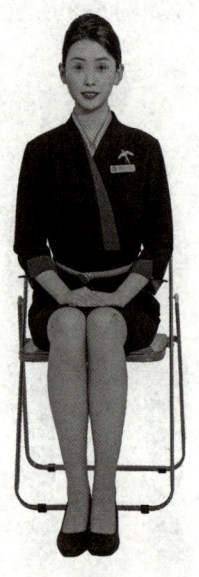

图 5-10　女士标准坐姿

2. 屈伸式

双膝并拢，两只脚一只前伸，另一只后屈，双手虎口相交轻握放于腿上。为避免长时间落座造成腿部肌肉疲劳，可更换脚位，手的位置可不做变化（如图 5-11 所示）。

图 5-11　女士屈伸式坐姿

3. 斜放式

双腿并拢后，双脚同时向右侧或左侧斜放，并与地面形成 45°，双手虎口相交轻握放在腿上。这种坐姿适用于穿短裙的女士在较低的座椅就座（如图 5-12 所示）。

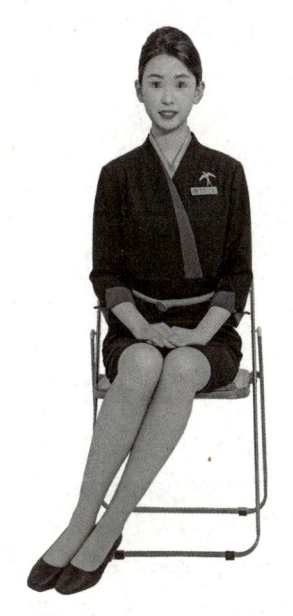

图 5-12　女士斜放式坐姿

4. 交叉式

两小腿向一侧斜出，双膝并拢，双脚在脚踝处交叉（如图 5-13 所示）。

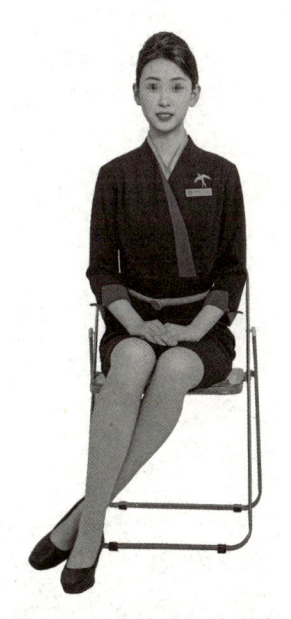

图 5-13　女士交叉式坐姿

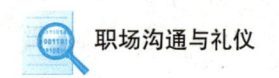

（四）避免不良坐姿

要避免以下不良坐姿：
(1) 将双手夹在腿中间或放于臀部下面。
(2) 入座后背靠椅背，双腿分开、前伸、抖腿、摇脚。
(3) 跷二郎腿，架"4"字腿。

四、轻盈潇洒的走姿

走姿，作为人们日常生活中最为常见的肢体语言之一，无疑最能直观地体现出一个人的精神面貌。良好的走姿不仅彰显了个人的自信与气质，更是传递着积极向上的生活态度。因此，培养良好的走姿对于提升个人形象、增强自信心具有重要意义。

良好的走姿应该展现出自信、轻盈、潇洒的特点。首先，自信是良好走姿的基石。在行走时，我们应保持头正肩平、挺胸收腹的姿态，这样有助于展现出内心的自信与从容。同时，这种姿态也能够让人显得更加挺拔、有精神。其次，轻盈的步伐是良好走姿的又一重要特征。在行走过程中，步幅适度、步速平稳，既不会显得过于匆忙，也不会显得拖沓。这样的步伐不仅让人看起来更加优雅，还能够减轻身体的疲劳感。最后，潇洒的步态则是良好走姿的点睛之笔。在行走时，身体应该保持自然放松，手臂摆动幅度适中，步伐矫健有力。这样的步态既能够展现出个人的风采，又能够传达出一种积极向上的力量。

（一）前进时的行姿

前进时抬头挺胸，目视前方，并留意周围的情况，步幅适中，一般女士步幅约为自己的一个脚长，男士步幅为1.5~2个脚长，双臂前后摆动的幅度为30~40厘米。女士在行走时，两脚尽可能走在一条直线上，男士在行走时，双脚踩出的是两条平行线（如图5-14所示）。

（二）后退时的行姿

在与人告别时，我们应当先后退两三步，再转身离去。后退步幅要小，先转身后转头。同时，我们还可以在告别时添加一些细节和表达，以表达我们的真诚和尊重。

（三）行进间的礼仪

男女同行时，男士应让女士行走在较安全的一侧。进门时，男士或职位较低者先快步向前开门，等同行的女士或职位较高者通过门口后，轻声关好门再跟上。上楼时，地位尊贵者走在前面；下楼时，男士或职位低者走在前面。多人同行时，尊者走在最前面，其次者跟随在右后方，再次者行于左后方。与客户一同搭乘无专人操控的电梯时，应先进后出控制电梯；搭乘有专人操控的电梯时，应后进后出照顾进出电梯的客人。

图 5-14　行走姿态

五、优美稳健的蹲姿

蹲姿虽然在日常生活中的使用频率不如站姿、坐姿和行姿那样高，但其在某些特定场合却发挥着不可替代的作用。尤其是在需要捡起掉在地上的物品时，一个优雅的蹲姿不仅能够展现出个人的修养与品位，更能有效避免不必要的身体损伤。

在日常生活中，很多人对于蹲姿的掌握并不够准确。他们往往会随意地弯腰蹲下，臀部向后翘起，身体向前倾斜。这样的姿势不仅显得不够雅观，而且很容易对腰部肌肉造成损伤。

正确的蹲姿需要保持身体的平衡与稳定。在蹲下时，双脚应该保持与肩同宽，脚尖微微向外。同时，膝盖弯曲，将重心放在脚掌上，以减轻对腰部的压力。此外，臀部应该尽量保持与地面平行，避免向后翘起或向前倾斜。这样的姿势既能够保持身体的稳定，又能够避免对腰部造成不必要的伤害。

（一）蹲姿的基本要领

身体呈站立姿势，双脚一只在前、一只在后，腿部弯曲，双膝一高一低，身体随之下降，重心落在后面的腿上。若用左手捡东西，可以先走到物品的右边，左脚向后退半步后再下蹲，脊背保持挺直，臀部一定要蹲下来，避免弯腰翘臀的姿势。

高低式蹲姿（如图 5-15 所示）：下蹲时双脚不要并排，而是一前一后。例如，左脚在前，则右脚稍后，两腿靠紧向下蹲。左脚全脚着地，右脚半脚尖着地。右膝内侧靠于左小腿内侧，形成左膝高右膝低的姿态，臀部向下，基本上以右腿支撑身体。

图 5-15　高低式蹲姿

（二）蹲姿禁忌

要避免以下不良蹲姿：

（1）两腿叉开，弯腰撅臀，两脚平行弯腰或半蹲。
（2）下蹲时距人过近。
（3）在公共场合用下蹲的姿势休息。
（4）女士正对着人下蹲；穿着低领口衣服下蹲时，没有用手捂住胸口。

模块小结

要点	内容
仪容修饰	1. 遵循干净清爽、适度修饰、整体协调、避免当众修饰等原则进行仪容修饰。 2. 仪容修饰的方法，包括发型、面部、手部的具体修饰要求
仪表礼仪	1. 仪表是人的外表，包括容貌、身材、服装、举止等外观形象。 2. 遵循整洁、自然、互动的基本原则，展现个人仪表礼仪素养。 3. 着装的 TPO 原则，即时间（Time）、地点（Place）、场合（Occasion）的协调。 4. 职场着装搭配参考，掌握包括男士套装和女士套装的具体要求
仪态礼仪	1. 仪态包括举止动作和相对静止的体态，如站姿、坐姿、走姿。 2. 挺拔优雅的站姿，端庄雅致的坐姿，轻盈潇洒的走姿，以及优美稳健的蹲姿具体的要求。 3. 仪态被视为表现个人涵养的一面镜子，也是构成一个人外在美好的重要因素。 4. 正确的仪态礼仪对于一个人的形象和成功非常重要，需要通过学习和实践来掌握

案例与思考（五）

案例 5-1

这是一家公司吗

在一个办公空间里，六位员工正沉浸在各自的工作中，场景略显独特：一位男性员工身着正式的西装，脚踏休闲的布鞋；旁边的另一位男性则选择了一件色彩斑斓的花T恤；还有一位男性员工，穿着轻松的短裤。三位女性员工同样各有风格，一位穿着清凉的无袖低领上衣；另一位女士穿着个性的透视装；而第三位女性，则穿着一条紧身连衣裙。

一位西装革履的男士敲门进入，环视之后，愕然地退出门外看写字间的标牌，自言自语道："这是一家公司吗？"

思考：敲门进入的男士为什么会产生这样的疑问？在办公室应该如何正确着装？

案例 5-2

一次合作洽谈的启示

A公司欲与B公司开启一项重要的商业合作项目，决定派遣年轻有为的小张作为初次接触的代表前往B公司进行初步洽谈。然而，出乎意料的是，在小张拜访B公司后不久，B公司便致电A公司，明确要求更换谈判代表，否则考虑终止合作。面对B公司的强硬立场，A公司积极寻求具体原因，B公司则详细列举了小张在会面过程中的多项不当行为，包括但不限于：站立交流时习惯性抱肩或手插口袋；握手时维持单手插袋的不雅动作；坐下时跷腿并倚靠沙发；在对方发言时，小张显得心不在焉，不是摆弄笔就是四处张望。B公司强调，虽然这些问题看似微小，却直接关乎个人修养与职业礼仪，是双方能否建立信任与尊重合作的基础。

思考：在这个情景中，小张的问题出在哪里？请找出问题并进行分析，提出合理的处理意见。

实践活动(五)

活动 5-1

模拟最佳职业形象评选活动

一、活动目标

1. 增强学生对职业形象重要性的认识。
2. 提升学生在职场环境中对仪容、仪表和仪态的管理能力。
3. 促进学生对塑造职场形象知识的深入理解。
4. 通过模拟实践,培养学生的团队合作精神和沟通技巧。

二、活动过程

1. 第一阶段:知识学习。

学生通过阅读材料和观看相关视频,了解不同职业的职业形象的基本原则和要求。

2. 第二阶段:模拟练习。

学生分组,每组根据给定的职场场景(如商务会议、客户接待等)进行角色扮演。

每组练习站姿、坐姿、走姿、蹲姿、微笑等仪态礼仪。

教师提供指导,帮助学生改进和提升。

3. 第三阶段:正式评选。

各组在模拟的职场环境中展示自己的职业形象。

教师和学生代表组成评审团,根据评分标准进行打分。

4. 第四阶段:反馈总结。

评审团提供反馈,指出各组的优点和需要改进的地方。

学生撰写活动反思报告,总结学习体会和未来改进方向。

三、讨论与评价

活动结束后,教师组织一次全体参与的总结会议,由学生们分享学习心得和活动体会。

教师应强调职业形象在个人职业发展中的重要性,鼓励学生在实际工作中应用所学知识。

完成任务测评:使用以下测评表对参与者的表现进行评价(如表 5-1 所示)。

表 5-1　任务测评表

评价指标	评分等级	测评结果
积极参与所有学习活动，主动发表见解，展现出深厚的职业形象理论知识基础。 角色扮演准备充分，仪态表现自然专业，团队协作无间，能够创造性地解决问题。 整体形象展示出色，应变能力强，能灵活处理意外情况，给人留下深刻的专业印象。 反思报告深入全面，改进计划具体可行，展现出高度的自我认知与进取心	优秀：90 分以上	
按时完成学习任务，能够在讨论中贡献有价值的观点，对职业形象的基本原则有较好的理解。 角色扮演准备较为充分，仪态表现基本符合职业要求，团队合作顺畅，偶有小瑕疵。 整体形象较为专业，应变能力良好，能较好地适应模拟场景。 反思报告内容较为全面，改进计划合理，有一定的自我反思能力	良好：75～89 分	
基本完成学习要求，但在课堂讨论中发言较少，对职业形象的理解尚可但不够深入。 角色扮演准备一般，仪态表现中有明显可改进之处，团队协作存在沟通障碍。 整体形象基本合格，但在某些方面有所欠缺，应变能力一般。 反思报告内容基本完整，改进计划较笼统，自我反思尚待加强	一般：60～74 分	
未能完成学习任务，对职业形象基本原则认知模糊，课堂参与度低。 角色扮演准备不足，仪态表现不得体，团队合作几乎缺失。 整体形象不达标，缺乏应变能力，无法适应模拟的职业环境。 反思报告内容空泛，改进计划缺乏实际操作性，自我反思不足	较差：60 分以下	

活动 5-2

微笑与目光交流训练

一、活动目的

掌握在社交中使用微笑和目光交流的技巧，建立良好的人际关系。

二、活动过程

要求：参与者需积极练习微笑和目光交流，在角色扮演中应用所学技巧。

1. 微笑练习：练习微笑的面部表情，确保微笑自然、真诚。学习如何控制微笑的幅度，以适应不同的社交场合。

2. 目光交流练习：练习保持适当的目光接触时间，避免过长或过短。学习如何通过目光传达积极的情绪和关注。

3. 角色扮演：分组进行角色扮演，一组扮演客户接待人员，另一组扮演客户。模拟客户接待场景，练习微笑和目光交流。

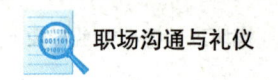

三、讨论与评价

1. 互相讨论：参与者在角色扮演结束后，互相评价对方的微笑和目光交流技巧，指出优点和需要改进的地方。

2. 反思与改进：参与者根据评价结果进行个人反思。制订具体的改进计划，以提高微笑和目光交流的技巧。

3. 完成任务测评（如表 5-2 所示）。

表 5-2　任务测评表

评价指标	评分等级	测评结果
微笑自然，目光交流得当。 展示出色，反思深刻，改进计划具体	优秀：90 分以上	
微笑较为自然，目光交流较好。 展示较为专业，反思较为全面	良好：75～89 分	
微笑一般，目光交流有待提高。 展示尚可，反思尚待加强	一般：60～74 分	
微笑不自然，缺乏目光交流。 展示差，反思不足	较差：60 分以下	

模块六　运用社交礼仪

名人名言

人无礼则不生，事无礼则不成，国家无礼则不宁。

——《荀子·修身》

能力标准

分类	具体内容
知识	● 掌握见面礼仪与拜访和馈赠礼仪的基本规则。 ● 掌握商务谈判和接待礼仪的基本技巧
技能	● 在日常交际中能做到有礼有节。 ● 商务谈判以及接待活动能做到举止得体
态度	● 能够在日常交流过程中能做到尊重他人。 ● 能做到在正式工作场合大方得体

学习导航

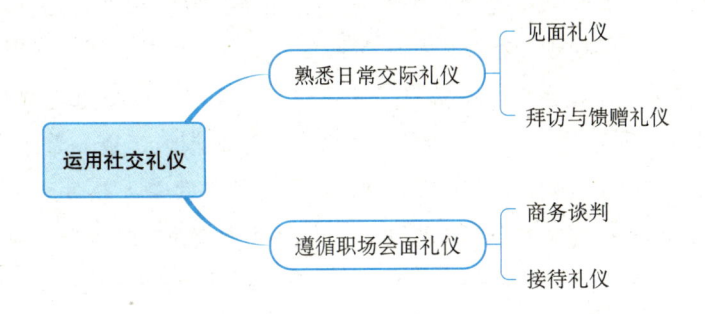

运用社交礼仪
- 熟悉日常交际礼仪
  - 见面礼仪
  - 拜访与馈赠礼仪
- 遵循职场会面礼仪
  - 商务谈判
  - 接待礼仪

能力自测

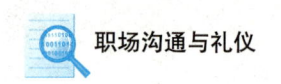

小测试：你能应对吗？

小伟是电子专业的学生，在参加全市的技能大赛时，小伟获得了一等奖。在颁奖晚会上出现了一个意外的插曲。德国某职业学校的教师团队正好在本市进行友好访问，组委会邀请其中一位老教师作为颁奖嘉宾。在颁奖典礼上，这位老教师将奖状递到小伟的手里，然后伸出双手想要拥抱小伟，小伟当时便愣在了原地，没有做任何的回应。事后，小伟回忆道："我当时全身僵硬，根本不知道该如何应对这一场面。"

思考： 如果你是小伟，你会如何反应呢？

单元 6.1　熟悉日常交际礼仪

日常交际礼仪主要包括见面礼仪、拜访与馈赠礼仪，这两种礼仪直接关系到人际交往的基础和深度，对维护个人形象、表达尊重、建立和谐关系，以及促进有效沟通发挥着十分重要的作用。并且，这两种礼仪在日常交际中的使用最为直接和频繁，它们构成了人际交往的基本框架，帮助人们在日常生活中展现出良好的风度与修养，促进社会和谐与人际关系的良性发展。

引例 6-1

错在哪里

某公司新建的办公大楼需要添置一系列的办公家具，价值数百万元。总经理决定向 A 公司购买这批办公家具。这天，A 公司的销售部负责人打来电话，要上门拜访这位总经理。总经理打算等对方来了，就在订单上盖章，定下这笔生意。不料对方比预定的时间提前了两个小时，原来 A 公司听说这家公司的员工宿舍也要在近期内落成，希望员工宿舍需要的家具也能向 A 公司购买。为了获得这笔生意，A 公司销售负责人还带来了一大堆的资料，摆满了台面。总经理没料到对方会提前到访，刚好手边又有事，便请秘书让对方等一会儿。这位销售员等了不到半小时，就开始不耐烦了，一边收拾资料一边说："我还是改天再来拜访吧。"总经理见状本想挽留，谁知话刚出口，销售部负责人就已经消失在走廊中了。

【分析】案例中的生意失败主要归因于拜访的时间问题。在拜访时间方面，我们要注意既不要早到，让对方措手不及，也不要迟到令对方望眼欲穿。该案例告诉我们，在拜访他人时要注意对时间的把握，不可过早也不可过晚。

一、见面礼仪

见面礼仪主要包括握手礼仪和鞠躬礼仪。在国际多元化的文化背景之下,握手礼仪作为全球广为接受的礼节形式,以最直观的身体接触传递平等、友好与合作之意,在国际范围内被广泛地应用;鞠躬礼仪盛行于东亚的大部分国家,以身体前倾的不同程度表达出对他人的尊重与谦逊。两者均通过规范化的动作,向人们展示出人际交往中的尊重、友善与和谐。这两种见面礼是有效建立和维护人际关系、体现社会秩序与尊重他人的重要方式,在全球交往中具有十分重要的交际价值。

注目礼和拱手礼同样是见面礼仪的重要内容,因为它们都承载着深厚的文化内涵和社会功能,尤其是对于中华文化而言。

(一)握手礼仪

人们见面习惯握手问候。例如,见面时,握手表示致意;分手时,握手表示告别;得到帮助时,握手表示感谢;当别人取得成就时,握手表示祝贺;当别人伤心时,也可握手表示安慰。可以说,握手在人们日常生活中的作用不可忽视。

1. 握手动作

握手时应伸出右手,掌心朝向左边,距离对方1~2步左右与其握手,身体正面朝向对方,上身稍前倾,两足立正,双眼注视对方,面带微笑,握手时可以微微点头或鞠躬(如图6-1所示)。

图6-1 握手演示

2. 握手次序

(1)在长辈和女性伸出手后,晚辈和男性随即伸手相握。

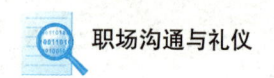

（2）有访客来访时，主人有义务主动伸手表示欢迎。

（3）在社交场合，无论谁向我们伸手，即使他忽视了握手的先后顺序，都应看作是友好问候的表示，应马上伸手相握，拒绝和他人握手是不礼貌的行为。

3. 握手的禁忌

（1）用左手与人相握。

（2）左右手分别和两人握手或交叉握手。

（3）握手时戴着手套握手，但女士有时可以例外。

（4）握手时手不清洁。

（5）握手后有意无意地擦拭手掌。

（6）回应他人的握手请求时磨磨蹭蹭，或者露出无奈的表情。

（7）握手软绵无力或握手力度太大。

（8）握手时将另一只手插在衣兜里。

（9）和人握手时戴着墨镜或嘴里叼着香烟。

（10）拒绝与他人握手。

礼仪案例 6-1

握手失仪：职场新人王华与业界泰斗赵总的尴尬初遇

在一个十分重要的商业场合，职场新人王华遇到了崇拜许久的业界知名前辈赵总。初次见面时，王华显得有些紧张和不知所措。当他看见赵总向他走来时，他突然伸出右手，手掌朝下，像抓东西样牢牢地抓住赵总的手，赵总还没有来得及完全将手伸出去，王华就迫不及待地紧紧地握住了赵总的指尖。由于王华太过激动，他的握手力度极大，几乎让赵总感到疼痛。但是在握手的过程中由于紧张，王华并未与赵总有目光接触，而是低头看着地板，全程保持沉默，只是用力地握住赵总的手。由于过于激动，他似乎忽略了握手的时间，他紧紧地握住赵总的手长达了数十秒，这一系列的行为使得这个握手的过程变得异常尴尬。

【分析】这是一个错误的握手案例。首先，握手姿势不正确，握手的手掌应朝向左边；其次，握手时间不应过长，以免让被握手者感到不适；再次，握手的力度应适中，不应软绵无力或握手力度过大；最后，握手时应双眼注视对方，面带微笑，不可东张西望或刻意躲避眼神。

（二）鞠躬礼仪

1. 鞠躬的规范要求

鞠躬（如图 6-2 所示）时两脚并拢，呈立正姿势，两手下垂于身体两侧或双手合放在体前，身体正面朝向对方。鞠躬前注视对方，鞠躬时，身体上部向前倾 15°～90°。视线随着鞠躬的方向移动，随后恢复原态。鞠躬的速度要适度，过快过慢都不能表达准确的意思。通常情况下，平时的打招呼、简单问候以及朋友之间见面时行 15° 礼；向长辈、领导表示问候或欢迎时行 45° 礼；表示感谢、道歉或敬意时则行 90° 礼才有诚意。

图 6-2　鞠躬演示

2. 鞠躬的礼仪要求

晚辈、下级、学生应向长辈、上级、老师行鞠躬礼，尊者还礼时不用鞠躬，点头回礼即可。鞠躬时应脱下帽子，不能将手放在口袋里，也不能边走边鞠躬，要站定后再向受礼者行礼。90° 鞠躬是一种很正式的鞠躬方式，使用时要看对象和场合，以及所要表达的意思，一般在表示哀悼、深深地道歉、谢意时才使用。三鞠躬一般是在婚礼或参加哀悼时应用，行礼时应脱下帽子，摘下围巾，身体向前倾 90°，连续做三次，鞠躬的速度要缓慢而稳重。

礼仪案例 6-2

礼仪之误：一次商务会议上鞠躬失态的教训

某天，一个重要的商务会议即将落幕，会议室里弥漫着一种庄严而又肃穆的气氛。所有的参与者都整理着自己的文件，准备结束这紧张而又充实的一天。这时，李先生作为一位对会议贡献颇多的年轻专业人士，决定以鞠躬这种传统的方式来向在场前辈表达感激与敬重。

然而，李先生好像对礼仪的动作并不熟练，他的起始动作略显迟疑，仿佛在心中快速回想着鞠躬的步骤，或者是否要鞠躬。接着，他猛然间弯下了腰，整个动作显得十分突兀。更令人惊讶的是，他的双手摆放极其不自然，一只手臂竟然抬了起来，而另一只手臂则藏在了身后。这样的姿势使在场的每一个人都感到了困惑，因为这并不符合常见的鞠躬礼仪。同时，鞠躬的角度也大大超出了商务会议的常规要求，他几乎将身体弯曲成了一个接近直角的状态。而在这种场合，这种深度的鞠躬显得过分隆重，让与会人士感到不适，并且在整个鞠躬的过程中，李先生并没有与任何人进行眼神的交流。虽然鞠躬是李先生想要表达诚意和尊重的重要方式，但他的行为无意中给周围人留下了一种缺乏自信或是对会议不够重视的印象。

【分析】李先生向参会人士表达感谢的出发点是好的，可是却错误地运用了鞠躬礼仪。首先，鞠躬时应将两手下垂于身体两侧或者双手放在体前，不可一前一后；且鞠躬前应注

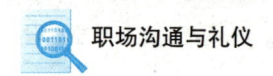

视前方,李先生没有与他人进行眼神交流的行为是略显失仪的;同时,一般鞠躬礼最多行至45°,90°多用于婚礼或哀悼时,因此行90°的礼略显隆重。

(三)注目礼

行注目礼时,应立正站好,面向受礼者,同时要注视受礼对象。例如,升国旗时应始终目送国旗上杆顶;接受检阅时,要目迎目送,左右摆头的幅度在45°左右,正式检阅者礼毕应将头和目光转正(如图6-3所示)。

图6-3 注目礼演示图

(四)拱手礼

拱手礼(如图6-4所示)是我国的传统礼仪形式,大多在春节拜年和同事朋友间祝贺时使用。拱手礼的要求是,行礼时立正站好,左手包住,右手在胸前停住,注视对方,前后微微摇动,要注意行礼时不能弯腰。行拱手礼标准的男子姿势是右手成拳,左手包住。因为右手是攻击手,包住以示善意。女子则左右相反,但不抱拳,只压手。

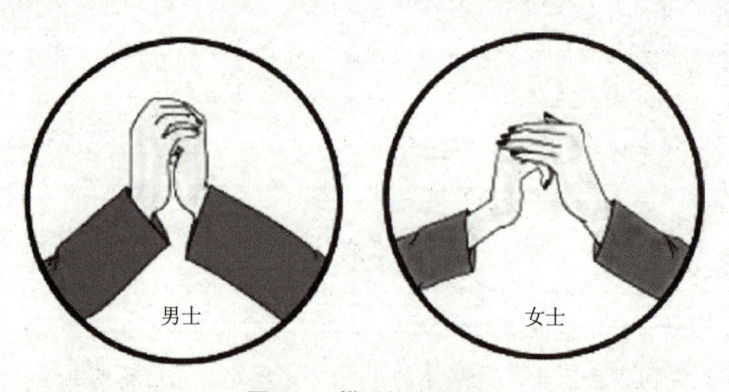

图6-4 拱手礼演示图

二、拜访与馈赠礼仪

(一) 拜访礼仪

所谓"百闻不如一见",在职场交往中,公司与公司之间、部门与部门之间、公司与客户之间,都会采用拜访面谈的形式来使业务取得实质性的进展。在对外交往的场合中,拜访的礼节、礼貌十分重要,它不仅关系到个人的形象,也影响到沟通工作是否顺利,还关系到被拜访的人对你所在单位的印象和评价。下面逐一了解拜访各环节的注意事项。

1. 要有约在先

这是做客时首先要考虑的问题。如果未经预约而贸然登门拜访,可能会打乱别人的安排,还可能引起反感。预约主要涉及时间、地点、人数和主题。拜访别人时必须准时到达。如果确因特殊情况不能赴约,应尽早通知对方而且要说明理由,否则是失礼的表现。

2. 要登门有礼

这一环节要注意以下几个方面:

(1) 预先告知。快要到达预约地点时,需电话告知。此举有两个作用:一是向对方确认一下,有时预约时间较早,难免对方忘记;二是让对方有所准备。例如,提醒对方停止正在进行的活动,婉告当时在场的不方便留下的客人等。

(2) 把握好进门后的三分钟。在商务拜访中,进门后的三分钟对于拜访者来说至关重要,因为这短短的三分钟足以体现出拜访者的举止修养和职场经验。在进入对方公司前应先整理自己的着装,以最佳的形象、最从容的姿态进行商务拜访。同时,应尊重其办公环境,做到非礼勿视、非礼勿听、非礼勿言、非礼勿动,更不能随意吸烟。在进入高新技术公司的科研场地或生产车间等严密场所时,需要按照规定穿戴对方要求的服饰,并将手机调到振动或者关机状态。

(3) 如果对方有前台或专职接待人员,应向其递交名片,并说明受访者的职务及姓名,听从接待人员的安排进入接待室或者受访者的办公室。若自行进门,应用食指轻叩房门,力度适中,间隔有序敲三下等待回音。如无人应声,可稍加力度,再敲三下;如有应声,再侧身隐立于右门框一侧,待门开时再向前迈半步,与主人相对。如果被引入接待室等待,应向引领人员表示谢意,在得到对方允许后方可就座。公文包可放在自己背后或者脚边,外套等物品应该征求对方意见,询问是否有合适的地方放置。

(4) 当主人或工作人员奉茶时,应立即欠身双手相接,并致谢。如果茶水太烫,应等晾凉再喝,必要时也可以把杯盖揭开,不要一边吹一边喝。把杯盖放到茶几上的时候,盖口朝上。喝茶时要慢慢品饮,不宜啜出声音。

(5)在等待的过程中可以翻看自己的文件,思考拜访的问题,但是不能随意走动,否则对方会认为你散漫。如果时间过长,无法继续等待,要向接待人员说明情况,另约时间,请其代为转达,说明时要客气、委婉。见到要拜访的人员时应主动递交自己的名片,再次说明来访的事由和目的,不可表现的过于急切,要掌握节奏,等待对方主动握手,双方恰如其分的表现才能使访谈有一个良好的开端。

3. 要为客有方

要做到为客有方,就应做到"两个限定":

(1)要限定交谈的内容。一是为了控制时间,二是要注意回避敏感话题。即使双方观点不同,也没有必要因此和主人发生争执。在礼貌提出自己观点的同时,对主人的不同意见应表示尊重。做客目的是表达友谊或者沟通事宜,所以即使主人一时失礼,只要不涉及人格尊严,都应克制,保持客人应有的风度和气度。

(2)要限定交际的时间。一般拜访的时间控制在一刻钟至半小时为佳。当双方谈完事情,就应及时起身告辞。到了休息时间,也应告辞。除非你想请对方吃饭,或者对方请你吃饭,否则快到用餐时间应起身告辞。当有其他人来访时也应尽快告辞。

4. 要妥当告辞

告辞时要注意以下几点:

(1)要表达感谢,适时告退。告辞应选择在自己说完一段话之后,而不是主人或其他人说完一段话之后。告别前,应该对主人的友好、热情等给予肯定,并说一些"打扰了""添麻烦了""谢谢了"之类的客套话。如有必要,还可以说些诸如"时间过得真快""和您说话真是一种享受""请您以后多指教""希望我们以后能多多合作"等话。同时,告辞前不应有打呵欠、伸懒腰等举止。

(2)要向在场的所有人道别。起身告辞的时候,如果还有其他客人,即使不熟悉,也要遵守"前客让后客"的原则,礼貌地向他们打招呼。

礼仪案例6-3

私人友情的边界探索

李静,某大学毕业生,大学毕业后她找了一份公关助理的工作。由于职业的原因,她平时待人接物很讲究礼仪,对不懂礼貌的人很反感。一天,李静正在上班,突然接到朋友刘思思打来的电话。刘思思说她现在在火车站,让李静马上去接她。虽然是上班时间,但是朋友初来乍到,不去迎接的话面子上过不去,所以她请假前往。见到朋友后,李静很有礼貌地问刘思思,来北京有什么打算,刘思思打着哈欠说:"暂时没想好,先玩几天吧。"

李静没说什么，把她接到住处，很客气地招待她。接下来的几天，刘思思一直住在李静家里，刘思思除了睡觉外什么也不干，弄得李静很不高兴，进而影响了两人的感情。

【分析】该案例所反映的问题如下：第一，作为客人的刘思思，并没有事先与朋友李静约定，而是在朋友工作时，突然告知李静自己在火车站，需要朋友来接她。第二，刘思思并没有做到登门有礼，当刘思思作为客人住在李静家时，并没有主动帮助李静承担一定的责任。

（二）馈赠礼仪

馈赠是人们在交往过程中通过赠送交往对象礼物，来表达尊重、敬意、友谊、纪念、祝贺、感谢、慰问、哀悼等情感与意愿的一种交际行为。馈赠礼品是维持商业关系的一种历史悠久而贴切的方式。职业人士在送礼与受礼之时要充分遵守相关礼仪规范，以体现对对方的尊重和感激之情。

1. 馈赠的原则

（1）轻重得当原则。通常情况下，礼品的贵贱厚薄，往往是衡量赠礼人的诚意和情感浓烈程度的重要标志。然而礼品的贵贱厚薄与其物质的价值含量往往并不成正比。因为就礼品的价值含量而言，礼品既有其物质的价值含量，也有其精神的价值含量。礼物的轻重选择以对方是否能够愉快接受为尺度，争取做到少花钱多办事、多花钱办好事。

（2）选好时机原则。就馈赠的时机而言，及时、适宜是最重要的。把握好馈赠的时机，包括时间的选择和机会的择定。一般说来，送礼贵在及时，超前、滞后都达不到馈赠的目的。

（3）注重效用原则。就礼品本身的实用价值而言，由于人们的经济状况不同、文化程度不同、追求不同，对于礼品的实用性要求也就不同。因此，应视受礼者的物质生活水平，有针对性地选择礼品。

（4）投好避忌原则。就礼品本身所引发的直接后果而言，由于民族、生活习惯、生活经历、宗教信仰以及性格、爱好的不同，不同的人对同一礼品的态度是不同的，或喜爱、或忌讳、或厌恶等，因此我们要把握投其所好、避其禁忌的原则。

2. 赠礼的礼仪

（1）注意选择合适的礼品。礼品的选择，要针对受礼对象的具体情况而定。一般来说：对家贫者，以实惠为佳；对富裕者，以精巧为佳；对恋人、爱人，以纪念性为佳；对朋友，以趣味性为佳；对老人，以实用为佳；对孩子，以启智新颖为佳；对外宾，以特色为佳。同时，一定要避免触犯禁忌。例如，中国普遍有"好事成双"的说法，因而凡是大贺大喜之事，所送之礼，均好双忌单，但广东人忌讳"4"这个偶数，因为在广东话中，"4"听起来与"死"谐音，是不吉利的。我国人民还常常讲究不能送老人钟表，不能给夫妻或恋人送梨，因为"送钟"与"送终"，"梨"与"离"谐音，是不吉利的。另外，不给健康人送药品，不能给异性朋友送贴身的用品等。

（2）注意礼品包装。精美的包装不仅使礼品的外观更具艺术性，显示出赠礼人的文化和艺术品位，还可以使礼品产生和保持一种神秘感，既有利于交往，又能引起受礼人的兴趣和好奇心理，从而令双方愉快。

（3）注意时机选择。选择最佳时机，如结婚、生子、乔迁、晋升、受挫、生病住院、表示感谢等。一般来说，应在相见或道别时赠礼。

（4）注意赠礼的场合。一般来说，在公共场合，可以送大方、得体的书籍、鲜花一类的礼物。与衣食住行有关的生活用品不宜在公开场合相赠，否则会产生行贿的嫌疑。当众只给一群人中的某一个人赠礼是不合适的。给关系密切的人送礼也不宜在公开场合进行。

（5）注意赠礼时的态度、动作和言语表达。赠礼时，平和友善的态度和落落大方的动作并伴有礼节性的语言表达，才是令赠受礼双方所能共同接受的。

单元 6.2　遵循职场会面礼仪

职场会面礼仪在商务谈判和接待活动中具有举足轻重的作用,直接关系到公司形象和商务交往的成功与否。

商务谈判是国际商务活动中不同的利益主体为了达成某笔交易,而就交易的各项条件进行协商的过程。在这个过程中,商务礼仪的运用能够体现双方对彼此的尊重,同时也能够展现公司的专业性和严谨性。一个懂得运用商务礼仪的谈判者,往往能够在谈判中占据主动,有效地推进谈判进程,从而实现双赢。

接待礼节是公共关系交往活动中的主要礼节之一。它不仅能够给来客带来舒适的感觉、留下良好的印象,还能够体现公司的文化底蕴和企业素质。接待礼节包括接待有约在先的客人时的准备工作,如提前准备饮料、烟具;对待不期而至的客人时的应对方式,如起身相迎、握手问候、让座沏茶。一个懂得运用接待礼节的接待者,能够让客人感受到公司的热情和专业,从而增强客人对公司的信任和好感。

引例 6-2

值得尊敬的谈判对手

两个贸易伙伴决定举行一次重要的商务会谈。会谈当天,一方的代表团提前抵达了预定的会议室,并且一切准备工作都已就绪。然而,另一方的代表团却迟迟未现身,甚至超过了原定的会谈开始时间。提前到达的一方主动联系了迟到方,才了解到对方对当地环境不够熟悉,导致了行程上的延误。

得知情况后,先到的一方不仅没有表现出不满,反而耐心地通过电话为对方提供了详细的路线指引,并提醒对方注意安全。大约半个小时后,迟到的一方终于赶到了会议室。刚一落座,迟到方就开始诉说一路上遇到的各种不便。

此时,早已到达的一方代表微笑着倾听,待其说完后,温和地回应道:"尊敬的朋友,我们的城市交通网络正在快速发展中,即便是本地人,如果不提前做好行程规划,也可能会遇到迷路的情况。因此,我们通常习惯于提前一天查看并规划好路线,以确保第二天能够顺利抵达目的地。"

迟到的一方代表听完这番话后,意识到自己计划的不足之处,于是礼貌地结束了抱怨,并对另一方的理解与包容表达了感谢。在这样和谐的气氛中,会谈正式开始,双方迅速投入专业的讨论当中。

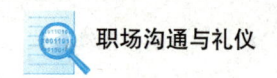

【分析】本案例中，谈判双方都展现出了良好的职业素养。一方面，及时到达的一方代表表现出了极大的耐心和理解，并没有因对方迟到而表现出不满或急躁，而是主动提供帮助，确保其能够顺利找到谈判地点。这种积极的态度有助于缓解因迟到而可能产生的紧张气氛。另一方面，迟到的一方能够认识到自己的不足，并及时调整态度，向对方表示感谢，这也体现了尊重和自我反省的能力。这样的反应有助于维护双方的良好关系，并为接下来的谈判打下合作的基础。

一、商务谈判

商务谈判中，让谈判对手"舒服"是取得谈判成功的重要条件，而使对方舒服，一个最基本的原则就是遵守礼仪。商务谈判人员越"懂礼"，谈判的效果就会越好。

（一）商务谈判的基本原则

商务谈判在政治、经济、军事、外交领域乃至在人们的日常生活中都广泛存在。商务谈判是一门艺术，也是一门学问。成功的谈判是商务活动顺利开展的前提。因此，职场人士务必要掌握商务谈判的礼仪知识。商务谈判的原则主要包含以下几个方面。

1. 平等互利

协调双方利益，提出互利性的选择。一个优秀的谈判者会千方百计地寻找既使自己满意，也使对方满意的解决方案。

2. 诚实守信

诚信是谈判双方交往的感情基础。在商务谈判中，谈判者一旦做出承诺或达成协议，就必须严格履行。谈判人员既要言而有信，又必须掌握分寸。该明言则明言，该坚持则坚持，该回避则回避，只有这样才能真正赢得信任。

3. 求同存异

在商务活动中，谈判双方既存在一定的共同利益，也存在商业利益上的矛盾冲突。这就要求谈判者寻求双方的共同利益，对于存在的利益冲突，可以采取适当的让步，暂时搁置一边，今后再寻求解决方法，以保证双方当前的基本要求保持一致。

4. 遵守法律

市场经济是法律经济，任何与国家法律、政策有抵触的商务谈判，即使谈判双方自愿并且协商一致，也是无效的。随着市场经济的发展，商务活动将会在越来越多的范围内受到法律的保护和约束。离开法律法规，任何商务谈判都将寸步难行。

礼仪案例 6-4

虚假承诺的代价

A 科技公司是一家新兴的智能设备制造商。2023 年，A 公司计划扩大规模生产，以满足市场快速增长的需求。因此，A 公司与长期合作的供应商 B 公司（B 公司为行业内的老牌供应商，以其高质量产品闻名，但价格相对较高）展开了关于零件购买的商务谈判。

在谈判初期，A 公司为了争取更低的价格，向 B 公司提出了一个极具吸引力的未来合作意向。A 公司声称：如果 B 公司能够在此轮谈判中大幅降低单价，那么 A 公司将在未来 3 年内，只采购 B 公司的所有相关零部件，并且承诺 B 公司订单量将是目前的 5 倍。B 公司对此承诺表示十分感兴趣。基于此承诺，B 公司同意在单价上做出大幅度的让步，双方随即签署了采购协议，并确立了长期合作关系。

然而，A 公司在签署协议后开始与其他供应商接触，并且利用与 B 公司达成的低价协议作为谈判筹码，以寻求采购成本更低的供应商。到了执行合同时，A 公司并未履行单独采购 B 公司产品的承诺，而是把订单分散给了多家供应商，因此 B 公司的实际订单量远远低于预期。

【分析】在此案例中，A 公司违背了商务谈判的基本原则——诚实守信。在谈判过程中，A 公司利用虚假的承诺诱导 B 公司大幅降低采购价格，以满足自身利益。这种行为危害了双方的信任基础，破坏了长期合作关系，最终导致 B 公司的经济受损以及 A 公司的信誉受损。

（二）商务谈判的沟通技巧

1. 言之有物

谈判的双方都想通过谈判获得知识、拓宽视野。因此，谈判要有观点、有内容、有思想，空洞无物、废话连篇的谈判是不会受人欢迎的。

2. 言之有序

言之有序就是根据谈判的主题和中心设计讲话的次序，安排讲话的层次，即谈判要有逻辑性、科学性。有些人讲话没有中心，语言支离破碎，给人感觉杂乱无章、不知所云。所以，谈判时应明确先讲什么，后讲什么，思路要清晰，内容要有条理，布局要合理。

3. 言之有礼

谈判时要讲究礼节礼貌。讲话者态度要谦逊，语气要友好，内容要适宜，语言要文明；听话者要认真倾听，不做其他事情。这样就会形成一个信任、亲切、友善的谈判气氛，为谈判获得成功奠定基础。

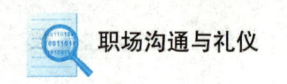

> **礼仪案例 6-5**
>
> 一次失败的谈判
>
> X 公司是一家快速成长的电子产品制造商。2023 年，X 公司急需原材料，与供应商 Y 公司就关键部件的供应问题进行紧急谈判，以确保生产线能够连续运转。Y 公司作为该领域的主要供应商，拥有稳定的货源以及质量保障，但是近期原材料价格上涨，成本压力增大，导致售价增长。
>
> 因此，X 公司就产品原材料成本问题与 Y 公司展开谈判。在谈判过程中，X 公司采取了一种极端强硬的态度，试图通过威胁和命令的方式迫使 Y 公司维持原有价格或提供大幅度折扣。但 Y 公司代表冷静且有礼貌地向 X 公司表示，原材料价格上涨导致售价不得不上涨，这是基于客观事实的合理上涨，而不是出于本公司的主观意愿。但是在 Y 公司代表发言时，X 公司代表多次打断，并且使用诸如"你们必须降价，否则我们就立刻寻找替代供应商"或"别跟我谈什么成本上升，那是你们的问题"等不礼貌的言辞，完全忽视了基本的尊重。Y 公司见此便再次解释，可是 X 公司根本不予理会。Y 公司见此情形便取消了合作。
>
> 【分析】在谈判桌上，双方应做到彼此尊重，X 公司代表的沟通方式是极其的不尊重他人且缺乏同理心的。X 公司代表的行为使得谈判破裂，而再次寻找供应商，将对企业的未来的生产造成严重的影响。

二、接待礼仪

接待礼仪是商务活动中最常见的礼仪。活动接待礼仪是否周到、规范，会给客人留下各种不同的印象——对公司的印象、对部门工作的印象、对公司员工素质的印象。进而直接关系到公司业务能否顺利开展。

（一）前台人员接待礼仪

（1）衣着端庄得体。如果公司有制服，一定要穿公司的制服。如果没有统一的制服，男士应当穿西服套装，女士通常穿西服套裙，西服套裤次之。即使公司员工普遍不穿正装，前台接待也应当着正装，以表示对访客的尊重，并且给对方留下管理有序的职业化印象。

（2）发型应整齐、清洁、保守，女士应当化淡妆。绝对不可以在工作场所整理头发或补妆。

（3）不宜佩戴过多珠宝首饰，所戴饰品应避免叮当作响、夸张招摇。

（4）站姿、坐姿要端正。不可摇摆身体，不可倚墙而立或蹲在地上，不可歪头歪身做怪动作、挖鼻孔、抠耳朵。

（5）不能在座位上吃东西、嚼口香糖或喝饮料。

（6）手与指甲必须随时保持整洁。绝对不能在工作岗位上修剪指甲。

（7）有客人来访时要立刻站起来，脸部和上身的正面要正对对方，保持目光交流并真诚微笑，同时询问："您好！请问您找哪一位？"然后以电话形式告知有客来访，打电话的时候声音要愉悦。无论是接待高级管理人员，还是一般职员或是员工家属及亲戚朋友，接待时都应该彬彬有礼，不能因访客阶层、身份的不同而有所差别。

（8）如果前台工作人员正在打电话，而此时有客人向前台走来，那么工作人员应当立即告知通话对方："对不起，有客人来访，我过会儿再给您打过去。"将电话挂断后，站起来微笑，正面面对访客并开始接待工作。如果这个电话非常重要，必须先说完，那么应当先暂停通话并微笑着对访客说："对不起，请您稍等。"然后尽快结束通话并开始接待工作。打电话的过程中也不应背对访客，否则会给访客留下拒人于千里之外的印象。

（9）回答访客的问题时要面带微笑，声音愉悦，注意礼貌。答案确定的问题，仔细回答，让客人充分了解相关情况。答案不确定或不知道的，要多"请示"，避免因自作主张的回答而引起歧义或者言语上的误会。

（10）如有未预约的客人登门拜访，前台工作人员应先了解对方的姓名、单位、来访目的等基本资料，再去请示对方求见之人，由当事人自己决定见还是不见，不要擅作主张让其"见"或"不见"。

（11）前台如遇涉外接待礼仪，首先，前台接待人员必须深入了解并尊重不同国家的文化习俗和礼仪规范，确保在接待外国访客时符合国际礼仪标准。在称呼上，要根据访客的职位和身份选择恰当的称谓，以示尊重和礼貌。其次，前台接待人员还应具备一定的外语交流能力，以便与外国访客进行顺畅的沟通，避免存在沟通障碍。在交谈中，要特别注意尊重访客的隐私和个人空间。最后，根据访客的文化习惯，准备适当的礼仪用品，如名片夹、茶水，以展现公司的周到和细致。在接待过程中，前台接待人员应始终保持专业、热情的态度，积极为访客提供帮助和解答疑问。送别时，要表达真诚的感谢，并根据情况选择赠送具有中国特色的礼品，以加深双方的友谊与合作。

礼仪案例 6-6

不当接待引发的误会

在某家知名企业的大楼内，前台接待员小王负责日常的接待工作。一天，一位未预约的

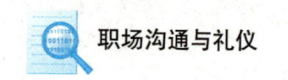

访客李先生来到公司,希望能够与公司的高层管理人员张总进行会面,讨论一项重要的商业合作。

小王见李先生没有预约,便不重视李先生的到访。她认为李先生可能只是一个普通的推销员,因此她毫不在意。在询问了李先生的基本信息后,小王没有立刻去请示张总,而是直接告诉李先生:"张总今天很忙,可能没有时间见您。您可以留下联系方式,我会帮您转达。"

李先生听后非常失望,他强调这次会面非常重要,并请求小王再次尝试联系张总。然而,小王依然坚持自己的判断,没有采取进一步的行动。最终,李先生只能无奈地离开,并决定与其他公司进行合作。

不久后,公司高层得知了这次事件,意识到可能因此失去了一位重要的合作伙伴。经调查发现,如果小王能够按照公司规定的接待礼仪进行操作,及时请示张总并妥善处理这次会面,很可能促成这次商业合作。

【分析】在这个案例中,小王作为前台接待员,未能遵守公司规定的接待礼仪,导致公司失去了一位重要的商业合作伙伴。她的不当接待体现在未给予访客李先生足够的重视、未按流程操作并请示相关人员,以及缺乏沟通技巧等方面。这些行为不仅让李先生感到被忽视和不满,也可能给公司带来商业损失和声誉损害。

(二)办公室接待礼仪

1. 接待环境布置

商务接待室是企业对外展示形象的重要场所,经常要接待各类来宾访客,因此,接待室的环境布置至关重要。接待室不一定要布置得非常奢华,可以以简洁、淡雅、大方的风格为主;室内应该干净、明亮、整齐、美观,让客人一走进来就感到这里井井有条、充满活力;室内色彩要力求做到既不单调,又不复杂错乱,一般以宁静悦目的中性浅色作为基调,给人以舒适感;办公桌椅、书柜等要摆放合理,要专门腾出一处比较安静的地方,安排好座位,让来客一进来就有坐处;玻璃、桌椅都要擦干净,室内可以装饰一些绿色植物和鲜花;可以在室内或走廊铺放地毯,以减弱走动的声音;要注意将室内用品摆放整齐,暂时不用的物品要有序地将之"藏起",并保证需要时随时可以找到。此外,一定要保证待客物品配备齐全,准备好茶具、茶叶、饮料、烟灰缸、纸巾、便笺纸及笔等常用的物品。

控制室内的湿度和温度也十分重要。就温度而言,人们感觉最为舒适的温度是22.5℃左右,高于这个温度10℃,人们会感觉燥热;低于这个温度10℃,人们会感觉寒冷。所以,在条件允许的情况下,接待环境的最佳温度为22.5℃左右。就湿度而言,人们感觉最适宜的湿度是相对湿度为50%,如果相对湿度高于90%,人会感到潮湿、闷热;如果相对湿度低于10%,人会感到干燥。所以接待环境的相对湿度要控制在50%左右,可以通过绿色植物和加湿器来调节湿度。

在接待外宾时,接待环境的布置应特别注意。首先,要确保环境整洁、明亮、有序,以展现公司的专业形象。其次，可以根据外宾的文化背景和喜好，适当添加一些装饰元素，如国旗、地图或具有中国特色的艺术品，以营造亲切友好的氛围。最后，也要考虑到接待室内设施的功能性和舒适度，确保座位安排合理、设施完备，让外宾在访问期间感受到宾至如归的温馨与舒适。这样的布置既体现了对外宾的尊重和关怀，也展现了公司的文化底蕴和国际化视野。

2. 引领来访者

在与领导核实了与客人会面的时间后，就需要引导来访者到会面的地点。期间，引领的礼仪特别关键，具体包括：

（1）引领客人行进。接待员应该走在客人的外侧，把内侧即靠墙的位置留给客人，并与之保持约1米的距离。在行进过程中，接待人员要稍微偏向客人一侧，观察并配合客人步伐；到转弯处时伸出外侧手臂为客人指示方向，边走边向客人发出语言提示："请您注意脚下""请您走这边""这是我们的会议室，这是我们的休息室"等。

（2）引领客人上下楼梯。引领客人走到楼梯处时，在上楼梯前应向客人发出提示，请客人走在前面，自己跟随在后面；而下楼梯时，应请客人走在后面自己先下。这样可以避免自己在上下楼梯时一旦出现危险而威胁到下面人的安全，自己在形式上对客人起到了保护作用，体现出以客人为尊的态度。

（3）引领客人乘坐电梯。接待人员在进出电梯时都应主动按下按钮，以保证电梯门不会夹到客人。在进电梯时，先进入电梯，主动按下开门按钮，待所有客人进入电梯后再按下关门键；在出电梯时，按下开门键，并等客人全部出了电梯后，自己再出电梯。总之，陪同客人乘坐电梯，出入电梯的次序是：先进后出。

（4）引领客人进入会客厅。引领客人到达会客厅时，接待人员在进门前应先敲门，征得同意后方可示意客人进门。此处需注意的是，接待人员应用手替客人把住房门再请客人进入。保持自己与门同进同出，即"门朝内开己先入，门朝外开客先入"。到达座位处后，要用手势引导客人就座。

模块小结

要点	内容
熟悉日常交际礼仪	1. 日常交际礼仪主要包括握手礼、鞠躬礼等。 2. 握手礼应注意握手的动作、次序以及禁忌。鞠躬礼仪包括规范要求以及礼仪要求。 3. 基本了解注目礼和拱手礼
遵循职场会面礼仪	1. 主要了解商务谈判和接待礼仪的基本规则。 2. 商务谈判的基本原则包括：平等互利、诚实守信、求同存异、遵守法律；商务谈判的沟通技巧包括言之有物、言之有序、言之有礼。 3. 商务接待礼仪主要包括前台人员接待礼仪与办公室接待礼仪

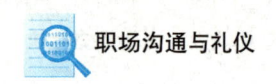

案例与思考（六）

案例 6-1

雷厉风行的拜访

王林是某市外事办公室的一名干事。有一次，领导让他负责与来本市参观访问的某代表团进行联络。为了表示对对方的敬意，王林决定专程前往对方下榻的酒店拜访。王林对自己的仪表进行了草率的修饰，并随手拿了一些明信片作为礼物，没有提前告知对方便直接前往酒店。王林到达后，未经对方允许直接进入房间。随后，他主动向对方问好并握手，在做了简要的自我介绍后，随手递上自己的名片与礼品。简短寒暄后，他便直奔主题，说明了自己的来意，谈完后便握手告辞。

思考：王林的拜访出现了哪些问题？

案例 6-2

疏忽的接待礼仪影响潜在商机

某大型企业的前台接待员小张负责日常的来访接待工作。某日，一位重要的潜在合作伙伴陈总到访，希望能与企业的市场部门负责人进行深入交流，探讨合作事宜。然而，小张却在接待过程中出现了疏忽。

当陈总抵达公司时，小张正在与同事闲聊，没有注意到陈总的到来。当陈总主动询问时，小张才匆忙起身，但并未主动问候或引导陈总至休息区。在核实了会面时间后，小张带领陈总前往会议室，但途中并未介绍公司的基本情况或文化特色，也未询问陈总对公司的了解程度。

到达会议室后，小张直接推开了房门，没有敲门示意，也没有主动为陈总拉开椅子。她告诉陈总市场部门负责人稍后会到，便转身离开，留下陈总独自等待。在等待期间，陈总发现会议室内环境杂乱，桌面上散落着文件，地上也有明显的垃圾。

在等待了将近半小时后，市场部门负责人匆匆赶到会议室，向陈总表达了歉意。虽然最终双方进行了会谈，但陈总对公司的不良印象已经形成。

思考：小陈在接待过程中出现了哪些问题？

实践活动（六）

活动 6-1

握手礼仪挑战赛

一、活动目标

让学生以轻松的方式了解握手礼仪，激发学生的学习兴趣，同时让学生掌握在不同情境下运用握手礼仪的能力，提高学生的社交技巧，并在游戏中增强团队凝聚力。

二、活动过程

1. 热身游戏："猜力挑战"——学生两两一组，尝试用不同的力度握手，另一方需根据对方施加的力度调整自己的力度，使之接近标准商务握手的力度。此环节可让大家体验并记住适当的握手力度。

2. 情景再现："影视剧本演绎"——将学生分成若干小组，随机抽取包含握手场景的影视剧剧本片段，各组进行角色扮演。教师依据剧情背景、握手礼仪的准确度以及整体表演效果进行评分。

3. 速度挑战："速配握手大赛"——设置多人快速握手环节，要求在规定时间内学生需尽可能多且恰当地与他人握手。考查学生在短时间内快速与不同对象握手时保持礼仪的能力。

4. 盲眼握手："触觉辨识"——学生佩戴眼罩，仅凭触觉判断对方的性别、年龄等基本信息，并给出符合礼仪的握手回应。在增加趣味性的同时，锻炼学生在无视觉辅助情况下的感知和应对能力。

5. 终极决战："握手礼仪答辩赛"——各组挑选代表参与辩论环节，围绕特定的握手礼仪难题或争议点进行讨论和答辩，展现团队协作与解决问题的能力。

三、讨论与评价

1. 每个环节结束后，组织全体学生对刚才的游戏过程进行回顾与反思，分享各自在活动中的体验和收获。

2. 邀请教师对各环节进行点评，教师针对各组在握手礼仪上的亮点与不足给出专业意见和改进建议。

3. 设立奖项，如"最佳握手礼仪奖""最具创意团队奖"等，激励学生积极参与和努力改善自己的礼仪运用能力。

4. 总结活动成果，引导学生将所学的握手礼仪知识运用到日常生活中，不断提升自身综合素质。

活动 6-2

商务谈判桌上的"博弈艺术"

一、活动目标

通过本次活动,让学生了解商务谈判的基本礼仪,包括着装、言谈举止等。并且锻炼学生在模拟谈判场景中的沟通表达、协商决策能力,以及面对突发状况的应变能力。

二、活动过程

1. 礼仪讲座:由经验丰富的商务礼仪专家进行一场关于商务谈判礼仪的讲座,详细介绍并演示商务谈判中的各个环节需要注意的礼仪事项。

2. 角色分配:将学生分为多个小组,每个小组内部进行角色分工,如首席谈判代表等,模拟真实的商务谈判团队配置。

3. 情景模拟:设置几个具有挑战性的商务谈判情景,每个小组分别进行模拟谈判。谈判过程中,不仅要关注谈判的内容与策略,还要注重展示恰当的商务礼仪,如握手、交换名片、入座、用餐、倾听、发言等环节。

4. 彩蛋环节:在谈判过程中设计一些突发状况,如临时变更谈判条件、意外来电、翻译服务故障等,考验学生的临场应变能力和礼仪素质。

5. 反转剧情:模拟谈判结束后,各个小组互换角色,再次进行谈判,从而从不同角度体验和学习商务礼仪。

三、讨论与评价

1. 谈判结束后,各组进行自我评价与互评,讨论在模拟谈判过程中礼仪执行的优点以及需要改进的地方,分享有效沟通和妥善处理冲突的经验。

2. 教师根据各组在谈判礼仪方面的表现,包括姿态、应变能力等方面进行打分,并给出详细的反馈和建议。

3. 教师组织全体学生共同讨论真实商务谈判中可能出现的特殊礼仪问题,探讨如何在尊重对方文化和习俗的前提下,实现有效沟通和达成共识。

4. 教师对本次活动进行总结,表彰在商务礼仪和谈判技巧上表现出色的小组和个人,并鼓励所有学生在今后的商务活动中积极运用所学知识,提升自身的专业素养和竞争力。

活动 6-3

神秘礼物交换与馈赠礼仪大挑战

一、活动目标

让学生了解基本的馈赠礼仪,包括选择礼物、赠送礼物时的言谈举止等。并且通过实践互动的方式，提高学生在实际生活，以及商务场合中运用馈赠礼仪的能力。最后，可以加强学生间的沟通交流，提升团队协作能力。

二、活动过程

1. 预习阶段：提前通知学生准备一份价值适中且富有心意的礼物，并讲解基本的馈赠礼仪知识，如礼物选择的原则、包装的艺术、赠送时的言辞等。

2. 礼物准备：每位学生自行准备一份礼物，注意遵循教师所讲解的原则，并用心进行包装，体现出礼物的美感。

3. 神秘礼物交换：活动当天，进行随机礼物交换。每位学生将自己的礼物匿名放入礼品盒中，然后通过抽签等方式获取他人的礼物。

4. 开箱仪式：每位学生在众人面前打开收到的礼物，现场展示并感谢赠送者（尽管不知道赠送者是谁）。在拆礼物的过程中，观察并点评每一位学生展示的接受礼物礼仪。

5. 情景模拟：设置几个商务馈赠的情景，如商务拜访、节日祝福、离职欢送等，各小组进行角色扮演，实际演练馈赠礼仪，其他小组观摩并点评。

三、讨论与评价

1. 互动点评：在开箱仪式和情景模拟结束后，学生之间可以就彼此的馈赠礼仪进行讨论和点评，分享优点和需要改进的地方，并讨论应如何更好地运用馈赠礼仪传达情感和尊重。

2. 专家指导：邀请礼仪专家或教师进行专业点评，对学生在馈赠过程中展现出的礼仪行为进行细致分析，指出其优点和不足，提供针对性的改进建议。

3. 心得分享：每位学生轮流分享此次活动的收获和感悟，讨论馈赠礼仪在人际关系构建、商务交往等方面的重要作用。

4. 活动总结：教师评选出"最佳礼物包装奖""最得体馈赠奖"和"最佳礼仪表现奖"，以此表彰学生们的努力和进步，并鼓励大家在日后的生活中更加重视和熟练运用馈赠礼仪。

模块七　掌握餐饮礼仪规范

🦋 名人名言

在宴席上最让人开胃的就是主人的礼节。

——莎士比亚

📖 能力标准

分类	具体内容
知识	● 理解餐饮礼仪的内涵。 ● 掌握餐饮礼仪的类型
技能	● 能塑造优雅、尊重、和谐餐饮环境，提升用餐体验。 ● 确保既符合社会文化习俗，又展现个人良好教养
态度	● 培养良好的餐饮礼仪。 ● 营造和谐文明餐饮氛围，增进人际交往深度与广度

📖 学习导航

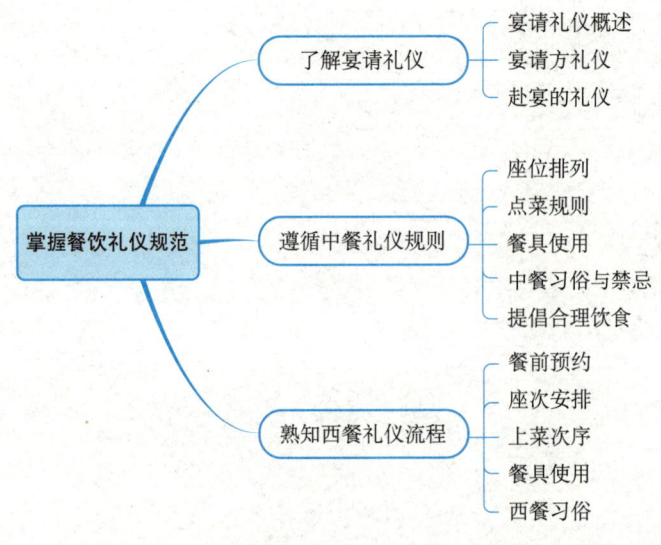

```
                                    ┌─ 宴请礼仪概述
                   ┌─ 了解宴请礼仪 ──┼─ 宴请方礼仪
                   │                └─ 赴宴的礼仪
                   │
                   │                ┌─ 座位排列
                   │                ├─ 点菜规则
掌握餐饮礼仪规范 ──┼─ 遵循中餐礼仪规则 ─┼─ 餐具使用
                   │                ├─ 中餐习俗与禁忌
                   │                └─ 提倡合理饮食
                   │
                   │                ┌─ 餐前预约
                   │                ├─ 座次安排
                   └─ 熟知西餐礼仪流程 ─┼─ 上菜次序
                                    ├─ 餐具使用
                                    └─ 西餐习俗
```

能力自测

小测试：你懂得餐饮礼仪吗？

假如你是某公司经理，年底你准备请公司的 7 名股东在本地酒店的中餐厅用餐，你会如何安排此项宴请呢？

思考：

1. 你如何确保宴请当天座位次序不混乱？
2. 在安排宴请菜肴时需要考虑哪些因素？
3. 用餐过程中，为表现得体，你需要注意哪些事项？

单元 7.1　了解宴请礼仪

引例 7-1

商务宴请展形象，酒桌礼仪不可失

在繁华的上海陆家嘴金融区，某国际知名咨询公司中国区负责人李总正准备接待来自美国总部的高级代表团。为展现公司的专业形象和对合作伙伴的尊重，李总精心策划了一场商务晚宴。

李总提前两周向美方代表团发送正式邀请函，明确宴会的时间、地点、主题及着装要求（商务正装），确保对方有充足的时间安排行程。考虑到代表团对中国传统文化感兴趣，李总选择了一家位于黄浦江畔的以江南园林风格装饰、享有盛誉的中餐厅。餐厅环境幽雅，菜品精致，既能满足商务宴请的需求，又能展示中国古典韵味。李总经过与餐厅主厨沟通，设计了一份融合各地特色、兼顾口味差异的菜单。其中包括清淡开胃的冷菜、名贵海鲜、地方特色热菜以及精致甜点，同时确保提供的食物没有过敏源，充分考虑到宾客的饮食需求与偏好。另外，李总还根据宾客身份及职务，提前制作详细的座位图。遵循"以右为尊"原则，将美方代表团团长安排在李总右侧，其他成员按级别或关系亲疏依次排列，确保宾主双方交流顺畅。

宴会当天，李总提前半小时到达餐厅，在门口迎接代表团的到来，热情握手、致以问候，并赠送具有中国特色的小礼品表示欢迎。晚宴开始前，李总发表简短致辞，对美方代表团的来访表示热烈欢迎，回顾双方合作历程，展望未来合作前景，并提议为双方友谊与合作成功举杯。用餐过程中，李总示范并引导宾客使用筷子等中式餐具，适时介绍菜品特色及背后的文化故事。敬酒时，李总遵循"先干为敬"的原则，首先向美方代表团团长敬酒，表达敬意与感谢。随后，双方在轻松的氛围下互敬，并强调适度饮酒，尊重个人意愿，不强劝酒。宴请期间，李总时刻留意宾客的餐饮需求及身体状况，及时协调服务员调整菜品、饮料供应，确保宾客用餐体验舒适。宴会结束后，李总亲自送代表团至餐厅门口，再次感谢他们的到来，期待下次相聚。并安排专车送代表团返回酒店，体现周到的待客之道。

【分析】这场宴请不仅是一次业务交流的机会，更是展示中华饮食文化与商务礼仪的重要场合。一场成功的商务宴请，不仅需要细致入微的前期筹备，更要在宴会过程中展现出尊重、体贴与专业的待人接物态度，从而达到增进友谊、深化合作的目的。这就是宴请礼仪在实际应用中的生动展现。

现代餐桌礼仪就如同一面镜子，照出人的品性和修养。除了口感的精致享受，用餐时酒、菜的搭配，周到的餐饮礼仪等也是宴请的必修课。

一、宴请礼仪概述

（一）宴请礼仪的起源

中华饮食文化源远流长，宴请礼仪自然成为礼仪文化的一个重要组成部分。宴请礼仪是指在举办或参加宴请活动时，遵循的一系列约定俗成的规范和礼节，旨在营造和谐、尊重、愉快的社交氛围，增进人际关系。宴请礼仪是交往中常见的一种礼仪，通过宴请活动，可以达到讨论问题、酬谢祝贺、联络感情、增进友谊的目的。安排宴请活动，需要认真筹划和精心准备，要符合有关宴请的礼仪规范。宴请的形式多样，礼仪繁多，掌握其礼仪规范是十分重要的。

宴饮起源于古代的祭祀礼仪，那时人们在祭祀祖先、神灵之后，会将作为祭品的食物分给参与者享用。这种分享祭品的行为不仅是对神灵或祖先恩赐的回馈，也是强化社群团结、庆祝丰收或重要事件的一种集体仪式。这种原始的集体聚餐形式构成了宴饮的雏形，其中蕴含了对食物的尊重、对社群关系的维护以及对超自然力量的敬畏，这些元素构成了后来宴请礼仪的精神基础。

随着社会的发展，宴饮逐渐从纯粹的宗教仪式扩展到日常的社会交往中，成为巩固和发展人际关系的重要手段。家庭聚会、节日庆典、外交活动、商务洽谈等场合都离不开宴请。宴请礼仪开始融合各地的习俗，形成一套复杂的规则体系，包括如何邀请宾客、如何安排座次、如何使用餐具、如何敬酒交谈等。这些习俗在长期实践中被提炼、规范化，最终上升为社会公认的礼仪规范。

宴请礼仪既源自古老的祭祀传统，又植根于社会交际需求，同时受到社会等级制度的塑造以及跨文化交流的影响。这些因素共同作用，使得宴请不仅是一种饮食行为，更成为一种富含文化内涵与社会功能的交际艺术。

(二)常见的宴请类型

宴请种类复杂,名目繁多。从规格上分,有国宴、正式宴会、便宴、家宴等;从餐别上分,有中餐宴会和西餐宴会;从时间上分,有早宴、午宴和晚宴;从性质上分,有鸡尾酒会、冷餐酒会、茶会和工作餐等。

1. 国宴

国宴是国家元首或政府首脑为庆祝国家庆典或为欢迎外国元首、政府首脑来访而举行的正式宴会。国宴盛大而隆重,礼仪严格,规格最高。宴会厅内悬挂国旗、设乐队、奏国歌,席间致辞,菜单和席卡上印有国徽。

2. 正式宴会

正式宴会通常是政府或社会团体有关部门为欢迎应邀来访的宾客,或来访宾客为答谢主人而举行的宴会。正式宴会除了不挂国旗,不奏国歌,其他程序大体与国宴相同,宾主依据身份就位。

3. 便宴

便宴即便餐宴会,用于非正式的宴请。通常在午餐和晚餐时举行,有时也可以在早餐时举行。便宴形式简单,不排座位,不作正式讲话,菜肴的道数可多可少,质量可高可低,不拘严格的礼仪和程序,随便而亲切,多用于招待熟悉的亲朋好友。

4. 家宴

家宴是在家中以私人名义举行的宴会。这种形式亲切友好,往往由主妇亲自下厨,家人共同招待。家宴不讲究严格的礼仪,菜肴多少不限,宾主间随意交谈,氛围轻松、活泼而自由。

5. 茶会

茶会又称茶话会,是一种比较简单的招待方式,多为社会团体举行纪念和庆祝活动所采用,举行的时间多在16:00左右。茶会通常设在客厅,而不在餐厅。厅内设茶几、座椅,不排座次。席间一般只放茶点、水果和一些风味小吃。宾主共聚一堂,饮茶尝点心,形式比较自由。茶会对茶叶和茶具的选用有所讲究,一般用陶瓷器皿,而不用玻璃杯,有时还会在席间安排一些短小的文艺节目助兴,使气氛更加活跃。在商务谈判中,许多时候采用茶会的形式招待对方。

6. 鸡尾酒会

鸡尾酒会又称酒会,是西方传统集会交往的宴请形式,盛行于欧美等国家和地区。鸡尾酒会举行的时间较为灵活,中午、下午或晚上均可。鸡尾酒会规模不限,有时与舞会同时举行,灵活、轻松、自由,便于广泛接触交谈。酒会招待以酒水为主,略备小吃,一般不设主宾席和座位,绝大多数客人都站着进食,各界人士可互相交谈、敬酒。

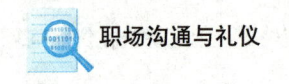

7. 冷餐会

冷餐会是西方国家较为流行的一种宴请形式，其特点是用冷菜（也可有热菜）酒水、点心、水果来招待客人。冷餐会可在室内、庭院或花园等地举行；可设小桌、椅子自由入座，也可不设椅子站立进餐；举办时间为 12:00~14:00 或 17:00~19:00；菜点和餐具分别摆在餐台上，供宾客随意取用。冷餐会进行时，宾主均可自由走动敬酒、交谈。冷餐会的优点是可以安排较多的客人同时进餐，不受餐位的限制；不因缺乏招待人员而影响进餐，客人可自己拿取食物；不受正宴礼仪方面的约束，无论是用餐前还是用餐中，个人都可以自由活动。目前，冷餐会已成为社交活动中一种广受欢迎的宴请方式。

8. 工作餐

工作餐是现代交往中经常采用的一种非正式宴请形式，利用进餐时间，宾主边吃边谈。工作餐一般只邀请与工作相关的人员。进餐时间可分为早餐、午餐和晚餐。在商务谈判中，若日程安排发生冲突时可采用这种形式。

二、宴请方礼仪

（一）宴请方筹备工作

1. 明确宴请的对象、目的、范围与形式

首先要明确宴请的对象，明确主宾的身份、国籍、习俗、爱好等，以确定宴会的规格、主陪人、菜式等。

2. 确定宴请时间、宴请地点

确定宴请活动的具体时间时，需要统筹兼顾民俗习惯、主随客便。用餐一定要选择一个环境幽雅、卫生良好、设施完备、交通方便的地方。

3. 发出宴会邀请

宴会邀请一般均发请柬，亦有手写短笺、电话邀请的形式。请柬内容包括活动时间、地点、形式、主人姓名等。

4. 拟订宴请菜单和用酒

拟订菜单和用酒要考虑以下四点：第一，规格、身份、宴请范围。第二，精致可口、赏心悦目、特色突出。第三，尊重客人饮食习惯、禁忌。第四，注意冷热、甜咸、荤素、色香味搭配。

5. 安排席位

桌次地位的高低，以距主位的远近而定。以主人的座位为基准，右高左低，近高远低。

6. 布置宴请现场

官方正式活动场所的布置，应该严肃、庄重、大方。

（二）邀请嘉宾

邀请的形式有两种：一是口头的，二是书面的。口头邀请就是当面或者通过电话把活动的目的、名义以及具体的时间、地点等告诉对方，然后等待对方答复，对方同意后再做活动安排。书面邀请也有两种方式，一种是比较普遍的发"请帖"；另一种就是写"便函"，这种方式目前使用较少。书面邀请应掌握好发送时间，需要考虑被邀请人的距离，一般以提前3~7天为宜。过早，客人可能会因时间过久而遗忘；太迟，使客人措手不及，难以如期应邀。

请帖上面应写明宴请的目的、名义、时间地点等，然后发送给客人。请帖发出后，应及时落实出席情况，做好记录，用以安排并调整席位，即使是不安排席位的活动，也应对出席率有所估计。请柬行文要注意以下几个要点：

（1）写清目的。一般的写法是，谨定于何时在何地举行何样活动，敬请对方光临。

（2）没有标点符号。一般的中文请柬行文不用标点符号。如果为国宾举行宴会，请柬上应印有国徽。较复杂的行文也可使用标点符号。

（3）文字措辞。请柬上的文字务必要简洁、清晰、准确，对时间、地点和人名等要反复核对，做到万无一失。措辞要典雅、亲切、得体。

邀请无论以何种形式发出，均应真心实意、热情真挚。邀请发出后，要及时与被邀者取得联系，以便做好客人赴宴的准备工作。

（三）宴请方接待礼仪

1. 宴请前，主动迎宾

宴会开始前，主人应站在大厅门口迎接客人，主动上前握手问好。

2. 引导入席

主人陪主宾进入宴会厅主桌，接待人员引导其他客人入席后，宴会即可开始。

3. 正式宴会前致辞、祝酒

正式宴会一般都有致辞和祝酒，我国习惯在开宴之前讲话、祝酒。在致辞时，全场人员要停止一切活动，聆听讲话，并响应致辞人的祝酒，在同桌之间相互碰杯。致辞完毕后，宴会正式开始。

4. 席间敬酒

在宴请场合，主人往往会向客人敬酒，宾客之间往往也互相敬酒。宴会上互相敬酒，其意在互致友谊、活跃气氛。

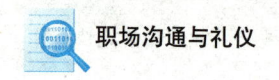

5. 席间热情交谈

用餐时，主人应努力使宴会气氛融洽，活泼有趣，要不时地寻找话题进行交谈。可以在宴会上交谈的话题很多，选择时应注意话题的大众性、趣味性和愉悦性，以调节宴会气氛，避免出现冷场。

6. 宴请结束后送别

客人用餐完毕，主人应把主宾送至门口，热情握别，感谢对方的光临。主宾离去时，按原迎宾人员顺序排列，与其他客人握手告别。

三、赴宴的礼仪

宾客参加宴会，无论是代表组织，还是以个人身份出席，从入宴到告辞都应注重礼节规范。这既是个人素质与修养的表现，又是对主人的尊重。

（一）认真准备

接到邀请后，应尽早答复对方能否出席，以便主人做出安排。一旦确定出席，就不要随意改动，遇到特殊情况不能出席，尤其是作为主宾，要尽早向主人解释、道歉，甚至亲自登门表达歉意。应邀出席一项活动之前，要核实宴请的主人、宴请目的、活动举办的时间地点、是否邀请配偶以及对服饰的要求。出席宴会，女士宜化妆，男士应梳理头发并剃须。衣着应整洁、大方、美观，给宴会增添隆重正式的氛围。如果参加家庭宴会，可以给女主人准备一份礼品，在宴会开始之前送给主人。礼品价值不需要很高，但要有意义。

（二）按时抵达

按时赴宴是最基本的礼貌。出席宴请活动，抵达的迟早、逗留时间的长短，在一定程度上反映了对主人的尊重程度，宾客应根据活动的性质和当地习俗把握好时间。迟到、早退、逗留时间过短，都会被视为失礼或有意冷落。身份高者可略晚些到达，一般客人宜略早到达。出席宴会要根据各地习惯正点或提前一两分钟抵达。出席酒会可以在请柬注明的时间内到达。抵达宴会活动地点后，宾客应先到衣帽间脱下大衣和帽子，然后前往迎宾处，主动向主人问候。如果是庆祝活动，应向主人表示祝贺。对在场其他客人，均应点头示意或互致问候。

（三）礼貌入座

宾客应邀出席宴会活动时，应听从主人的安排，在进入宴会厅之前先掌握自己的桌次和座位。入座时注意桌上的座席卡是否写有自己的名字，不可随意入座。如邻座是长者或女士，应主动协助，帮助他们先坐下。入座后坐姿要端正，双脚应踏在本人座位下，不可随意伸出，影响他人，也不可用手托腮或将双肘放在桌上。不可玩弄桌上的酒杯、碗盘、刀叉、筷子等餐具。

（四）注意交谈

坐定后，如已有茶，可慢慢饮用。无论是主人还是宾客或陪客，都应与同桌的人交谈，特别是左邻右座，不可只与熟人或一两个人交谈。若不相识，可自我介绍。谈话要掌握时机，要视交谈对象而定。不可只顾自己一人夸夸其谈，或谈一些荒诞离奇的事而引人不悦。

（五）文雅进餐

用餐时须温文尔雅、从容安静，不能急躁。在餐桌上不能只顾自己，也要关心别人，尤其要招呼两侧的女宾。口内有食物时，应避免说话。自用餐具不可伸入公用餐盘夹取菜肴。取菜舀汤，应使用公筷公匙。必须小口进食。送食物入口时，两肘应向内靠，不宜向两旁张开，以免碰及邻座。应用牙签剔牙，并以手或手帕遮掩。避免在餐桌上咳嗽、打喷嚏，如果忍不住，应说声"对不起"。喝酒宜随意，敬酒以礼到为止，切忌劝酒、猜拳、吆喝。如餐具坠地，可请侍者拾起。遇有意外，如不慎将酒、水、汤汁溅到他人衣服上，表示歉意即可，不必恐慌赔罪，反而使对方难为情。如系主人亲自烹调食物，勿忘给予主人赞赏。食毕，餐具务必摆放整齐，不可凌乱放置。餐巾亦应折好，放在桌上。

（六）学会祝酒

举杯祝酒时，主人和主宾先碰杯，人多时可以同时举杯示意，不一定碰杯。祝酒时不可交叉碰杯。在主人和主宾祝酒、致辞时应停止进餐、交谈。主人提议干杯的时候，所有人都要端起酒杯站起来，敬酒不一定要喝干，但即使平时滴酒不沾的人也要拿起酒杯抿一口，以示对主人的尊重。主人亲自敬酒干杯后，客人要回敬主人，回敬时要右手拿着杯子，左手托底，说一两句简单的祝酒词或劝酒词，碰杯时要注视对方，可以使自己的酒杯较低于对方酒杯，以示敬重友好。喝完后，还要手拿酒杯和对方对视一下，这一过程才算结束。如果和对象相距较远，可以以酒杯杯底轻碰桌面，表示碰杯。如不能喝酒，可以礼貌地声明，但不可以把杯子倒置。

（七）告辞致谢

宴会结束一般先由主人向主宾示意，请其做好离席准备，然后从座位上站起，这是请全体起立的信号。一般以女主人的行动为准，女主人先邀请女主宾离席退出宴会厅。告辞时应礼貌地向主人道谢。通常是男宾先向男主人告辞，女宾先向女主人告辞，然后交叉，再与其他人告辞。席间一般不应提前退席。若确实有事需提前退席，应向主人打招呼后轻轻离去。要对主人的宴请表示感谢，若为正式宴会，除了在宴会结束告辞时表示谢意，还可在2~3天内寄送或亲自送达印有"致谢"字样的名片或便函表示感谢。有时私人宴请也需致谢。

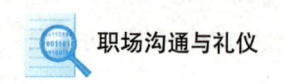

单元 7.2 遵循中餐礼仪规则

随着中西饮食文化的不断交流，中餐越来越受到外国人的喜爱。而看似最平常不过的中式餐饮，用餐时的礼仪却是有一番讲究的。

引例 7-2

文明宴请，以礼相待

一场商务晚宴在上海一家五星级酒店举行，目的是庆祝两家公司合作项目的成功启动。晚宴设有多桌，每桌10人，其中主桌特别装饰，用于接待双方最高管理层及重要嘉宾。

主桌位于宴会厅中央，正对着宴会厅入口，以彰显其重要性。主宾，即合作方的CEO，被安排坐在面对大门的正中位置，这是全场最为尊贵的座位。主人方的CEO则坐在主宾左侧，便于交流与照顾。其余座位按宾客的职务高低及与主办方的亲近程度依次排列，确保每个人都在适当的位置。每位宾客面前摆放着精美的餐具套装，包括筷子、汤匙、骨碟、茶杯等，整齐有序。

菜品按传统中餐的上菜顺序逐一呈现。主持人宣布晚宴开始后，主人方CEO首先致辞并举杯敬酒，全体起立响应，以"干杯"声表达庆祝和祝愿。宾客在进餐时，使用筷子轻巧地夹取食物，避免发出响声或溅出汤汁。在享用共享菜品时，大家遵循"公筷母匙"原则，使用特备的公用餐具为他人布菜，保持卫生。晚宴期间，宾客间通过轻松愉快的对话促进相互了解，谈论的话题多围绕合作项目、行业动态以及个人兴趣等。高层管理者在敬酒时，不仅向对方表达了合作的期待和信任，还亲自走到各桌与员工互动，营造了积极和谐的氛围。晚宴接近尾声时，主人再次致辞感谢各位嘉宾的光临，并邀请大家共同举杯，为未来合作的美好前景干杯。宾客们在离开前，逐一与主人及重要嘉宾告别，表达感谢与祝福。

【分析】案例全面展示了中餐礼仪中对座位的严谨安排、对餐具使用的规范、对进餐流程的尊重，以及人际交往中的礼节与互动，体现了中国传统文化中"以礼相待"的价值观。

一、座位排列

正式宴会上，通常会事先为客人安排好座次，以便赴宴者井然有序地入席，同时也显得礼貌。非正式的宴会不必提前安排座次，但就座通常也有尊卑之分。

中餐习惯于按职务和身份高低安排座席（如图7-1所示）。中餐座次遵循"面门定位"原则。安排座次可参考以下四个原则。

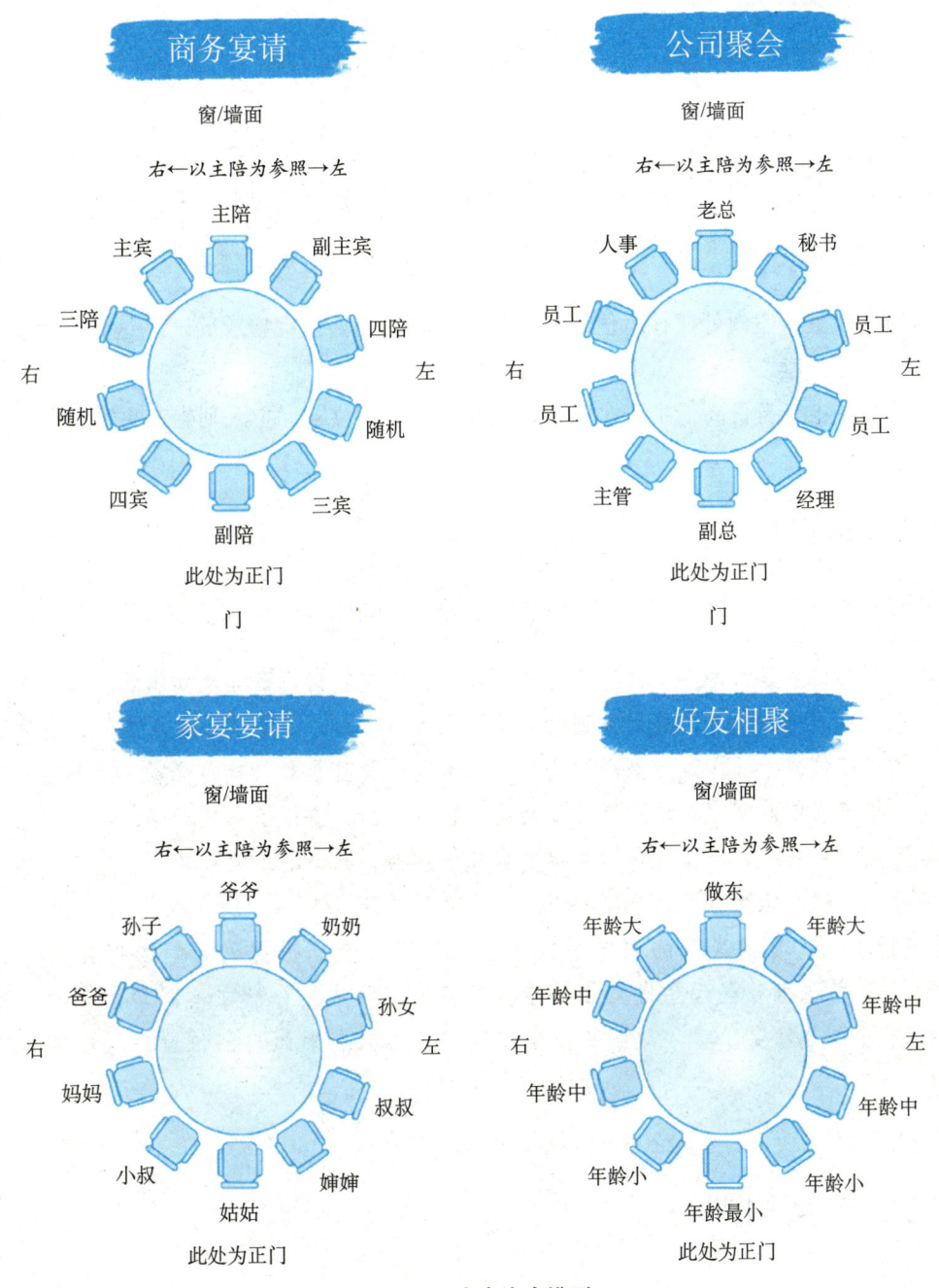

商务宴请

窗/墙面

右←以主陪为参照→左

主陪／主宾／副主宾／三陪／四陪／随机／随机／四宾／三宾／副陪

此处为正门

门

公司聚会

窗/墙面

右←以主陪为参照→左

老总／人事／秘书／员工／员工／员工／员工／主管／经理／副总

此处为正门

门

家宴宴请

窗/墙面

右←以主陪为参照→左

爷爷／孙子／奶奶／爸爸／孙女／妈妈／叔叔／小叔／婶婶／姑姑

此处为正门

好友相聚

窗/墙面

右←以主陪为参照→左

做东／年龄大／年龄大／年龄中／年龄中／年龄中／年龄中／年龄小／年龄小／年龄最小

此处为正门

图7-1　宴会座次排列

（一）右高左低

两人并排就座，通常以右为上座，以左为下座。在就餐过程中，居右座者要比居左座

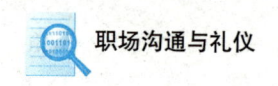

者优先受到照顾。

（二）中座为尊

三人并排就座用餐，坐在中间的人在位次上高于两侧的人。

（三）面门为上

用餐的时候，按照礼仪惯例，面对正门者是上座，背对正门者是下座。

（四）观景为佳

高档餐厅里，室内外往往有优美的景致或高雅的演出供用餐者欣赏。这时候观赏角度最好的座位是上座。

宴请时如主宾身份高于主人，可以请主宾坐在主人位置，主人则坐在主宾位置上。

礼仪案例 7-1

座次混乱，宴请失败

某初创公司创始人李总，为了获得首轮投资，决定宴请投资人及其团队。李总选择了本地一家小有名气的饭店，并提前到场等候。在宴请中李总没有安排座次规划，宾客到场后自行寻找座位，投资人最后到场被安排坐在远离李总且背对入口的位置。点菜时李总充分考虑了投资人以及同席人员的喜好和酒店的特色菜品，安排了一桌丰盛的菜肴。席间李总及其团队与投资人员交谈得很愉快，宴会气氛和谐。宴会结束后不久，李总收到投资人发来邮件，投资人拒绝为李总公司出资，李总感到莫名其妙。

【分析】此次宴请失败的主要原因是座次混乱，李总提前到场等候但并未进行座次规划，宾客到场后自行寻找座位，导致投资人团队成员分散在不同角落，缺乏整体感。投资人作为重要嘉宾，却被安排坐在远离李总且背对入口的位置，未能体现其尊贵地位。

二、点菜规则

如果时间允许，主人应等大多数客人到齐之后，将菜单供客人传阅、点菜。赴宴者不该在点菜时太过主动，而是要让主人点菜。如果对方盛情要求，可以点一个不太贵、又不是大家忌口的菜。记得征询一下桌上人的意见，特别是问一下"有没有哪些是不吃的？"或是"比较喜欢吃什么"。点菜后，可以请示"我点了菜，不知道是否合几位的口味""要不要再来点其他的什么"等，让其他客人感觉被照顾到了。

点菜时，一看人员组成。一般情况下，人均一菜是比较通用的规则，如果是男士较多的餐会可适当加量。二看菜肴组合。一般情况下，一桌菜最好有荤有素，有冷有热，尽量做到全面。如果桌上男士多，可多点些荤食，如果女士较多，则可多点几道清淡的素菜。需要注意的是，点菜时不应该问服务员菜肴的价格，或是讨价还价，这样会有损公司形象，而且客户也会觉得不自在。

标准的中餐，通常先上冷盘，接下来是热炒，随后是主菜，然后上点心和汤，如果感觉吃得有些腻，可以点一些餐后甜品，最后上果盘。优先考虑的菜肴是有中餐特色的菜肴。宴请外宾时，这一条更要重视，像炸春卷、煮元宵、蒸饺子、狮子头、宫保鸡丁等，因为具有鲜明的中国特色，所以受到很多外国人的推崇。有本地特色的菜肴，如西安的羊肉泡馍，湖南的毛家红烧肉，上海的红烧狮子头，北京的涮羊肉。宴请外地客人时，特色菜往往比千篇一律的生猛海鲜更受好评。本餐馆的特色菜。很多餐馆都有自己的特色菜，上一份本餐馆的特色菜，能说明主人的细心和对被请者的重视。

三、餐具使用

（一）主餐具

中餐的主餐具是指进餐时主要使用的、必不可少的餐具。通常中餐的主餐具有筷、匙、碗、盘等，我们在用餐时要注意其使用礼仪。

1. 筷子

在中国，筷子的使用是十分讲究的。筷子必须成双使用，握筷姿势应规范。需要使用其他餐具时，应先放下筷子。在长期的生活实践中，我们对筷子的使用也形成了一些礼仪要求：

（1）轻拿轻放。在餐前发放筷子时，应该先将手洗干净，然后将筷子一一理顺，轻轻放在每一位就餐者的餐位前，切不可随意扔掷。正规餐厅一般会对筷子消毒包装，如需为宾客打开，也最好净手后当客人面拆开，轻放于客人面前。

（2）正确摆放。用餐前，筷子通常应放在碗的旁边，不能放在碗上。筷子是成双成对的，摆放时应该放齐，不要一横一竖交叉摆放，也不要头尾颠倒。用餐时如果需要暂时离开，应将筷子轻轻放在碗旁边或筷托上，切不可插在饭碗里。

（3）用筷举止文明。筷子是就餐的工具，就餐时可以交谈，但千万不可拿筷子当道具，在餐桌上随意挥舞。请人用餐时，不要把筷子戳到别人面前。在夹菜时应注意避开别人的筷子，以免筷子"打架"。此外，吮吸筷、游动筷、牙签筷、窥探筷、叉子筷、鸡啄筷、汤洗筷等都是不合适的行为，应尽量避免。

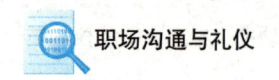

2. 匙

匙又叫勺子，中餐里勺子的主要作用是舀取菜肴。在用筷子取食的时候，也可以使用勺子来辅助取食，但是尽量不要单独使用勺子去取菜。在用勺子取食物时，不要舀取过满，以免溢出弄脏餐桌或衣服。在舀取食物后，可在原处暂停片刻，等汤汁不会再往下流时再移到面前享用。用餐期间，暂时不用勺子时，应把勺子放在自己身前的碟子上，不要把勺子直接放在餐桌上，或让勺子在食物中"立正"。用勺子取完食物后，要立即食用或是把食物放在自己碟子里，不要再把食物倒回原处。若是取用的食物太烫，不可用勺子反复舀动，也不要用嘴对着勺子吹，应先把食物放到自己碗里晾凉后再食用。还需注意不要把勺子塞到嘴里，或是反复舔食吮吸。

3. 碗

碗在中餐里的作用主要是盛放主食、羹汤。在正式场合用餐时，用碗应该注意以下几点：不要用双手端起碗来进食；食用碗内盛放着食物时，应用筷、匙辅助进餐，切勿直接用手取用或不用任何餐具直接用嘴吸食；碗内若有食物剩余时，不可将其直接倒入口中，也不能把舌头伸进去乱舔；暂且不用的碗不宜乱放杂物；不能将碗倒扣放在餐桌上。

4. 盘

中餐的盘子有很多种，稍小点的盘子叫碟子，主要用于盛放食物，使用方面和碗大致相同。用餐时，盘子在餐桌上一般要保持原位，且不要堆在一起。需要重点介绍的是一种用途比较特殊的盘子——食碟。食碟在中餐里的主要作用是用于暂放从公用的菜盘中取来的菜肴。使用食碟时，一般不要取放过多的菜肴在食碟里，那样看起来既烦乱不堪，又给人以贪婪之感，十分不雅。不吃的食物残渣、骨头、鱼刺等不要吐在饭桌上，而应轻轻取放在食碟的前端，取放时不要直接吐到食碟上，而要使用筷子夹取放到碟子前端。如果食碟放满了，可示意服务员更换食碟。

（二）辅餐具

中餐的辅餐具，指的是进餐时可有可无的餐具，它们在用餐时发挥辅助作用。最常见的中餐辅餐具有水杯、湿巾、水盂、牙签等，在就餐时不可忽视其使用礼仪。

1. 水杯

中餐所有的水杯主要用来盛放清水、茶水、汽水、果汁等饮料。需要注意的是：不要用水杯去盛酒，不要倒扣水杯，喝入口中的东西不能再吐回水杯中。

2. 湿巾

在中餐用餐前，较高档的酒店往往会为每一位用餐者提供一块湿毛巾。但它只能用来擦手，不能用来擦脸、擦嘴、擦汗。擦手之后应放回原处，由侍者取回。有时在正式宴会结束前，会再提供一块湿毛巾。这时它只能用来擦嘴和手，仍不能用来擦脸或擦汗。

3. 水盂

比较正式的中餐宴会中,就餐者有时需要手持食物进食。侍者会送上一个小水盂(铜盆、瓷盆或水晶玻璃缸),水上漂有玫瑰花瓣或柠檬片,供洗手用。水盂里面的水只能用来洗手。在水盂里洗手时,不要乱甩、乱抖。得体的做法是两手轮流沾湿指尖,然后轻轻浸入水中清洗。洗毕,应将手置于餐桌之下,用纸巾擦干。

4. 牙签

牙签主要用于剔牙。用餐时尽量不要当众剔牙。只要时间允许,尽量走进洗手间清理并整理仪容。如实在不得已要当众剔牙,应以餐巾或另一只手掩住口部,注意幅度不宜过大,以免出现不雅表情。剔出来的东西,不要乱吐乱弹,应用餐巾纸包裹并丢弃。剔牙后不可长时间叼着牙签,更不可用来扎取食物。

四、中餐习俗与禁忌

每个国家和地区的餐饮都有其独特的习俗和禁忌,这些习俗和禁忌往往根植于当地的地理环境、历史传统、宗教信仰、社会结构以及民族个性等多个方面,中餐也不例外。

(一)姿态

举止端庄得体,无论站姿、坐姿都要端正。入座后脚不可随意前伸,不宜跷二郎腿晃来晃去,更不可悄悄脱鞋。手臂不宜搭在邻座椅背上,切忌用手指或刀叉指指点点。用餐时不要摇头晃脑,宽衣解带。

(二)言行

用餐时不要当众梳头、化妆、补妆、脱袜、脱鞋等。尽量不要离开座位随意走动。如果确实有事须离开,应先和旁边人打招呼,可以说"失陪了""我有事先行一步"等。

(三)上菜

如果是两桌及两桌以上的宴席,应先上主桌。上菜时要把新上菜品摆在桌子中间或主宾前面。鸡、鸭、鱼等有头有尾的菜肴或椭圆形菜盘,头部一端或椭圆形菜盘的纵向一边应朝向主位。

(四)劝菜

用餐时可向来宾介绍菜品特色并请来宾多多取用,不宜擅自做主为他人夹菜。如果主人积极主动给来宾夹菜,宾客应先表示感谢,再根据自己的喜好取用。

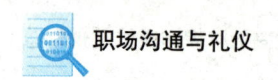

（五）夹菜

夹菜的时候不要左顾右盼，翻来翻去，在菜盘中挑挑拣拣，更不能夹出来又放回去。用餐时注意相互礼让，依次取用，够不到的菜可以等菜品转到自己面前再取用，或请人帮忙夹取，不要起身甚至离座取用。

夹菜时如果不慎将酒水、汤汁溅到他人衣物上，要立即表示歉意，用干净的纸巾或湿巾请对方擦拭，不必表现得过于慌乱。

（六）敬酒

敬酒时应当按照身份、地位由高向低，或者按座位顺序依次进行。碰杯时，主人与主宾先碰，人数较多时可同时举杯，无须一一碰杯。身份、地位低的人举杯高度应低于身份、地位高的人。主人说祝酒词时不要饮酒或进餐；敬酒饮酒应适度，不宜硬劝或强灌。

（七）交谈

边吃边谈是宴会的主要形式，应当主动与同桌人交谈，适当照顾在座其他人的感受，尽量避免只与自己熟悉的人交谈。说话声音不能太大，也不宜窃窃私语。说话时不宜进食，或边进食边讲话，要将食物咽下后再说话。尽量选择轻松愉快的交谈话题，与人交谈时应暂时放下筷子，不要挥舞筷子或用筷子指向他人。

（八）退席

用餐完毕，主人示意宴会结束后客人方可离席。离席间客人应向主人道谢、告别，并与其他宾客道别。若有事需提前离开，应向主人说明情况并向同席客人道歉。

（九）宗教禁忌

点菜或为他人夹菜时应注意宗教禁忌，具体禁忌事项可以向专业人士咨询，提前掌握。

（十）健康禁忌

点餐应考虑到是否有客人存在特定的饮食限制或健康禁忌。例如，胃肠疾病患者不宜食用甲鱼；高血压、高胆固醇患者应限制鸡汤等高脂肪、高胆固醇食物的摄入；有人由于过敏、不耐受等，不能食用如辛辣、海鲜、乳制品等食物。

（十一）搭配禁忌

在中国传统饮食观念中，有些食物被认为相互之间存在"相克"关系。例如，螃蟹与柿子同食可能导致消化不良等。尽管现代营养学对食物相克的说法存有争议，但在某些地区和人群中，此类禁忌依然被遵守。

（十二）野味禁忌

出于食品安全和生态保护考虑，避免食用野生动植物，特别是未经检验检疫的野味，它们可能携带未知病原体或有毒物质。

五、提倡合理饮食

（一）倡导营养均衡饮食

合理营养是指人体每天从食物中摄入的能量和各种营养素的数量及相互比例能满足不同生理阶段、不同劳动环境和劳动强度下的需求，并使机体处于良好的健康状态。科学文明的饮食习惯是保障营养健康的基础。倡导营养均衡、科学文明的饮食习惯，要做到以下几点：一是食物多样、种类齐全、比例合适；二是合理安排一日三餐，不暴饮暴食；三是保证食物安全、卫生，按需选购，关注食品标签；四是选择适宜的烹调方式，少油、少盐、控糖；五是节约粮食，传承优良饮食文化，杜绝浪费。

（二）做好营养搭配

做好营养搭配，要做到以下几点：一是粗细搭配，主食应当注意增加全谷物和杂豆类食物。谷类和豆类食物建议搭配食用，两者蛋白质互补，可以提高人体对蛋白质的利用率。二是荤素搭配，动物性食物和植物性食物搭配烹调可以改善菜肴的色、香、味，同时提供各类营养成分。三是色彩搭配，食物呈现的多种颜色能给人带来视觉上美的享受，刺激食欲，同时五颜六色也代表了不同营养素、不同植物化学物的特点。

（三）合理按需点餐

点餐前应综合考虑就餐人数、个人食物喜好、不同年龄和身体状况等因素，按需点餐，控制总量。

（四）选取小分量食物

小分量食物是实现食物多样化和减少浪费的良好措施。同等能量的一份午餐，选用小分量可增加食物种类、丰富营养来源。一次烹饪的食物不宜太多，应当根据就餐成员的数量和食量合理安排，将各种食物合理分配在三餐的食谱当中。在外就餐时提倡点小份菜、半份菜，理性点餐、适量点餐，不铺张浪费，拒绝野味。剩余打包，吃好不过量，推行"光盘行动"。自助餐消费时宜少量多次取用，避免因一次性取用过多，食用不完而造成浪费。

餐饮单位应自觉履行社会责任，主动引导消费者合理、适量点餐，推行小份菜、半份

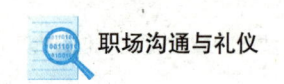

菜、套餐。分餐是选择小分量食物的有效途径，按需分配，定量摄取，可以保障食不过量、食物多样，避免浪费；有益于合理膳食、均衡营养；减少交叉感染，减少食源性疾病和传染性疾病的发生。

点餐小妙招

节约粮食，不负好"食"光

珍惜粮食，节约光荣！一粥一饭，当思来之不易；半丝半缕，恒念物力维艰。中华民族自古崇尚勤俭节约，坚决抵制粮食浪费，让我们成为节约粮食的践行者吧！

在我国，大型聚会食物浪费率达38%，学生盒饭有1/3都会被扔掉；我国餐饮业人均食物浪费量为每人每餐93克，浪费率为11.7%；据统计，我国每年被损耗和浪费的粮食约3500万吨，接近于中国粮食总产量的6%；全球每年约有1/3粮食被损耗和浪费，总量约为每年13亿吨，造成高达7500亿美元的直接经济损失。

爱粮节粮，勤俭节约，制止粮食浪费行为，培养节约习惯，节粮小妙招一起来学习吧！

小妙招1：食堂就餐应按需取食，避免取食过多而剩余。
小妙招2：聚会点餐拒绝攀比，采用"N-1点餐制"，减量又减负。
小妙招3：在外就餐倡导"光盘行动"，如有剩余可打包随行。
小妙招4：点餐可点小份菜，半份菜，单人套餐也是不错的选择哦。
小妙招5：养成健康的用餐习惯，不偏食、不挑食。
小妙招6：积极宣传节约粮食理念，同身边人一起养成爱惜粮食的好习惯。

让我们行动起来，争当抵制粮食浪费的践行者、文明健康用餐的倡导者！珍爱每一粒粮食，不负好"食"光！

知识广角

你是否知道一次性餐具带来的危害

在享受便利的同时，你是否知道这不起眼的一次性餐具会对我们的自然环境和身体健康造成什么样的影响？

一次性餐具主要包括一次性使用的餐盒、筷子、吸管、勺、杯等。据统计，2017年国内三大网络外卖平台的日订单量约2000万单，而一个订单至少含有两个餐盒，按照每个餐盒6厘米的高度计算，每天所用的餐盒累积起来，足够从地球到国际空间站转3个半来回。

大量使用一次性餐具，其危害是显而易见的。许多一次性餐具因难以降解，给垃圾的处理带来困难。堆放在农田里的塑料垃圾会使土壤环境恶化，严重影响农作物的生长。若牲畜不小心吃了塑料垃圾，也会引发疾病，甚至死亡。此外，世界环境日网站也曾发文表示：每年约有800万吨塑料垃圾进入海洋，相当于每分钟就有一整辆卡车的垃圾投入大海，其中很多都是一次性餐具，导致每年至少10亿个海洋生物因塑料垃圾而失去生命。2019年3月，在菲律宾达沃市东海岸，人们在解剖一只死亡的柯氏喙鲸时，竟在它的胃里发现了近80斤塑料垃圾！

填埋作业是我国处理城市垃圾的一个主要方法，由于塑料垃圾密度小、体积大，很快就能填满场地，占用了大量空间；且填埋后的场地地基松软，垃圾中的细菌、病毒等有害物质很容易渗入地下，污染地下水，危及周围环境。同时塑料垃圾在运输和露天堆放的过程中，其中有机物会分解并发出恶臭，向空气中释放大量的氨、硫化物、有机挥发气体等污染物。这些释放物中含有许多致癌物、致畸物。若将废弃塑料直接焚烧处理，不但会产生大量黑烟，还会产生二噁英，它的毒性是氰化物130倍、砒霜900倍，有"世纪之毒"之称。

一次性餐具不仅危害着我们赖以生存的生态环境，更危害着人类自身。在大众的认知里，一次性餐具往往比消毒餐具更加干净、卫生，然而事实并非如此。即便是正规生产的一次性餐具，也往往含有填料、增塑剂、润滑剂、稳定剂、着色剂等化学成分。一些黑心厂家为降低成本、谋求利益，从各处低价收购，甚至从垃圾堆中挑出一次性餐具，先用氢氧化钠洗掉油污，再通过烟熏消毒去除霉点，接着用工业过氧化氢漂白，晾晒烘干后卖出。这样的方式生产出来的一次性餐具，对人体的伤害可想而知。

为了解决使用一次性餐具造成的种种问题，社会各界不断呼吁民众减少使用一次性餐具，尤其是不可降解的一次性餐具。近年来，国家和地方也陆续出台相关法律政策，抑制"塑料盛行"的态势：上海、北京等地禁止外卖商家主动向消费者提供一次性餐具；一些大规模的餐饮企业也自觉承担起节能环保的责任，如麦当劳、星巴克等不再提供塑料吸管，而采用免吸管杯盖或提供可降解材料制成的环保吸管。

在塑料盛行的今天，减少其使用量并不是一件简单的事情，它需要政府、企业、市民三者形成合力，共同努力、自觉行动，才能取得良好效果。作为消费者，尽量自带餐具，自觉减少一次性餐具的使用量，让我们一起用实际行动为保护环境贡献力量！

礼仪案例 7-2

一场堪称完美的宴请

某大型跨国企业中国区 CEO 王总，计划宴请来自美国的合作伙伴代表团，包括公司 CEO、高级管理人员及技术专家，目的是庆祝双方达成重要合作协议，并进一步深化合作关系。王总提前一周向美国代表团发出正式邀请函，详细注明宴会时间、地点、着装要求，并提前收集宾客的饮食偏好、过敏情况及特殊需求，同时与餐厅协调定制符合各方口味的菜单，确保菜品既体现中餐特色又满足国际口味。

宴请前一天，王总亲自制定座次表，制作精美的席位卡，写明宾客姓名并摆放于餐桌上，便于宾客快速找到自己的位置，确保美国公司 CEO 坐在面门方向、王总右侧的主宾位置。其他代表团成员按职务高低及与王总的亲近程度依次安排，确保每个人都感受到尊重。

宴请当天，王总提前到达餐厅，在门口迎接美国代表团，并一一握手致意，对他们的到来表示热烈欢迎。在用餐开始前，王总发表简短致辞，回顾双方合作历程，对达成的重要协议表示祝贺，对未来合作前景寄予厚望，并提议举杯共祝友谊长存与合作成功。在用餐过程中，王总向初次接触中餐的宾客介绍中餐餐具使用方法，如如何使用筷子、如何搭配调料等，确保宾客能舒适地享用中餐。王总适时引导话题，既围绕合作项目深入交流，也分享中国的历史文化、风土人情，增进双方团队的了解与友谊。

宴会临近结束时，王总代表公司赠送给每位美国代表团成员一份具有中国特色的礼品作为友谊的象征和访问中国的纪念。宴会结束后，王总逐一与美国代表团成员握手道别，再次感谢他们的到来，并期待下次见面。

【分析】在这个案例中，王总以专业的商务礼仪和深厚的中餐文化知识，成功地举办了一场既体现中餐特色又符合国际商务标准的宴请活动。从前期策划到现场执行，每个环节都充分考虑了宾客的需求和感受，营造出和谐、愉快的用餐氛围，有效促进了双方的合作关系。这是一场堪称完美的中餐宴请。

单元 7.3　熟知西餐礼仪流程

引例 7-3

要优雅不要"摆烂"

"夫礼之初，始诸饮食。"饮食中的每一个行为举动都蕴藏着一个地方的礼仪文化。尽管存在文化差异，但就人们在餐桌上的行为方式而言，世界各地已达成广泛共识。西方的饮食礼仪更加注重细节。在西餐礼仪中，正确的刀叉使用方法及摆放方式极为重要，不当地使用或摆放可能会导致误解，甚至影响用餐体验。

一位顾客在西餐厅就餐时，左手拿刀，右手拿叉子，用叉子插起整整一大块肉直接吃。暂时离席时，无意中将刀叉竖直摆放在盘子上，导致服务员解读为用餐结束而将餐桌清理干净。然而，顾客实际上并未完成用餐。

【分析】西餐餐具的使用应该是右手拿刀，左手拿叉子。不鼓励一次性切整整一大块肉。相反，应该切下一小块，然后在切下另一块之前将其吃掉。如果将刀叉竖直放在盘中，通常被视为用餐完成的信号，从而导致食物收走。

西餐一般以刀叉为餐具，以面包为主食，多以长形桌台为餐桌。西餐的主要特点是主料突出，形色美观，口味鲜美，营养丰富，供应方便等。正规西菜应包括餐汤、前菜、主菜、餐后甜品及饮品。西餐大致可分为法式、英式、意式、俄式、美式、地中海等多种不同风格的菜肴。

一、餐前预约

餐前预约是西方餐饮文化中的一项重要习俗，特别是在高档餐厅或特殊场合下，预约不仅是为了确保餐厅在期望的时间内提供座位，更是为了确保餐厅能够提供高质量的服务和舒适的用餐体验。

预约时应明确告知期望的用餐时间、用餐人数（包括儿童人数，有些餐厅对儿童有特殊政策）、特殊需求（如特殊场合布置、特殊座位要求、食物过敏或偏好等）、座位偏好（如靠窗、安静角落、私人包间等），以便餐厅提前做好准备。

就餐时要在预定时间到达，这是基本的礼貌。

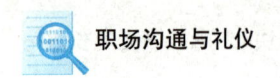

二、座次安排

西餐座次安排一般遵循以下原则：
（1）女士优先。在排定西餐座次时，主位请女主人就座，而男主人位居第二位。
（2）以右为尊。在排定座次时以右为尊。
（3）面门为上。面对正门者为上座，背对正门者为下座。
（4）交叉排列。男女交叉排列，陌生人与熟识者交叉排列。
注意：西餐一般都使用长桌。每个人入座或离座，均应从座椅的左侧进出。

三、上菜次序

（一）前菜

前菜又称头盘、开胃菜或餐前小食，有冷头盘和热头盘之分，但冷头盘较为多见。前菜分量少，质量较高，开胃爽口，味道以咸和酸为主，容易刺激味蕾，增加食欲。常见的前菜有奶油鸡酥盒、鹅肝酱、鱼子酱等。

（二）餐汤

西餐的汤通常分为清汤、蔬菜汤、奶油汤和冷汤四种，各具风味。西餐汤讲究原汤、原色、原味，一般搭配面包食用。常见的西餐汤有意式蔬菜汤、法式葱头汤、俄式罗宋汤等。

（三）副菜

副菜包括水产类、蛋类、面包类和酥盒类菜肴。鱼类、贝类及软体动物肉质鲜嫩，比较容易消化，通常在肉类菜肴前面上桌，作为西餐的第三道菜。常见的副菜有香煎鳕鱼、蔬菜焗青口、烤三文鱼等。

（四）主菜

肉禽类菜肴是西餐的第四道菜，也称为主菜。肉类菜肴的原料是取自牛、羊、猪等各个部位的肉，其中最具代表性的是牛肉和羊排。禽类菜肴的原料取自鸡、鸭、鹅以及兔、鹿等野味，其中最经典的当数香醇嫩滑的法式鹅肝。

（五）沙拉

蔬菜类菜肴一般安排在肉类菜肴之后，也可以和肉类菜肴同时上桌。蔬菜类菜肴在西餐中称为沙拉。与主菜同时上桌的沙拉，称为生蔬菜沙拉，通常用生菜、芦笋、西红柿、黄瓜等制作。此外，还有煮菠菜、炸土豆条等熟蔬菜沙拉。

（六）甜品

西餐的甜品安排在主菜后食用，可以作为第六道菜。从真正意义上讲，它包括主菜后的所有食物，如水果、奶酪、布丁、冰激凌等。西餐甜品大致分为软点、干点和湿点三种。软点多数为热食，如煎饼、烤饼、松饼等。干点都是冷食，如黄油蛋糕、水果派等，湿点包括各种果冻、冰激凌、舒芙蕾等。

（七）酒水

西餐中只敬酒，不劝酒。敬酒时，要右手持杯、左手托底，杯口与眼睛持平，碰杯要轻；喝完后再次举杯以示回应。红酒一般不一次喝完，除非量少时；西餐中，祝酒干杯只用香槟。

（八）咖啡和茶

咖啡和茶一般用于消食，两者只可点一样。喝咖啡时，用食指和拇指将咖啡杯端起来喝，不须端起咖啡底盘，勿用咖啡匙舀起咖啡。

知识广角

西餐小 tips

tips 1: 什么是西餐？

1.西餐与中餐有区别：

首先菜肴不同，用餐工具不同，用餐的方式就会不同。从外观来讲，西餐桌子一般是长方形，而中餐桌子是圆形。

2.西餐正餐和便餐有区别：

一般中午就是便餐，如汉堡、三明治一类的食物，而晚上才会是正餐。一般西餐用餐时长是2.5~3个小时，正式的西餐场合用餐时长为3个小时。

tips 2: 穿着重要，举止更重要

出席正餐场合时，男士要着正装，穿皮鞋，忌穿T恤、休闲装和短裤。黑皮鞋要穿深色的袜子；女士要穿裙装不能穿裤装，女士不要穿漏脚趾和脚跟的鞋子。饰品切忌珠光宝气，只需得体，一般要求同质同色。

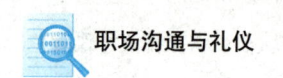

tips 3: 用餐时你要知道的"信号"

1. 女主人把餐巾铺好，说明就餐开始了，否则不可动手先吃。

2. 客人在中途离场时，要跟女主人打招呼并和自己身旁的两位点头示意。吃主餐牛排的时候不能离场。离开时可以把刀叉放在盘子里呈八字形。

3. 女主人把餐巾放下，意味着用餐结束。这时应该将刀叉平行摆放，或者四点对十点的摆放。

4. 当我们需要服务时，可用眼神示意或者挥手请服务生来服务。大多数西餐厅的服务生会注意客人的一举一动。

tips 4: 餐巾不仅仅是擦嘴的一块布

餐巾不要围脖子上、腰上，更不要打结。餐巾需要对折或呈三角形叠放，叠三角形时要让三角巾长的一角落在下面，以防三角巾从腿部滑落。

餐巾的用法：

1. 防止食物滴落。

2. 和旁边人说话之前，用餐巾内侧按压式擦嘴，防止有食物残渣遗留在嘴边。

3. 用餐巾纸擦口红，不要用餐巾。

4. 打喷嚏时，可以用来遮羞，但切忌用来擦汗。

5. 中途暂时离开时，把餐巾放椅子或椅背上；用餐结束，使用过的面朝下放置。

tips 5: 吃汤这件小事

1. 汤汁占汤匙的2/3，可以避免沾到口部。

2. 舀汤的时候是从内到外，目的是避免汤汁滴到衣服上。

3. 不要把盘子端起来，可以把碟子倾斜。

4. 用餐完毕，勺子要横着放，不能竖着或者立着。

四、餐具使用

餐具的种类和数量，一般会根据用餐的正式程度而定。越正式的餐会刀叉盘碟摆放得越多，但最多不超过三副。三道菜以上的套餐，会在摆放的刀叉用完后，随上菜再放置新的刀叉。

（一）餐具使用规则

餐盘居中，通常除勺子外，刀叉都会左右成对地摆放在餐盘两侧，刀子和勺子置于餐盘右边，叉子置于左边。

刀叉由外向里依次摆放，也是从外侧向里侧按顺序成对使用。用右手拿刀或勺，左手拿叉，每吃一道菜更换一对刀叉。杯子用右手来端。

用餐时，除了杯子，不可以端起其他食器，也不能移动或转动食器位置。用餐时改变的不是食器方向，而是刀叉的使用方向。

刀叉有不同规格，按照不同尺寸其用途也有区别。假如用餐时三种不同规格的刀同时出现，正确用法是：带锯齿的大刀用来切肉制食品；中等大小的用来切分蔬菜类；而小巧的圆头小刀，则用来切奶油。

勺子在正式场合下有多种，小的用于咖啡和甜点；扁平的用于涂黄油和分食蛋糕；比较大的用来喝汤或盛碎小食物；最大的是公用于分食汤的，常见于自助餐。

右手拿刀把肉切开，左手拿叉，叉尖朝下，扎起来送入口中。如果是烧烂的蔬菜，就用餐刀把菜拨到餐叉上，送入口中。

手里拿着刀叉时切勿指手画脚。发言或交谈时，应先将刀叉置于盘上才合乎礼仪。

如果刀叉掉到地上，或不小心用错了刀叉，可以向餐厅侍者道歉后，请他拿新的更换。整个用餐过程中，平衡使用餐桌上所有的刀叉，才为不失得体的表现。

叉子和勺子可入口，但刀不能放入口中，不管上面是否有食物。除了礼节上的要求，刀入口也是非常危险的。

用餐时刀叉的不同摆放位置，代表了不同的意义（如图 7-2 所示）。

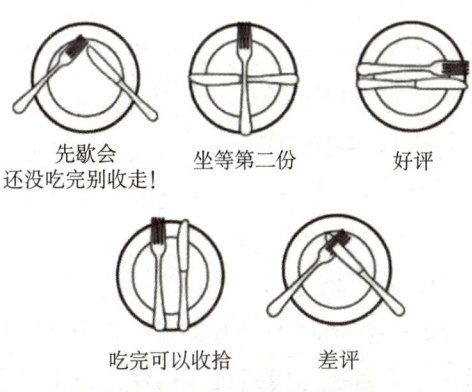

图 7-2　餐具摆放示意图

（二）餐巾的使用

餐巾在餐厅与客人的交流中起着重要作用。当你把餐巾展开放于膝上时，表示已经准备好用餐了。

放置的时候将餐巾对折，平铺于双腿膝盖以上，将闭合的一侧靠近身体。切忌塞入领口或铺于餐桌之上。

可以使用餐巾擦拭的只有嘴角和手指，不能擦刀叉或其他污渍。需要擦拭时应使用餐巾内侧，这样可以把脏掉之处得体地隐藏起来。

进餐途中如果有事离开，餐巾应略折后放在座椅椅面，表示临时离开还要回来。餐巾

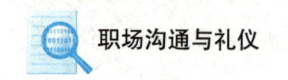

轻折后置于桌上，则是结束就餐的信号。

如果与人交谈，用餐巾先略沾嘴后再开口，会比较得体。

五、西餐习俗

所有西餐食物都是按照从左下方到右上方的方向来食用的。嚼东西时嘴要闭紧，只要嘴里有食物，绝不能开口说话。

（一）面包

西餐厅一般都会有餐前面包。如果侍者端来面包篮，可以选择喜欢的让侍者放入你的面包碟中。如果餐厅将准备好的面包放在餐桌上，可用刀切一部分放入盘中。一般食用面包时都会搭配共用的黄油，取用时需要考虑到别人。用公用黄油刀从边上切取合适的量，置于自己的面包碟上。食用时用手将面包撕成适口的小块，然后将少量黄油涂抹至面包表面，随涂随吃。

（二）前菜

前菜常用中小型盘子或冰激凌杯盛装，色彩鲜艳、装饰美观。如果同时上了几种前菜，须按照顺时针方向，从左手边开始食用。在食用生火腿等较薄的食物时，可以先利用刀叉将其折叠起来，这样会更容易用叉子叉起。

（三）蔬菜

蔬菜的形态和口感千差万别，因此食用时要尊重其中每种蔬菜的个性，灵活地运用刀叉的不同功能。食用生菜等叶类蔬菜时先用刀将其折叠一下，再用叉子送入口中会比较容易。面对樱桃番茄等球状蔬菜需要先用刀将其抵住，再用叉子缓缓斜插进去，防止其滚动。水芹等比较细的蔬菜要先垂直地将其整束切断，再用刀将其归拢后轻轻压住，一次叉起一小束。豆类等体积小又易滚动的蔬菜可以用叉子的凹面将其盛起，像勺子一样使用。

（四）汤

汤一般用汤盘或汤碗盛放。饮用时勺子横拿，从后往前舀为英国式，从前往后舀为法国式，两种方式均可。

如果汤略烫，可以让其自然冷却后再食用，不要用嘴吹。舀汤时轻轻贴着表面，将汤匙底部平放在下唇位置缓缓送入口中。尽量避免汤汁泼洒在汤盘外。碗中汤量逐渐变少时，不能为了容易将汤舀起，而将容器倾斜。

（五）肉类

法国料理中所使用的肉有牛、猪、羊、鸡、鸭等，种类相当多，依调理方式分为烧、烤、蒸、煮等。食用整块肉排时，左手执叉将肉叉住，再用刀沿着叉子右侧将肉切开，切开刚好一口大小的肉，然后用叉子叉住送入口中。

食用骨肋排或羊排时，可以顺着骨头的纹理将肉切下。如果排骨上有纸袖可用手抓住，这样切骨上的肉，不会使手油腻。食用禽类时，先把翅膀和腿切下，用刀叉从连结处分开，左手用叉稳住后，用刀把肉切成适当大小的片，每次只切两三片。然后借助刀和叉来吃身体部分。食用鱼类时，鱼肉极嫩易碎，因此餐厅常备专用汤匙，稍大且平，不但有助于切分菜肴，还能将菜和调味汁一起舀起来吃。如果是有刺的鱼肉，可以首先在鱼鳃附近刺一条线，刀尖刺入一半即可。将鱼的上半身挑开后，从头开始将刀叉在鱼骨下方往鱼尾方向划开，把鱼骨剔掉并挪至盘子一角，再把鱼尾切掉，随吃随切。吃鱼时不要将鱼翻身，要吃完上层后用刀叉将鱼骨剔掉，再吃下层的肉。如果是食用龙虾等有壳海鲜，可以左手用叉压住，右手用刀切下脱壳后，用叉送入口中。

（六）意面

意面的种类很多，有细面、宽面、通心面和笔尖面等。长条形意面的食用方法是将叉子垂直立于盘中，卷起离手边最近的几根面条，将约一口的量送入口中；食用粗短型意面时，先将酱汁拌匀后，用叉子将面盛起来。食用扁而宽的千层面时，则用刀切下适口的量，用叉食用。注意随吃的节奏将面与酱慢慢混合。

（七）奶酪

奶酪作为甜点的开始，通常由侍者推着餐车供客人挑选。可以根据自己的喜好，选择合适的种类和数量，配上餐后酒味道会很好。食用时使用侍者送上的刀叉。

（八）甜点

甜点会搭配专门的甜品勺或小刀。例如，冰激凌或布丁等，可以从离手边最近的位置开始沿着杯子内壁舀，保持杯子内的状态；蛋糕则从一侧开始食用，每次用叉子尖端叉下一口的量，吃到最后蛋糕也不会倒。

（九）葡萄酒

葡萄酒可以按杯点，也可以按瓶点。西餐配酒多为葡萄酒，一般顺序是：搭配菜肴的先后顺序，先喝清淡的酒，后喝浓郁的酒；同时，会根据不同种类搭配相应的高脚杯。侍者会把点过的酒拿来确认后，倒一些在酒杯里，请客人试饮。一般试饮顺序是先看再闻后品尝。试饮与酒是否好喝无关，所以只要确定品质没问题，略点头，侍酒师自然明白。正确的高脚杯握杯姿势是用三根手指轻握杯脚。这样是为了避免手温使酒温增高，影响品质。品酒时倾斜酒杯，搭配食物小口啜饮。用餐期间可轻轻摇动酒杯，让酒与空气充分接触，以增加酒味的醇香，很多特殊年份的品质好酒，都需要这个过程才能让滋味充分发挥，达到最佳状态。

知识广角

西餐牛排到底有哪几分熟呢

西餐中牛排熟度划分基本都是奇数，牛排的生熟程度一般分5种：1分熟、3分熟、5分熟、7分熟和全熟。

（1）1分熟：rare

接近全生，烹饪时只是烧烤到了肉的表面，其余部分全部是生牛肉，可以说跟生牛肉区别不大。

（2）3分熟：medium rare

比1分熟的血水略少，但血水还是非常明显的，表层与底部呈现浅褐色。

（3）5分熟：medium

中等熟度，此时牛排表层与底部是全熟的，但中间部分有一半是粉红色的生肉，有肉汁，有少许血水。

（4）7分熟：medium well

牛排大部分已经熟透，只有中间一条粉色的血线，血水几近全无，但有肉汁。

（5）全熟：well done

牛排接近全熟，没有血水，但也没有肉汁。

模块小结

要点	内容
了解宴请礼仪	1. 宴请礼仪既源自古老的祭祀传统，又根植于社会交际需求，同时受到社会等级制度的塑造以及跨文化交流的影响。这些因素共同作用，使得宴请不仅是一种饮食行为，更成为一种富含文化内涵与社会功能的交际艺术。 2. 常见的宴请类型从规格上分，有国宴、正式宴会、便宴、家宴等；从餐别上分，有中餐宴会和西餐宴会；从时间上分，有早宴、午宴和晚宴；按性质分，有鸡尾酒会、冷餐酒会、茶会和工作餐等。 3. 宴请方宴请礼仪包括宴请方筹备工作、邀请嘉宾和宴请方接待礼仪。 4. 赴宴礼仪要认真准备、按时抵达、礼貌入座、注意交谈、文雅进餐、学会祝酒和告辞致谢

续表

要点	内容
遵循中餐礼仪规则	1. 座位排序：中餐习惯于按职务和身份高低安排座席，中餐安排座次可参考右高左低、中座为尊、面门为上、观景为佳的原则。 2. 上菜顺序：冷盘、热炒、主菜、点心和汤、果盘。 3. 餐具使用：中餐的主餐具有筷、匙、碗、盘等，辅餐具有水杯、湿巾、水盂、牙签等。 4. 中餐习俗与禁忌：举止端庄，言行得体，上菜、劝菜、夹菜、敬酒应掌握分寸，交谈适度，适时退席，关注宗教禁忌、健康禁忌、搭配禁忌和野味禁忌。 5. 提倡合理饮食：倡导营养均衡饮食、做好营养搭配、合理按需点餐、选取小分量食物、拒绝食物浪费，减少一次性餐具的使用
熟知西餐礼仪流程	1. 餐前预约：以便餐厅提前做好准备。 2. 座次安排：一般遵循女士优先、以右为尊、面门为上、交叉排列的原则。 3. 上菜次序：前菜、餐汤、副菜、主菜、沙拉、甜品、酒水、咖啡和茶。 4. 餐具使用：用餐时刀叉的不同摆放位置，代表了不同的意义。 5. 西餐习俗：按照从左下方到右上方的方向来食用。嚼东西时嘴要闭紧，只要嘴里有食物，绝不能开口说话

案例与思考（七）

案例 7-1

优雅用餐，事半功倍

小张是一家跨国公司的项目经理，为顺利与来自法国的 Mr. Dupont 夫妇这一重要客户签约，他计划在五星级酒店的法式餐厅安排一场商务晚宴。

小张提前两周通过电话联系餐厅，预约了一个周五晚上 7 点的安静角落的座位，告知是商务晚宴，有两位法国客人。他提出可能需要准备素食选项和无麸质食品。餐厅确认已记录并会做好相应准备。

晚宴当天小张身着深蓝色定制西装，配以白色衬衫、深色领带和擦亮的黑色皮鞋。他发型整洁，腕上佩戴简约的金属手表。小张提前 15 分钟到达餐厅，与前台确认预约信息，得知一切已准备就绪。他在吧台等待 Mr. Dupont 夫妇的到来，见到他们后热情地迎接，引领至预订的座位。

在点餐前小张提议先享用一杯香槟，随后，侍者送上精致的法式开胃菜。根据客户口味，小张推荐了素食烩饭和牛排作为主菜，并与侍酒师商量为每道菜搭配了合适的葡萄酒。用餐时，小张与 Mr. Dupont 夫妇分享对美食的理解和故事，营造愉快的用餐氛围。在享用甜品如法式千层酥和巧克力慕斯时，小张邀请 Mr. Dupont 夫妇尝试餐厅特调的咖啡。小张优雅的用餐行为赢得了 Mr. Dupont 夫妇的赞赏，Mr. Dupont 夫妇很快与小张达成合作意向。

【思考】通过这次宴请，Mr. Dupont 夫妇很快同意与小张达成合作意向的原因是什么？

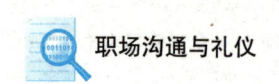

案例 7-2

没吃饱的小王

公司销售员小王晚饭时来到一家西餐厅用餐。点菜后服务员很快把小王所点牛排端了上来。小王拿起刀叉使劲切割牛排，刀叉与盘子碰撞发出刺耳的声音，切开食物后，小王狼吞虎咽地吃起来，并将骨头吐到白色桌布上。这时客户来电话，小王将刀叉往盘子上随意一放，顺手将餐巾放到桌子上，便起身去接电话。回来后发现他没吃完的食物已被端走，餐桌已经收拾干净，服务员正在一旁等待他结账，小王很尴尬又没吃饱。

【思考】小王有哪些不符合用餐礼仪的行为？

实践活动（七）

活动 7-1

商务伙伴迎新宴

一、活动目标

1. 加深友谊：通过精心安排的宴请活动，加深与新商务伙伴之间的友谊，建立长期合作关系的基础。

2. 文化交流：利用中餐的独特魅力，展示中国丰富的饮食文化和传统礼仪，增进双方的文化理解和尊重。

3. 业务对接：在轻松愉悦的氛围中，探讨未来合作的可能性，明确合作方向，为双方业务发展铺设道路。

4. 形象塑造：展现公司的实力与文化，提升品牌形象，增强合作伙伴的信心。

二、活动过程

要求每位学生设计宴会的准备阶段、开场阶段、用餐阶段和结束阶段。

1. 准备阶段：时间地点选择、邀请函设计、座位安排、菜单定制。

2. 开场阶段：签到与迎宾、简短致辞。

3. 用餐阶段：上菜、敬酒、交流讨论。

4. 结束阶段：感谢致辞、纪念品赠送、合影留念。

三、讨论与评价

1. 即时收集反馈：活动结束后，通过电子问卷或现场反馈卡收集宾客意见，了解活动满意度及改进建议。

2. 回顾总结：召开会议，回顾活动策划与执行过程，总结成功经验与不足之处，为未来类似活动提供参考。

3. 完成活动测评（如表 7-1 所示）。

表 7-1　活动测评

成果	自评			同学评价			教师评价			企业导师评价		
	A	B	C	A	B	C	A	B	C	A	B	C
宴会的时间地点选择												
宴会的邀请函设计												
筹办宴会的能力												
宴会座次安排等礼仪												
宴会中敬酒和交流礼仪												
宴会结束后续跟进情况												

活动 7-2

西餐宴会的餐具使用与礼仪

一、活动目标

学习和实践西餐宴会中的餐具使用与礼仪，提升跨文化交流能力。

二、活动过程

要求：学生需掌握西餐宴会中的餐具使用技巧和礼仪规范。

案例情景：在一次正式的西餐宴会中展现礼仪。

操作步骤：

1. 学习西餐餐具的使用技巧和礼仪。

2. 模拟宴会场景，实践餐具使用。

3. 收集同伴的反馈，评估实践效果。

三、评价标准

优秀：餐具使用得体，礼仪规范。

良好：餐具使用基本得体，礼仪基本规范。

一般：餐具使用尚可，礼仪有待提高。

较差：餐具使用不当，礼仪知识缺乏。

模块八　遵循办公室礼仪

名人名言

心诚气温，气和辞婉，必能动人。

——明代学者薛宣《谈书录》

能力标准

分类	具体内容
知识	● 掌握办公室日常行为规范。 ● 认识绿色办公的意义和具体要求
技能	● 合理布置办公环境，营造良好的工作氛围。 ● 运用与同事交往的礼仪，增进人际关系，提高工作效率
态度	● 践行绿色办公的环保理念。 ● 树立团结协作、文明办公的态度

学习导航

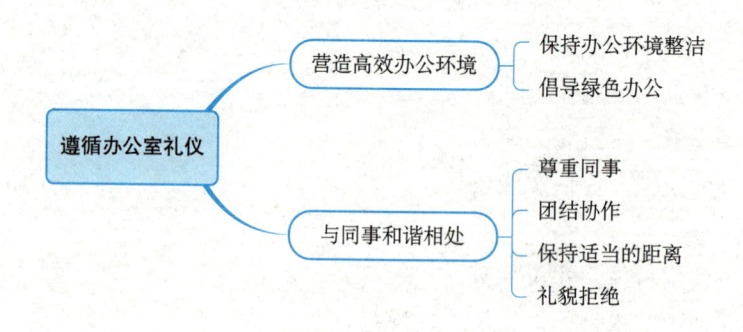

遵循办公室礼仪
- 营造高效办公环境
  - 保持办公环境整洁
  - 倡导绿色办公
- 与同事和谐相处
  - 尊重同事
  - 团结协作
  - 保持适当的距离
  - 礼貌拒绝

能力自测

小测试：如何管理办公区公共空间？

假如有一位同事总是用自己的私人物品占用公共空间。对此，你会怎样处理？

A. 无视这种情况，任由其占用。

B. 直接将他的私人物品移走。

C. 与该同事沟通，指出公共空间的合理使用原则，寻求共识。

单元 8.1 营造高效办公环境

引例 8-1

办公环境杂乱损害企业形象

某科技公司在创业初期凭借创新技术和出色的产品迅速在市场上崭露头角，吸引了大量客户和投资者的关注。随着公司规模扩大，业务量激增，公司的相关负责人无暇顾及办公环境的管理与维护，办公区域逐渐变得杂乱无章。

原本宽敞明亮的办公大厅内堆积着未处理的文件、废弃的包装盒和杂物，导致走道狭窄，行走不便。公共区域时常出现垃圾未及时清理的情况，如茶水间和休息室，弥漫的异味严重影响了员工的工作情绪。会议结束后，会议室经常是桌面凌乱，白板上留有旧会议记录，影响了后续会议的正常进行。

某天，公司接待一位重要的投资人。投资人进入公司后，对公司混乱的办公环境感到惊讶，认为这样的环境与他们在市场上的高科技形象并不相符，甚至担忧如此细节上的疏忽，意味着公司在其他方面也可能存在管理漏洞。一些前来考察的客户也因此对公司的管理水平和企业文化产生了质疑。

糟糕的办公室环境极大影响了公司形象，不仅导致部分潜在的合作机会流失，还引发了内部员工对管理层的不满，进而影响了员工的工作积极性和工作效率。

【分析】在此案例中，科技公司疏于对办公环境的管理与维护，不仅影响了其对外展示的专业形象，同时也打击了内部员工的士气。这一系列连锁反应说明，办公环境对于企业发展具有十分重要的作用。它是企业文化和管理水平不可分割的一部分，对于塑造企业形象，增强市场竞争力具有重要意义。

一、保持办公环境整洁

良好的办公环境可以有效保障员工的身心健康，使员工在整洁有序的环境中专注于工作，提高效率。井井有条的办公环境还是组织形象的重要体现，可以给来访的客户、合作伙伴留下专业、可靠的印象，从而提升企业的外部评价和声誉。管理办公环境是一项持续性的任务，需要每一位员工的积极参与和共同努力。

（一）制度化管理

1. 建立办公环境管理制度

办公室环境管理制度包括：办公区域卫生标准、公共设施使用规定、个人物品管理、垃圾处理、绿化植物维护等内容。各项规定应明确具体、有可行性和可操作性。

设立定期巡查和评估机制，对办公环境进行检查，将检查结果与绩效考核挂钩，以此督促员工遵守相关规定。设立办公环境优胜奖，以此激励员工共同维护办公室的整洁。

重视反馈与改进。定期收集员工对办公环境管理的意见和建议，不断修订和完善相关制度，以适应组织发展的变化需求。

2. 明确责任分工

明确责任区域和负责人，做到事事有人管、处处有规章，确保办公环境管理的全面覆盖。将办公区域细分为若干责任区块，每个区块指定个人、小组或部门作为负责人。例如，每位员工对自己的办公桌及周边区域负责，公共区域如走廊、茶水间、洗手间等由专门的保洁人员或轮流值班的员工负责。大型组织可以设立环境管理专员或部门，负责整个办公区域的环境维护与监督管理工作，或与物业、外包保洁团队等展开合作。

制定任务清单与周期表。将环境维护工作列成详细的任务清单，包括每日、每周、每月需要完成的清洁、整理、检查等工作，并按周期分配给相应责任人。

签署责任协议或承诺书。让每位员工明确自己的责任，并签署相应的环境管理责任协议或承诺书，以书面形式确认个人在办公环境管理方面的义务。

3. 全员参与

加强教育与宣传，提高全体员工对办公环境维护的认识和重视程度。鼓励全员参与办公环境维护，通过轮值、自主管理等方式，让员工切实体验共同创造良好工作环境的意义和价值，从而增强员工的归属感和工作满意度，提高团队凝聚力。

（二）公共区域维护

公共区域是为工作人员及访客提供服务、交流、休息的共享空间，并非员工专属的办公地点。公共区域的管理与维护直接体现了组织的管理水平。干净整洁的公共区域有助于员工保持良好的情绪、集中精力、提高工作效率。它还是客户及合作伙伴接触公司文化的窗口，直接展示企业的形象。全体员工共同维护公共区域，有助于培养员工的责任心和协作精神，形成和谐融洽的团队氛围。使用办公区域公共空间时，应当遵循以下基本礼仪准则，以维护良好的办公环境和和谐的人际关系。

1. 合理使用

如果预约了公共空间，如会议室，应在预定时间内完成会议，并按时释放空间以供后续使用者使用。公共设备如打印机、复印机、投影设备等使用后应关闭电源，并确保设备已复位，供其他同事继续使用。电脑、电话、座椅等办公设施使用后应及时归位，避免随意涂鸦或损坏。

2. 保持整洁

在使用会议室或其他公共空间后，要及时清理垃圾并恢复原状。例如，将桌面、地面打扫干净，椅子归位；使用过的文具等物品及时放回原处，避免造成混乱和丢失；在食堂就餐后，自觉洗净餐具并放回原位，食物残渣、饮料容器等分类放入指定垃圾桶。

3. 言行适度

不在公共办公区域大声喧哗、长时间通话或播放音乐，以免干扰他人工作。尽量在非工作时间段或专门的休息区域进行私人对话或社交活动。

4. 注意安全与秩序

遵守消防安全规定，不在禁烟区吸烟。遵守访客管理制度，未经授权不带领外来人员进入办公区，必要时引导至指定的接待区域。

知识广角

办公场所中的公共区域

不同规模的组织，办公环境布局也不相同，以下列举大多数办公场所常见的公共区域类型：

前台接待区：用于接待访客和客户的区域，是公司的形象展示窗口。

休息区：休息、聊天、放松的区域，通常设有沙发、座椅、阅读角等设施。

茶水间/咖啡吧：提供饮用水、咖啡、茶饮等服务的地方，方便员工休息时享用饮品和简餐。

会议室：用于内部或外部会议、讨论、培训等活动的空间。

展览展示区：展示公司产品、荣誉证书、企业文化的地方。

办公走廊：连接各个独立办公室或工作区域的通道。

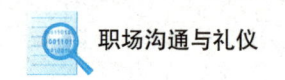

> 洗手间/卫生间：公共使用的卫生设施。
> 餐厅/食堂：员工用餐区域。
> 等候区：客户或访客等待接待的区域。
> 存储区/档案室：存放公用物品或档案的空间。
> 公共打印区/文印室：集中放置打印机、复印机等设备，方便员工共享使用。
> 洽谈区/接待室：用于商务洽谈或小型非正式会议的场所。

（三）个人行为规范

1. 注重个人形象

保持良好的个人形象，既是个人职业素养的基本要求，也是维护团队协作、提升工作效率、塑造组织形象的重要途径。

（1）仪容、着装要得体。整洁、得体的仪容和着装，不仅能够展现员工的自律性和专业精神，还代表着所在企业的形象和管理水平。不同的企业文化氛围不同，对于仪容仪表的要求也不尽相同。员工应按照企业的要求规范着装，保持个人仪表整洁，不做夸张或不合时宜的打扮。

（2）注意个人卫生。办公室是人员密集的场所，良好的个人卫生习惯可以减少细菌、病毒的传播，保障身体健康。例如，勤洗手、不随意在办公桌前进食等，都能有效降低办公区域成为病菌滋生地的可能性。

（3）避免食用带有强烈气味的食物。办公区域应保持空气清新，强烈的食物气味容易滞留在室内，不易消散，长时间积累会形成异味，降低办公环境的整体质量。带有强烈气味的食物，如大蒜、洋葱、榴莲等，其气味扩散可能引起其他同事的不适，影响他们的工作状态和心情，如果客户来访，则有可能给对方留下不严谨、不专业的印象，甚至损害公司形象。

2. 保持工位整洁

工位的整洁，展现的是对工作认真负责的态度以及对团队和公共空间的尊重，是职场人士基本职业素养的体现。

（1）每日整理办公桌。美国明尼苏达大学研究发现："办公桌杂乱无章，并不是你的资本证明，而是你思维混乱呆滞，工作效率低下的象征，也是一个人内在品质的映射。"办公桌的整洁程度能够折射出一个人对于工作的态度与条理性，长期杂乱的办公桌会给领导和同事留下办事不严谨、责任心欠佳的印象；而整洁有序的办公桌则有助于个人集中注意力，避免因视觉干扰而分散精力。

整理办公桌应做到：第一，文件、工具、文具等物品分类摆放在固定的位置，便于查找和使用。第二，妥善保管涉及商业机密或者敏感信息的文件，并保持桌面整洁，以降低信息泄露的风险。第三，养成定期整理的习惯，最好是每天下班前清理办公桌，桌面只放必需品。可以使用储物柜、文件柜等工具妥善存储物品,保持工作台面清爽整洁。

礼仪案例 8-1

小北被开除

小北被开除了,原因很简单,她弄丢了一份很重要的合同。

小北是一家房产策划公司的总经理秘书,这里所有的合同都需要她拿给老总签字,再返给负责的同事。

前段时间,C 经理谈下了一个楼盘的甲方代理,对方承诺所有的策划和销售都给他们公司做。拿到这个项目后,C 经理还高兴地请大家"撮"了一顿。但是没想到,合同竟然让小北给弄丢了!C 经理急得脸上直冒汗,一直问小北放在哪里了,小北说:"我记得就放在办公桌上了,怎么会不见了呢?"

小北的办公桌杂乱无章,不仅到处都是文件,还堆满了笔,各种数据线缠绕在一起,非常凌乱。同事们帮小北找遍了所有的角落,还是没有找到那份合同。C 经理急得团团转。

不一会,小北一拍脑门往厕所旁边的垃圾桶跑去,但最后却失望而归。她对 C 经理说:"实在对不起,昨天我叫了一份炸鸡,可能把合同垫在桌子上,最后当垃圾扔了……" C 经理气不打一处来:"这么重要的合同,你怎么可以随便乱放呢!"

事情很快传到总经理耳朵里,总经理什么话也没说,直接把小北"炒"了。

【分析】凌乱的桌面不仅会降低个人工作效率,还可能导致重要资料查找困难、延误工作进度。本案例中小北办公桌的混乱状况间接导致了自身职业生涯的重大挫折——被解雇。

(2)及时清理垃圾。垃圾过多可能妨碍文件和其他工作物品的正常摆放和使用,还容易滋生细菌,对身体健康构成潜在威胁。因此,用过的废纸废物要及时处理,保持工位干净卫生;过期或不再使用的文件及时销毁或存档,不要随意堆放;容易腐烂的食物不要留在办公区内,尤其不应在办公桌上留下食物残渣和餐具。

二、倡导绿色办公

绿色办公是一种强调环保、低碳、可持续发展的新型办公模式,目的是在办公全过程中实现节能减排、资源有效利用、减少环境污染,促进人与自然和谐共生,实现经济、社会和环境效益的统一。绿色办公的核心理念包括节约资源、健康工作环境、环境保护、循环经济等。

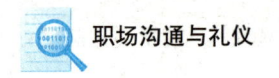

（一）绿色办公的基本要求

绿色办公将环保理念贯穿于办公活动的全过程。实现绿色办公可以从以下几个方面着手。

1. 节能降耗

使用节能型办公设备和电器，如低功耗计算机、LED 灯泡、自动感应开关等。下班后关闭不必要的电源，避免长时间待机耗电。合理使用空调和暖气，采用智能空调系统，设定适宜的室内温度。安装节水器具，加强用水管理，及时关闭水龙头，避免水资源浪费。

2. 绿色采购

设计办公场所时应考虑到节能、节水、采光、自然通风等因素，使用环保健康的建材，减少有害物质释放，实施绿色建筑标准。优先选择环保认证的办公用品和设备，如可再生材料制成的办公家具、再生纸、无毒无害的清洁剂等，避免使用不可降解的一次性办公用品。

3. 资源循环利用

严格控制办公用品的使用，实行登记领用制度，鼓励循环利用旧物。例如，信封、公文袋可以多次重复使用；过程性文件尽量双面打印，以充分利用纸张资源。加强废弃物分类管理，对废纸、塑料瓶、废弃电子产品、办公设备耗材等定期回收处理。

4. 电子化办公

尽可能采用电子文档代替纸质文件，如电子邮件、在线会议、云存储等，减少纸张的使用。共享打印机、扫描仪等设备可以有效降低设备购置和运行成本。在条件允许的情况下，实行灵活的工作模式，如居家办公、线上协作等；减少通勤带来的能源消耗和污染。

5. 办公环境优化

加强室内绿化，在办公区域摆放绿植，既可以美化环境又能提高空气质量。优化办公室布局，充分利用自然光源，保持良好的通风，保证室内空气清新。

6. 倡导绿色出行

鼓励员工上下班乘坐公共交通工具，或采用拼车、骑行、步行等低碳出行方式。

礼仪案例 8-2

绿色办公从节约一张纸做起

日前，读者来信版与人民网"领导留言板"围绕办公室浪费现象开展问卷调查。办公室浪费现状如何？都集中表现在哪些方面？大家如何看待这个问题及其产生的原因？自己和同事经常浪费吗？针对这些问题，记者展开调查。

超六成受访者表示所在办公室"经常发生"浪费，用纸、用能方面问题明显。调查显示，65.49%的受访者反映自己所在单位"经常发生"办公室浪费，31.76%表示"偶尔遇到"。其中，纸张是最容易浪费的物品，水电能源、办公文具等浪费也比较突出。

"打印报告、资料的时候，往往都是单面打印，背面就浪费了。"在北京某文化单位工作的刘女士说，"还有就是修改方案时，可能只有个别地方需要修改，有些人嫌麻烦每次都是重新打印，实际上也浪费了很多纸张。"

用电浪费也是不少受访者在办公室常见的现象。"空调温度过低且门窗大开，电灯长明，电脑24小时持续开机。"河南网民"清风"表示，夏天冷得要穿外套、冬天热得只穿短袖，成了一些单位的常态。晚上办公室里人都走没了，电灯、空调都照常开着。部分同事下班不关电脑，甚至休假一两周，电脑也一直运转。

还有相当一部分受访者表示，单位在办公耗材管理方面存在漏洞。"不用经过申请或审批程序，领取笔、本、文件夹、橡皮时，个人签字就可以拿走。"重庆读者刘先生说，自己所在企业未对领用办公用品有太多限制，随意性较大，办公用品使用效率低，使用时容易造成浪费现象。

"各种各样的宣传海报张贴在显眼位置，横幅也换得很勤快，每周都有新鲜感。"湖北读者谢女士说，一些单位经常挂横幅、贴海报、摆易拉宝，每次都是用完即扔，"现在是信息化时代，可以设立电子公告栏、使用电子宣传册"。

湖南读者尹先生所在的单位经常要组织会议，"现在开会都摆瓶装水，有的还是500毫升的大瓶装，根本喝不完，造成了水资源浪费。会议组织者有时是没注意这些细节，有时是想表达服务周到，但由此造成的浪费不可小视"。

（资料来源：人民日报2021年9月13日，有删减）

【分析】纸张、水电能源、办公耗材、物料等浪费现象的普遍存在，原因在于环保意识淡薄、管理制度不健全、监督管理不到位等。在倡导厉行节约的时代背景下，唯有主动开展绿色生活宣传教育，积极完善节约能源资源制度体系，努力推行绿色办公，才能有效解决资源浪费问题，实现人与自然和谐共生、可持续发展的目标。

（二）远程办公礼仪

随着网络及通信技术的发展，远程办公已成为一种较为普遍的办公方式。远程办公时，遵循一定的礼仪规范不仅有助于维持专业的工作氛围，也有利于提升团队协作效率和人际关系。

1. 排除干扰

远程办公需要有一个安静、专业的办公环境，以减少外部噪声和干扰。在参加视频会议前应检查背景环境、测试设备，确保音频、视频正常；确保会议背景干净整洁，避免无关人员入镜；不在卫生间、卧室或其他不适宜的环境下进行视频通话。会议期间关闭无关应用程序和通知，保持注意力集中。

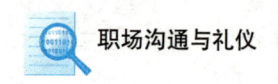

2. 注重形象

参加视频会议要保持端庄整洁的个人形象，不要穿着过于休闲或暴露的衣物，不穿睡衣参加正式视频会议。

3. 时间管理

严格按照既定的工作时间安排工作，提前做好准备，并准时参加线上会议。工作时间内尽量避免私人事务干扰，如接电话、处理家务等。同时也要尊重同事的个人时间，不在非工作时间发送工作邮件或信息。

4. 沟通规范

线上沟通尽量言简意赅，明确议题和目的，尊重同事的发言，避免打断或抢话。对同事的意见给予充分关注和反馈，维护团队合作精神。及时回复工作邮件和信息，避免闲聊式的群组交流，如果有需要讨论的问题，可以通过一对一私聊的方式沟通。

5. 保持在线状态

告知团队自己的工作时间，并在此期间保持在线可联系的状态。如果需要临时离开，应提前告知团队成员，以免影响协同工作。

6. 注意网络安全

使用单位指定的通信工具，遵守单位的网络安全政策，保护个人及单位信息安全，不在公共网络环境下处理敏感数据。

远程办公礼仪的核心在于专业、高效与安全，尽管物理距离远，仍需遵守一定的规范，努力营造出如同在办公室一样的职业化工作环境。

单元 8.2　与同事和谐相处

引例 8-2

彼此的自尊，是人际交往的底线

一次，富兰克林和他的助手看到一位女同事摔倒了，助手想去上前搀扶，却被富兰克林阻止，并且拉着他躲到柱子后面。助手觉得很奇怪，平常热心的富兰克林怎么会拒绝帮助别人呢？这时，只见摔倒的女同事站了起来，整理了衣服，看看四周无人，才放心地走了。看到助手一脸的疑惑，富兰克林淡淡一笑，反问道："年轻人，你难道就愿意让人看到自己摔跤时那副倒霉的样子吗？"（如图 8-1 所示）。

图 8-1　彼此的自尊，是人际交往的底线

【分析】行走于职场，谁都难免会"摔跤"。有时人们跌倒后并不希望被别人看到自己当时的尴尬与狼狈。因此，当你向同事表达善意时要把握好分寸，千万别误伤了他的自尊。有时候不帮既是一种理解，也是一种尊重。

一、尊重同事

尊重同事是与同事交往的基本礼仪。尊重有助于增进彼此间的理解，建立团队内部的信任，形成积极健康的人际互动氛围。同事间彼此尊重对于增强工作满意度和积极性，提升组织效能具有重要的意义。

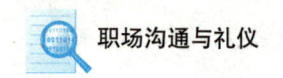

（一）恰当的称呼

在职场中，使用恰当的称呼不仅能够彰显个人修养，还能有效促进同事间形成良好的关系。称呼同事应考虑以下因素。

1. 职位和层级

对于职务明确的同事，宜采用姓名加职务的称呼，如"张经理""李主任"。对于级别较高的领导，可根据公司文化习惯，使用"张总""王处长"等敬称。平级或年轻的同事间，若关系较好且公司文化允许，可以直接称呼姓名，但也要注意适度，尤其在正式场合。

2. 关系亲疏

对于不太熟悉或初次接触的同事，可以使用"老师""×工"（工程师的简称，用于技术人员）等称呼。在一些注重团队氛围和亲和力的企业中，可以使用"哥""姐"等非正式称呼，但是需视具体情况和与对方的关系而定。如果不清楚对方是否接受昵称或简称，最好先观察或询问，以免造成误解。

3. 组织文化

不同的组织有不同的称呼习惯，有的倾向于直呼姓名，有的则强调职位或职称。新入职时需了解所在组织的文化特点。

4. 场合与形式

在正式场合如会议、报告会等，应使用正式称呼；在非正式场合如团建活动，则可根据实际情况灵活调整。避免在多人面前使用昵称，以防冒犯他人或引起不适。

总之，无论在何种类型的组织中，称呼的基本原则都是体现尊重和礼貌，同时还要考虑到实际工作环境、文化和个体之间的关系。在不清楚如何称呼的情况下，需适时沟通了解对方的称呼意愿，或者参考周围同事的习惯做法。

礼仪案例 8-3

如何称呼比自己年龄小的领导

35岁的李强刚刚应聘到某机关工作，他的直属领导名叫张辉，32岁，已经在公司工作7年了。面对比自己年龄小的领导，李强不知道怎么称呼他才合适。周围年长的同事都比张辉的职务高，平时直接称呼他小张，而年轻的同事则称他为张哥。李强觉得自己比张辉年龄大，因此也称呼他为小张。张辉初次听到李强这样称呼时，愣了一下，也没说什么。但是没过多久，李强发现，在工作上张辉开始和他产生别扭了。

【分析】在职场中，决定称呼的首要因素通常是职务关系而非年龄。张辉作为李强的直属领导，李强应当依据职务关系称呼他为"张经理"。年长的同事直接称呼其为"小张"，可能基于他们之间的熟络关系或资历差异。对于新入职的李强来说，效仿这种称呼并不恰当。一方面，他与张辉的关系尚未达到如此亲近的程度；另一方面，这样做忽视了两人实际的职务差距，容易造成角色混淆。张辉在初次听到"小张"这样的称呼时虽未明确表态，但后续在工作中表现出的"别扭"暗示了他对这一称呼并不满意。

（二）使用礼貌用语

在办公室环境中，使用礼貌用语对于维护良好的人际关系和工作氛围至关重要。以下是一些常用的办公室礼貌用语。

1. 问候与告别

（1）早上好／下午好／晚上好。

（2）您好，很高兴见到您。

（3）明天见／下周见。

（4）祝您周末愉快。

2. 感谢与道歉

（1）非常感谢您的支持／帮助／建议。

（2）很感激您抽出时间处理这件事。

（3）对不起，给您带来不便／麻烦了。

（4）我为我的错误／疏忽向您道歉。

3. 请求帮助

（1）劳驾，可以帮我一个忙吗？

（2）请问您现在有空吗？我有件事想请教您。

4. 讨论与合作

（1）您的意见我很赞同，我们可以进一步讨论实施细节。

（2）我同意您的观点，我还想补充一点……

（3）我们可以一起合作来完成这个项目吗？

（4）您的意见很有价值，我会认真考虑的。

5. 接受与拒绝

（1）这个提议听起来很不错，我接受。

（2）非常感谢您的邀请，但我这周的时间已经安排满了，下次有机会再一起吧。

（3）我很抱歉不能参加这次会议／活动。

（三）尊重他人的时间与空间

在工作中，尊重他人的时间与空间有利于营造相互尊重、和谐共处的工作氛围，从而提高团队整体工作效率。

1. 事先预约

需要与同事讨论重要工作或寻求帮助时，最好提前预约时间，尽量避免突然打扰。如需开会讨论，应明确会议议题和预期讨论时间，让对方有所准备。

2. 准时守信

准时参加会议，避免让其他人等待。如果因故无法按时出席，应提前告知。对于设定的工作期限，应尽全力按时完成，避免因个人延误影响团队整体进度。

3. 高效沟通

讨论工作时应言简意赅、直奔主题，避免冗长且无重点地叙述。使用清晰、准确的语言表达自己的观点，减少信息传递中的误解。优先选择书面沟通处理非实时性问题，对于复杂或需要深入讨论的问题应进行电话会议或面对面交谈，确保双方时间的合理利用。

4. 尊重个人空间

不随意进入同事的办公区域，如需借用物品或讨论工作，应先敲门或以其他方式礼貌询问是否方便。尽量避免在他人专心工作时进行不必要的交谈，尤其是当他们处于"请勿打扰"状态时（如戴耳机、关闭办公室门等）。

5. 尊重私人时间

每个人都需要保持工作与生活的平衡，所以应当理解并尊重同事的休假安排。在非紧急情况下，尽量不在非工作时间发送与工作相关的信息，以免占用同事的私人时间。

（四）保持安静与专注

人们长期处于嘈杂、干扰频繁的环境中，可能会压力增大、情绪波动，从而无法专注地工作。保持安静则有助于减轻心理压力，维护心理健康，提高工作效率。频繁的噪声打断会使得注意力分散，让人感到烦躁、分心。特别是在开放式的办公区域，人员密度较大、工作区之间没有物理隔断，声音很容易传播。如果必须与同事讨论工作，需控制说话的音量，避免过大的声音对周围其他人造成影响。

不同岗位和工作性质对环境安静程度的要求不同。例如，程序员、文案编辑等工作往往需要深度思考和高度集中，对安静环境的依赖性强。其他岗位如销售、客服等虽然在某些环节（如电话沟通、团队讨论）会产生一定的声音交流，但同样需要在数据分析、方案撰写等核心工作阶段享有低噪声的环境，以确保思维的清晰度。即便是频繁沟通的岗位，如人力资源、公关等，在完成需要深度思考的任务时，也需要有一个相对安静的环境。总体而言，尽管各岗位对安静环境的具体需求程度存在差异，但几乎所有的职业角色都需要一个相对能够减少干扰、促进专注的工作氛围。因此工作时应尽量保持安静，营造专业、有序的工作环境，使每个人能够专注于自己的工作任务，这既是尊重自己和他人工作权益的体现，也是提升团队整体效率的关键举措，更是构建和谐、高效办公环境的必要条件。

二、团结协作

同事之间团结协作，不仅可以促进个人的成长和发展，还能提高团队的整体效能，营造和谐氛围。

（一）乐于分享

分享是一种有效的学习方式。在分享过程中，我们不仅能够巩固自身所学，还可以从他人的反馈和不同的观点中获得新的启示，有助于提升个人职业素养和专业技能。团队成员集思广益，分享观点和经验，能够激发新的思考方式和创意，有助于解决复杂问题或应对市场变化。乐于分享的态度能够增进同事之间的信任，形成更加紧密的合作关系，共同应对工作中的挑战。乐于分享的文化有助于营造积极、开放的工作氛围。在这样的环境中，同事之间更容易建立友好关系，相互支持和鼓励，从而提高工作满意度和幸福感。

1. 保持开放的心态

以开放的心态接纳不同的观点和经验。无论是新入职的员工还是资深的老员工，每个人的知识和经验都有值得学习的地方，都有可能为你带来新的启示。

2. 主动分享知识与经验

当你掌握到行业动态和专业新知，应主动在团队内部进行分享。这不仅能够展示你的能力和价值，还能激发同事们的兴趣和好奇心，促进他们与你进行更多的交流。如果你在某个领域有独特的技能或丰富的经验，可以组织培训或是"一对一"指导，帮助其他同事快速提升相应的能力。无论是成功的经验还是失败的经历，都值得分享出来供他人参考，成功的案例可以为他人提供借鉴，失败的教训则可以帮助团队成员避免重蹈覆辙。

3. 分享资源与信息

除了知识与经验，还可以分享工作中的资源和信息，如文件、资料、工具等。通过共享资源，可以减少团队中的重复劳动，从而节省时间，提高工作效率。

4. 鼓励他人分享

当同事分享想法和经验时，你要耐心倾听，并给予积极的反馈和认可。及时赞扬同事的努力和创新，可以激发他们继续分享。在这个过程中，你不仅能够学习到新的知识、积累更多的经验，还能营造出一个积极向上的工作氛围，建立更加和谐的人际关系。

（二）适度赞美

赞美能够增强人际关系中的亲密感和信任感，使人们更加愿意交流和合作。赞美同事，可以让对方感到受到尊重与关心，从而建立起良好的情感连接，形成更加和谐的工作氛围。

1. 赞美的原则

（1）赞美要及时。不要在有求于人的时候才想到去赞美对方，只要发现同事的优点与长处，就要不失时机地表达欣赏与赞美。

（2）赞美要适度。言过其实的恭维话只会让人感到虚伪与反感，因此赞美需把握好分寸，态度诚恳、实事求是。

（3）赞美要避免带有不良暗示。措辞不当会导致接收者感受到的不仅仅是表扬，还可能是批评或讽刺。例如："对于你来说，这个任务完成得相当不错了。"这句话可能让人感觉对方对自己的期望值较低，暗示对方对自己的标准可能不高。再如："没想到你也能做到这么好。"这句话尽管包含了赞美，但"没想到"一词可能让人感觉对方之前低估了自己的能力，带有一定的意外和轻微的贬低意味。

2. 赞美的内容

赞美同事的闪光点可以从以下方面进行：

（1）赞美其"硬件"（外在的、具体的），如衣着打扮、发型、皮肤、五官等。

（2）赞美其"软件"（内在的、抽象的），如谈吐、气质、经验、心胸、特长、爱好、能力、办事风格等。

（3）赞美其"附件"（与之有关联的），如家人、亲戚、朋友、使用的物品、养的宠物等。

3. 赞美的表达技巧

实事求是、言之有物的赞美可以让人感受到发自内心的真诚与欣赏，从而更加愿意接受。赞美同事时，可以参考以下的表达顺序：首先，叙述对方值得赞美的特征或具体行为；其次，指出实际的效果；最后，表达自己的感受。例如："方伟，在昨天的客户演示会上，你对产品功能的详细介绍和现场应对问题的能力真的让人印象深刻。你的专业和自信不仅赢得了客户的高度评价，还直接促成了我们与他们的合作意向。作为团队的一员，我感到非常骄傲，你是我们大家的榜样。"

（1）具体行为：详细的产品介绍和现场应对问题。

（2）实际效果：赢得客户高度评价，促成合作意向。

（3）自己的感受：非常骄傲。

（三）包容与体谅

同事之间的包容与体谅是建立和谐工作关系、提升团队协作效率的关键因素。以下是一些建议。

1. 理解个体差异

不同的成长背景使不同个体形成了不同的价值观、沟通方式和行为习惯，认识、尊重并接纳个体差异，避免用自己的标准衡量他人，可以有效减少同事间的误解与矛盾。

2. 培养同理心

当同事遇到困难或表现出负面情绪时，应适当加以安慰并尝试理解他们的立场和感受；发生意见分歧时，设身处地地考虑对方的处境和压力，有助于增进理解、达成共识。

3. 认可与鼓励

对于同事的优点和取得的成就公开、及时地赞扬，在同事面临挫折时提供情感支持和必要的帮助，有助于增进友谊，增强团队凝聚力。

4. 正面应对冲突

同事之间有时会因工作发生冲突。例如，完成一项任务需要不同部门的人员相互配合，但此时部门之间存在利益冲突，或者某一部门执行任务的方式不妥，或者因信息不对称而产生误解，这些都有可能引发矛盾冲突。正面冲突一旦发生，沉默是不能解决问题的，拖延也只能导致矛盾加深，因为时间拖得越久，双方心理上的芥蒂就越深。只有抱着积极解决问题的态度，及时化解冲突，才能恢复同事间良好的关系。

礼仪案例 8-4

争执过后怎么办

张女士供职于一家大型 IT 公司的事业部，负责为事业部的各项目组提供系统支持。一次，由于项目组的紧急工作需要与公司的规章制度发生了冲突，心直口快的张女士与合同部的刘女士在办公大厅内发生了激烈的争吵。事后两人都有些后悔，每天抬头不见低头见的，日后该如何相处，以后的工作还怎么开展呢？

【分析】在实际工作中，不同部门之间很可能因为工作需求、对规章制度的理解不同等产生摩擦，遇到冲突时应保持冷静，避免情绪化反应。案例中的两位女士在办公大厅发生了激烈的争吵，不仅影响了个人形象，还可能影响整个公司的工作氛围。要想修复关系并重新建立信任，双方应该找一个合适的时间和地点，进行深入沟通。通过换位思考理解彼此的需求和难处，寻求双方都能接受的解决方案，必要时可以请求上级部门介入。

（四）积极合作

同事之间既是合作者，又存在利益竞争关系，必然会产生渴望合作却又警觉竞争的复杂心理。在这种关系下，应保持积极的心态，多留意他人的优点与特长；在合作时与同事

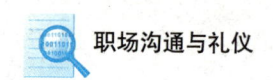

相互配合，发挥各自的优势，这样不但可以增进同事间的信任，自己也将获益良多。即使有人对你构成了威胁，也要讲究职场策略，从容应对，展现自己最优秀的一面，避免与同事发生正面冲突。

礼仪案例 8-5

小李和小于的合作

小李和小于在同一个部门工作，最近部门经理让他俩共同负责策划单位周年庆典活动。他俩对庆典活动进行了周密安排，制订了一份详细的活动计划（如图 8-2 所示）。第二天刚上班，部门经理看见小李就说："你们制订的活动计划我看过了，小于提了许多新的想法，我觉得不错。"小李的眼睛越瞪越大，因为部门经理说的"新想法"都是自己的设想，小于只不过在此基础上完善了一下而已。还有一次，两人去一家酒店洽谈庆典活动的具体事宜，回来已是中午，小李径直去单位食堂吃饭。当他回到办公室，经理对他说："对于你们在这家酒店举办庆典活动的创意，我很满意，尤其是小于主动积极，有想法，也很有创意。本来这次活动是我负责，现在就由小于来主抓吧，希望你好好配合他的工作。"原来，小于又将庆典活动策划情况第一时间向经理做了汇报，而且经理对小于的表现也很欣赏。

图 8-2 小李和小于的合作

【分析】小李和小于作为合作伙伴，应当在工作中保持开放和透明的沟通。小于主动向经理汇报工作的行为本身并无不妥，但关键在于如何在汇报中体现团队的努力而非个人英雄主义。良好的团队合作意味着共享成功，共同承担责任，而不仅仅是个人表现。小李感到不满却没有及时与小于沟通或向上级说明情况，这也是一种合作礼仪上的缺失。面对误解或不公，应该通过建设性的对话寻求解决。否则情绪积累，会影响团队氛围和工作效率。

三、保持适当的距离

在职场中，与同事保持适当的距离是维持良好人际关系和避免潜在冲突的关键，也是职场中必须掌握的一门艺术。人与人之间的距离包括空间距离和心理距离。适当的距离意味着既不过于亲近导致边界模糊，也不过于疏远造成沟通障碍。

礼仪案例 8-6

刺猬法则

两只困倦的刺猬，由于寒冷拥在一起，可身上的刺互相扎得难受，它们就隔开一段距离，一会儿冷得受不了，又凑到一起。几经折腾，两只刺猬终于找到一个合适的距离：既能互相获得对方的温暖又不会被扎。

【分析】刺猬法则告诉我们，人与人之间走得太近反而容易互相伤害。职场中的交往礼仪要求交往双方在亲密度和个人空间之间找到平衡，与同事保持适当的距离，既可以互帮互助，又能避免丧失工作原则或导致潜在冲突。

（一）保持空间距离

面对面交流时，彼此留出一定的空间，有助于营造舒适、专业的工作氛围。

1. 公共空间的互动

在公共区域如开放式办公室、走廊、休息室或食堂等，与同事交流时保持至少一臂的距离（0.5～1米），这样既方便对话，又不会让对方感到压迫。

2. 办公桌边的对话

在同事的办公桌旁讨论工作，站立位置不宜太近，以免侵犯对方的工作和个人空间。可以稍微侧身，保持一定距离，同时注意观察对方的肢体语言，以调整自己的站位。如果对方后退或避免眼神接触，可能是希望保持更大距离，这时就需要调整自己的位置。

3. 会议室内的座位

开会时，除了遵循会议室的座位安排，还应注意与邻座保持一定距离，特别是当会议室较小，座位密集时，尽量避免身体接触，如将手臂搭在邻座的椅背上。

4. 握手与非接触式问候

在当前健康意识提高的背景下，非接触式的问候方式（如点头、微笑、挥手等）变得越来越常见和受欢迎。如果确实需要握手，应动作轻柔，时间短暂，确保双方都感到舒适。

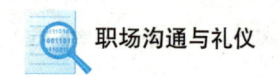

5. 尊重个人偏好

一些同事出于个人原因（如健康状况、个人偏好等）需要更大的个人空间。对此应表现出理解和尊重，主动适应他们的需求。

6. 了解文化差异

不同的文化对于个人空间的需求也有所不同。例如，北欧和北美文化通常偏好较大的个人空间，拉丁美洲和中东地区文化则可能接受更近距离的交流。了解并尊重这些差异，对于身处跨国工作环境的职场人士尤为重要（如图8-3所示）。

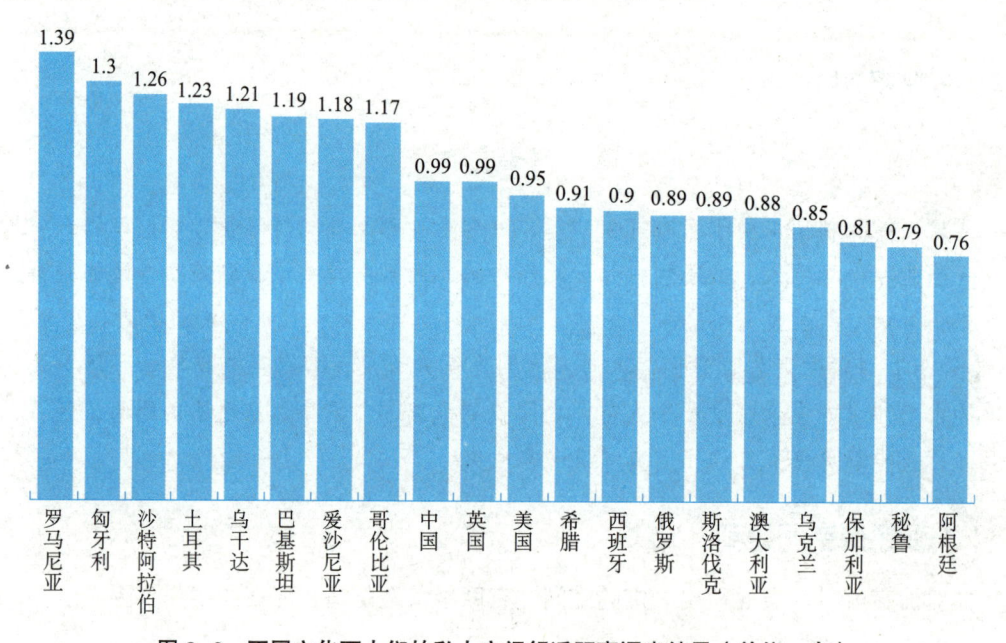

国家	距离（米）
罗马尼亚	1.39
匈牙利	1.3
沙特阿拉伯	1.26
土耳其	1.23
乌干达	1.21
巴基斯坦	1.19
爱沙尼亚	1.18
哥伦比亚	1.17
中国	0.99
英国	0.99
美国	0.95
希腊	0.91
西班牙	0.9
俄罗斯	0.89
斯洛伐克	0.89
澳大利亚	0.88
乌克兰	0.85
保加利亚	0.81
秘鲁	0.79
阿根廷	0.76

图8-3 不同文化下人们的私人空间舒适距离调查结果（单位：米）

（二）尊重与保护个人隐私

个人隐私受到法律的保护，任何侵犯他人隐私的行为都可能会受到法律的制裁。在职场中，尊重并保护好个人隐私尤为重要。了解并遵循办公室中的隐私保护原则，是每个职场人士都应具备的基本素养。

礼仪案例 8-7

焦先生的后悔

焦先生刚调入某局一个月，处处小心做事。一天，全科室的人决定聚餐。席间大家有说有笑，无所不谈，其中一位同事与焦先生相谈甚欢，几乎把局里的种种问题以及每位同事的性格、缺点都尽诉无遗。焦先生一时受宠若惊，便将一个月来看到的不顺眼、不服气的人和事通通向这位同事倾诉，甚至还批评了科里一两个同事的不是之处，借以发泄心中的闷气。不出几日，这位同事便将这些"恶言"转达给了同事。这令焦先生狼狈至极（如图 8-4 所示）。

图 8-4　焦先生的后悔

【分析】在职场中建立信任需要时间，过早地分享个人感受和对他人的评价，特别是负面信息，可能会被不当利用。在不了解团队文化和人际关系网的情况下，焦先生对初次感觉亲近的同事过分信赖，轻易透露了自己的真实感受和对同事的负面评价，无异于将自我暴露于风险之中。正确的做法是与同事逐步建立信任，倾听多于倾诉，学会适度分享，时刻提醒自己言行举止对职业形象的影响，尤其是在涉及评价他人时，更要慎重考虑言辞。

1. 尊重他人的隐私

未经允许不得擅自查看同事的工作文档或项目文件，不要使用同事的个人物品，包括电脑、手机、办公用品等。若在工作中接触到同事的工资、绩效评估等敏感信息，应当严格保密。避免询问或传播同事的私人生活细节，如家庭状况、收入水平、婚姻关系等；如果同事与你分享了他们的某些私人信息，应该保密，不得将其告诉其他人或用于其他目的。在办公室或其他公共场合，避免讨论与同事私人生活相关的敏感话题，以免让其他同事或外部人员感到不适。

2. 保护自身的隐私

尽量不在公共场合或公共设备上留下个人敏感信息，如家庭地址、电话号码、身份证号码等；手机、电脑和其他电子设备设置密码并定期更换，防止他人未经授权访问；定期备份重要数据，并使用加密技术保护敏感信息；尽量不在工作电脑上存储私人文件；尽量不在公共网络环境下进行敏感信息的交易或通信；在社交媒体上保持谨慎，不发布过多与个人隐私相关的信息；如果感到某些请求或活动侵犯了你的隐私，要礼貌地拒绝。

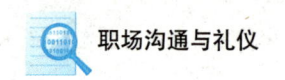

四、礼貌拒绝

对于同事不合理的请求，如果不懂拒绝，一味应允，不但会耗费时间和精力，还会打乱自己的工作节奏。如何委婉地拒绝对方，又不至于得罪同事，必须掌握一些技巧，才能避免尴尬。

礼仪案例 8-8

吃亏的老好人

小高平时是一个好说话的人，所以领导和同事们动不动就将工作推给他。由于小高不懂得拒绝，只能一个人默默地全部承担，结果每天到了下班的时候，手头还有一大堆工作没完成。自己的身体长期超负荷运转，小高直呼压力太大。

【分析】不懂拒绝是小高在职场中吃亏的原因。现实中有些人像小高一样，从来都不好意思拒绝身边的同事，同事说什么就是什么，结果把自己搞得疲惫不堪。所以在职场当中要学会拒绝不合理的请求。

（一）设定明确的底线

明确底线可以让自己在工作中更加主动，因为当你在工作中坚持自己的底线时，同事们通常会尊重你的立场和原则。与同事相处，不仅要建立自己的底线，还要明确地表达出来。例如，设置免打扰工作时段，把一些需要集中精力处理的工作，放在固定时间处理。同时在工位上写明："下午4点前有重要任务，谢绝打扰。"或者在交流软件上设置自动回复："工作中，下午4点以后统一回复。"如此同事可以更加了解你的工作习惯，也会更加尊重你的习惯。因为底线是你对所有人设定的规则，不是针对某一个人的情绪，所以如果对方越界在先，此时的拒绝也是在情理之中。

（二）表达一个正当的拒绝理由

职场中有些"老油条"看到同事好欺负，就把自己分内的事情推给别人去做，向领导汇报工作却由他自己完成。对于这种情况，在拒绝时要态度友善，语气温和，给对方留有余地，可以按照"肯定—否定—肯定"的步骤委婉地拒绝对方。

首先，给对方一个正面评价。例如："这项工作确实很重要，而且得花费你不少时间，真是辛苦了。"

其次，解释不能帮忙的原因。例如，表示自己乐意帮助，由于水平有限，很可能会出现失误。或者告诉同事，自己手上有领导交办的紧急任务，必须等完成后才能帮助他，如果同事等不及，就会想其他的解决办法。还可以用一个合情合理的理由拒绝。例如："我很想帮你，但是今天手头的工作特别多，晚上还得加班。"

最后，以正面的鼓励结尾。例如："这项工作其实是你非常擅长的，上次你的表现就得到了王总的肯定，相信这次也一定会做得很好。加油！忙完这阵子好好休息一下。"

合理利用以上 3 个步骤，既可以拒绝不合理的请求，又能够顾全同事的面子，不伤彼此间的和气，达到一个理想效果。

（三）提供一个解决方案

关心同事的难处，帮他找到退路，是一种更高明的拒绝方法。例如："你遇到了问题我也很着急，但我真是心有余而力不足。我知道一个网站，有很多这方面的资源，你去看看，一定能找到思路。"这样真诚对待同事的难处，同时给出其他解决方案，不仅会让你在对方心中留下真诚、热心的好印象，还极有可能给了对方一个更好的选择。

模块小结

要点	内容
营造高效办公环境	1. 保持办公环境整洁应进行制度化管理，做好公共区域维护，注意个人行为规范。 2. 绿色办公的基本要求是节能降耗、绿色采购、资源循环利用、电子化办公、办公环境优化、绿色出行。 3. 远程办公的礼仪包括排除干扰、注重形象、时间管理、沟通规范、保持在线状态、注意网络安全
与同事和谐相处	1. 尊重同事要求使用恰当的称呼，注意礼貌用语，尊重他人的时间与空间，保持安静与专注。 2. 团结协作体现在乐于分享、适度赞美、包容与体谅、积极合作。 3. 与同事保持适当的距离，包括保持适当的空间距离，尊重和保护个人隐私。 4. 礼貌拒绝可以通过设定明确的底线，表达一个正当的拒绝理由和提供一个解决方案来实现

案例与思考（八）

案例 8-1

如何融入新团队

晓晴毕业后到一家公司工作。她所在办公室里的同事大多是男士。午饭时同事们

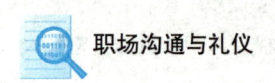

聚在一起谈天说地，十分投入，所谈问题往往集中在体育赛事和股票行情上。晓晴对这些问题不感兴趣，很少加入他们的交流。过了一段时间，晓晴发现经常在一起交流的同事彼此之间好像更亲切一些，工作上也很配合，而自己像局外人一样，和他们比较生疏。

思考：晓晴怎样才能扭转这样的局面？

案例 8-2

如何与"全能型"的同事共事

小王与小周同为某产品研发部门的核心成员，近期被指派共同负责一项具有战略意义的新产品开发项目。小周以其出众的业务能力和卓越的情商受到团队成员一致称赞。他不仅在技术解决方案上有独到见解，而且在团队协作、客户沟通等方面游刃有余。相比之下，小王虽然在专业技术上有着深厚积淀，是公认的"技术大牛"，但在人际交往与处理复杂职场关系方面显得较为生涩。

面对与小周的合作，小王内心产生了微妙的波动。他意识到自己在项目中的角色可能会因小周的存在而显得相对黯淡，担心自己的专业才华会被小周的全方位能力所掩盖，这使得他时常陷入自我怀疑与焦虑之中。尽管小王深知团队的成功离不开每位成员的贡献，但他仍希望在激烈的竞争环境中，既能与小周保持良好的合作关系，又能充分展现自己的技术实力，赢得应有的认可。

思考：在这种情况下，小王应该如何妥善处理与小周的关系，既保证项目合作的顺畅，又能彰显自身的专业价值呢？

实践活动（八）

活动 8-1

学会真诚有效地赞美

一、活动目标

发现他人的闪光点，通过真诚地赞美加深友谊、增进感情。

二、活动过程

1. 连续五天从不同的角度赞美同一个人。
2. 记录下你的赞美语言和被赞美者的反应。

3. 不断改进你的赞美语言，并写下你的体会。
4. 完成实践活动记录（如表 8-1 所示）。

表 8-1　实践活动

记录人：		赞美对象：	
日期	赞美的语言		对方的反应
你的体会			

三、讨论与评价

1. 被赞美者的反应与你期望的一致吗？如果不一致，原因是什么？
2. 通过此次活动，你认为赞美在人际交往中具有怎样的意义和价值？
3. 完成任务测评（如表 8-2 所示）。

表 8-2　任务测评

评价指标	评分等级	测评结果
善于发现身边人的多元闪光点，不仅限于表面的优点，而且能够深入性格、能力、品质等深层次的维度。连续五天，每天都以新颖且真诚的角度赞美同一个人，赞美语言丰富多样，富有创意和感染力，充分体现了对他人的尊重与欣赏。 能够细致观察并记录被赞美者的即时反应及后续行为变化，显示出高度的同理心与洞察力。 在过程中不断反思、调整赞美方式，真正实现了通过赞美增进友谊，提升人际关系质量的目标	优秀：90 分以上	
连续五天都能找到不同的方面进行赞美，赞美内容较为贴切真实，表现出一定的观察力和对他人的关注。 在记录赞美语言和对方反应的过程中，做到了基本的翔实记录，有一定的互动反馈。 在赞美技巧上有所尝试和改进，可改进的空间还比较大	良好：75～89 分	
赞美角度稍显单一或表面化，赞美语言不够生动和具有说服力。 记录赞美语言和他人反应时缺乏对细节的关注和捕捉。 尽管在赞美方式上有过一些思考和改变，但效果不明显	一般：60～74 分	
赞美内容雷同或者流于形式，没有真正做到发现和欣赏他人的独特之处。 未详细记录赞美语言和对方的反应。 缺乏对自身赞美方式的反思和改进	较差：60 分以下	

活动 8-2

保持适当的距离

一、活动目标

了解在职场中与同事保持适当距离的重要性，在实际交流中恰当地保持个人空间。

二、活动过程

要求：模拟在职场交流场景中如何保持适当的空间距离，并进行有效沟通。

1. 模拟不同的职场交流场景，如团队会议、一对一讨论、非正式聊天等。
2. 交流过程中注意保持适当的空间距离，同时注意非语言沟通的技巧。

三、讨论与评价

1. 空间距离对于沟通过程中的舒适度、沟通效果有何影响？
2. 总结经验教训，探讨如何在不同情境下保持适当的空间距离。
3. 完成任务测评（如表 8-3 所示）。

表 8-3 任务测评表

评价指标	评分等级	测评结果
交流过程中始终保持适当的空间距离。 交流自然流畅，能够有效使用非语言沟通技巧，如眼神接触、肢体语言等。 能深入分析和反思沟通体验过程，提出有建设性的改进建议	优秀：90 分以上	
基本保持合适的空间距离，在某些情况下距离感把握不够准确。 交流较为顺畅，但在非语言沟通方面缺乏一些技巧。 能分析和反思模拟过程，提出的改进建议合理，但可能不够深入	良好：75～89 分	
在空间距离方面缺乏适当的调整，有时过近或过远。 交流过程中存在一些障碍，如语言或非语言沟通不够有效。 对模拟过程的反思较为表面，改进建议缺乏实际可操作性	一般：60～74 分	
空间距离把握不准确，频繁侵犯他人个人空间或显得过于疏远。 交流存在明显障碍，沟通不顺畅，缺乏有效的非语言沟通技巧。 对模拟过程缺乏反思，提出的改进建议不切实际或与问题无关	较差：60 分以下	

模块九　参与活动礼仪实践

名人名言

文明礼仪是一种默契，是人类社会发展的基石。

——马丁·路德·金

能力标准

分类	具体内容
知识	● 掌握各种活动礼仪的类型以及特点。 ● 了解各种活动的工作程序和礼仪知识
技能	● 能够筹办各种活动，并灵活应用相关基本礼仪。 ● 能够在参加各种活动时正确应用相关基本礼仪
态度	● 在筹办和参加各种活动时，具备良好活动礼仪素养。 ● 展现礼仪规范，营造活动气氛

学习导航

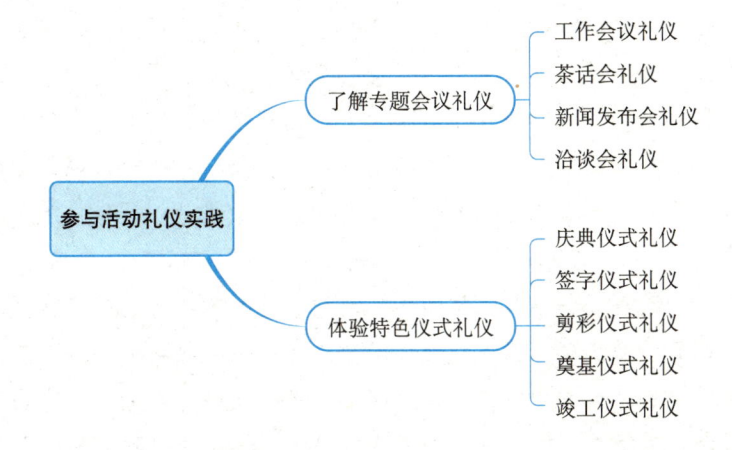

参与活动礼仪实践
- 了解专题会议礼仪
  - 工作会议礼仪
  - 茶话会礼仪
  - 新闻发布会礼仪
  - 洽谈会礼仪
- 体验特色仪式礼仪
  - 庆典仪式礼仪
  - 签字仪式礼仪
  - 剪彩仪式礼仪
  - 奠基仪式礼仪
  - 竣工仪式礼仪

能力自测

小测试：你懂得活动礼仪吗？

2024年，康美时代迎来公司发展史上重要且美好的一刻——康美时代成立十周年，以"风雨十载，共赢未来"为主题的康美时代十周年庆典活动于4月12日在广州总部召开。假如你是康美时代总经理，你会如何筹办此次庆典活动呢？

思考：

1. 你如何制定公司庆典方案？
2. 你如何邀请嘉宾出席庆典活动？
3. 在庆典过程中，你如何展现良好的庆典活动礼仪？

单元 9.1　了解专题会议礼仪

引例 9-1

新产品发布会的问题出在哪里

国内某大型公司设计了一款新型AI产品。为向客户介绍并宣传新产品，公司准备举行一场新产品发布会。该公司邀请了国内著名的专业人士、明星以及电视、广播、报纸、杂志等多家新闻媒体参加，并将发布会时间定为周五晚上6点。考虑到来宾众多，还选定了一个环境优雅、有大型会议厅的宾馆。结果很多来宾因堵车未能准时到达，请的嘉宾也只到了一半，发布会因此延后一小时，会后的宣传报道也杂乱无章，导致新品发布会没有达到预期效果。

【分析】本案例中该大型公司的新产品发布会存在以下问题。一是交通规划不足：很多来宾因堵车未能准时到达，这反映出在活动策划阶段，对交通状况的预估和规划不够充分。未来应考虑提供更详尽的交通指南，建议最佳出行路线，甚至考虑安排班车从主要交通枢纽接送嘉宾。二是嘉宾邀请与确认流程管理不当：仅有一半邀请的嘉宾到场，这可能是因为邀请过程中的沟通不够充分，或者是没有进行有效确认。改善措施包括更早发出邀请并进行多次提醒确认，以及安排专人一对一与嘉宾进行确认。三是发布会没有按时开始：发布会因外部因素延迟一小时，反映了现场协调能力的不足，需要有经验的现场导演或协调人员灵活调整活动进度，确保即使面对意外也能按计划进行。四是宣传报道管理不到位：会后的宣传报道杂乱无章，说明媒体管理和公关策略存在问题。应当事先与媒体建立明确的沟通机制，提供统一的信息包和新闻稿，确保报道的一致性和正面性。

活动礼仪不仅是个人修养和社会文明的体现，更是促进社会和谐、提升人际交往质量、增强团队协作与企业竞争力的关键因素。无论是从个人成长、社会交往，还是从企业文化、国际交流的角度来看，良好的活动礼仪都是非常重要的。

组织、领导或参加各种会议或仪式活动，对于职场人士来说是日常工作中需要经常处理的事情，如工作会议、新闻发布会、茶话会、展览会、开业庆典等。一般情况下，会议场合都是严肃庄重的，只有严格遵守会议礼仪，才能从容面对不同性质的会议考验，并促使会议圆满成功。

一、工作会议礼仪

工作会议是指在同一个社会组织中，为了协同工作，有关人员高度聚集，商议一些分工合作、计划修改，或是消除分歧、避免重复之类的内容，这属于内部会议。会议礼仪主要涉及组织者的礼仪、会场布置与座次安排、主持人礼仪、参与会议的礼仪及会议结束后的工作等方面。

（一）组织者的礼仪

1. 及时发出通知、请柬

组织者须事先拟好会议通知，通知务必写明会议主题、时间、地点及参加人员等内容。还可以采取请柬的形式，以示会议的隆重以及对与会者的尊重，然而无论是通知还是请柬，应至少提前一周送达或邮寄到与会者手中，使参加会议的人有足够的时间准备。

2. 备好会议资料

第一，列出会议的程序和日程安排，会议日程的安排要适当，注意张弛有度；第二，把领导的重要讲话或相关的文字资料打印、装订好，待开会时发给每一位与会者。

（二）会场布置与座次安排

1. 组织好会场的布置工作

会场选定后，会议气氛的营造依赖于会场的布置，应当依据会议的内容来安排，或庄重肃穆，或郑重宏大，或热烈欢快。现场要提前做好横幅设置并进行照明、空调、麦克风、电脑投影仪、电话、传真机等设施的测试。同时根据会议类型摆放长方形、正方形、椭圆形或圆形桌子。中型以上的会议需要设置主席台，主席台背后悬挂会标或旗帜。

2. 安排好会场座次

主席台必须排座次、放名签，以便领导对号入座，避免上台之后互相谦让。座次排列

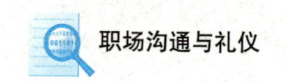

的原则是：以中为尊，左为上，右为下。

领导为单数时：主要领导居中，2号领导在1号领导左手位置，3号领导在1号领导右手位置。

领导为偶数时：1号和2号领导同时居中，左为上，1号领导偏左，2号领导在1号领导右手位置，3号领导在1号领导左手位置。

与会人员的座次应统一安排，由于座位有前有后，有正有偏，在排座位时要妥善安排，照顾全面。可按汉字姓氏笔画，以从少到多的顺序排列，也可按行业系统排列。

（三）主持人礼仪

作为会议主持人应具有敏捷清晰的思维，有耐心、善观察、善表达、富有幽默感、自制力强，有协调能力、分析概括能力和解决问题的能力。在主持会议的过程中应始终保持中立的态度，并站在无偏见的立场上，注意营造合适的会议气氛，或庄重，或幽默，或沉稳，或活泼；控制会议主题和时间，鼓励参与，寻求反馈，避免冲突。

（四）参与会议的礼仪

（1）准时到会。宁可稍提前些等待，也不可迟到1分钟，到达后要按照会议安排入座。

（2）规范着装。男士应穿深色西装、打素色或条纹领带、配深色袜子和黑色皮鞋。女士则须穿深色西装套裙、配肉色长筒或连裤式丝袜和黑色高跟或半高跟皮鞋。

（3）言行得体。注意自己的身份、地位，扮演好自己的角色，力求言行举止自然得体、落落大方，切忌哗众取宠或喧宾夺主。

（4）遵守纪律。在开会过程中，应集中精神、认真倾听，做好笔记，不要做出一些失礼的行为，如随意走动、与别人窃窃私语、打哈欠等。同时在开会期间，有急事需提前退场，应与会议组织者打招呼，说明理由，征得同意后再离开。

（五）会议结束后的工作

会议组织者在会议结束后，还须做好后续工作。第一，要尽快形成文件，包括会议决议、会议纪要等。第二，根据工作需要和有关保密制度的规定，会议结束后还应对与其有关的一切图文、声像材料进行细致的收集、整理。第三，对外来与会者，主办单位还应协助其返程。第四，把会议决策通报给有关人员。

二、茶话会礼仪

和其他类型的会议相比，茶话会是社交色彩最浓的一种。

（一）茶话会目的

茶话会重点不在"茶"而在于"话"，它是为了联络老朋友、结交新朋友而举行的具有对外联络和招待性质的社交性集会。参加者可以不拘形式地自由发言并且享用茶点。茶话会一般不排座次，可以自由活动，与会者不用签到。

（二）茶话会的举办礼仪

茶话会礼仪主要涉及主题、邀请嘉宾、时间地点的选择、茶点的准备、座次的安排、基本议程、发言等七个方面。

1. 主题

可以分为三类，即联谊、娱乐、专题。职场中最为常见的是以联谊为主题的茶话会。在以娱乐为主题的茶话会上，为了活跃气氛会安排一些文娱节目，并以此作为茶话会的主要内容，节目以现场人员的自由参加与即兴表演为主；专题茶话会是在某个特定的时刻，或为某些专门问题而召开的茶话会，以听取某些专业人士的见解，或是和某些与本单位有特定关系的人士进行对话为目的。

2. 邀请嘉宾

主办单位在筹办茶话会时，必须围绕主题邀请嘉宾，尤其要确定好重要的与会者。嘉宾可以是本单位的顾问、社会知名人士、合作伙伴等各方面人士。茶话会的嘉宾名单一经确定，应立即以请柬的形式向对方提出正式邀请。按惯例，茶话会的请柬应在半个月之前被送达或寄达被邀请者。

3. 时间地点的选择

这是茶话会取得成功的重要条件。辞旧迎新、周年庆典、重大决策前后、遭遇危难挫折的时候，都是召开茶话会的良机。根据惯例，举行茶话会的最佳时间是下午四点钟左右。有些时候也可以安排在上午十点钟左右。在进行具体操作时不用墨守成规，应该以与会者特别是主要与会者的方便与否以及当地人的生活习惯为准。茶话会时间可长可短，关键是要看现场有多少人发言，发言是否踊跃；但通常以一到两个小时为宜。适合举行茶话会的场地主要有：一是主办单位的会议厅；二是宾馆的多功能厅；三是主办单位负责人的私家客厅；四是主办单位负责人的私家庭院或露天花园；五是包场高档的营业性茶楼或茶室。餐厅、歌厅、酒吧等地方，不合适举办茶话会。

4. 茶点的准备

茶话会不上主食、酒水，只提供茶点。按惯例，在茶话会举行后不必再聚餐。

5. 座次的安排

（1）环绕式。不设立主席台，把座椅、沙发、茶几摆放在会场的四周，不明确座次的具体尊卑，与会者在入场后自由就座。这一安排座次的方式与茶话会的主题最相符，也最

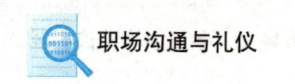

流行。

（2）散座式。散座式排位常见于在室外举行的茶话会。它的座椅、沙发、茶几可四处自由地组合，甚至可由与会者根据个人要求而随意安置。这样就容易创造出一种宽松、惬意的社交环境。

（3）圆桌式。圆桌式排位指的是在会场上摆放圆桌，请与会者在周围自由就座。

（4）主席式。这种排位是指在会场上主持人、主人和主宾被有意识地安排在一起就座，并且按照常规就座。

6. 基本议程

第一项：主持人宣布茶话会开始。宣布开始前，主持人邀请与会者就位。宣布开始后，主持人可对主要与会者略加介绍。

第二项：主办单位的主要负责人讲话。他的讲话应以阐明这次茶话会的主题为中心内容，还可以代表主办单位，对全体与会者表示欢迎和感谢，并且恳请大家一如既往地理解和支持。

第三项：与会者发言。发言在任何情况下都是茶话会的重心。为了确保与会者在发言中直言不讳、畅所欲言，通常主办单位事先不对发言者进行指定和排序，也不设置具体发言时限而是提倡与会者自由地进行即兴式的发言。一个人还可以多次发言，不断补充、完善自己的见解、主张。

第四项：主持人总结。主持人略作总结后，可以宣布茶话会结束。

7. 发言

现场发言在茶话会上举足轻重。茶话会如果没有人踊跃发言，或者是与会者的发言严重脱题，都会导致茶话会的最终失败。茶话会上，主持人最主要的作用是在现场审时度势，因势利导地引导与会者的发言，并且控制会议的全局。大家争相发言时，主持人决定先后。没有人发言时，主持人引出新的话题，或者邀请某位人士发言。会场发生争执时，主持人要出面劝阻。在每位与会者发言前，主持人可以对发言者略作介绍。发言的前后，主持人要带头鼓掌致意。与会者的发言以及表现等必须得体。在要求发言时，可以举手示意，但也要注意谦让，不要争抢；不管自己有什么"高见"，都不要打断别人的发言。肯定成绩时，要力戒阿谀奉承；提出批评时，不能讽刺挖苦。切忌当场表示不满，甚至私下里进行人身攻击。

三、新闻发布会礼仪

新闻发布会，有时亦称记者招待会。这是一种主动传播各种有关信息，谋求新闻界对某一社会组织的某一活动、事件进行客观公正报道的有效沟通方式。对商界而言，举办新闻发布会是联络、协调与新闻媒介之间的关系的一种最重要的手段。

发布会的常规形式是：由某一商界单位或几个有关的商界单位出面，将有关的新闻界人士邀请到一起，在特定的时间里和特定的地点内举行会议，宣布某一消息，说明某一活动，或者解释某一事件，争取新闻界对此进行客观而公正的报道，并且尽可能地争取扩大信息的传播范围。按照惯例，当主办单位在新闻发布会上进行完主题发言之后，允许与会的新闻界人士在既定的时间里围绕发布会的主题进行提问，主办单位必须安排专人回答提问。

发布会礼仪，一般指有关举行新闻发布会的礼仪规范。对商界而言，发布会礼仪至少应当包括会议的筹备、媒体的邀请、现场的应酬、善后的事宜等四个主要方面。以下对其分别加以介绍。

（一）会议的筹备

筹备新闻发布会，要做的准备工作甚多。其中最重要的工作事项有四个方面：第一是确定主题，主题大致有三种，即发布某一消息、说明某一活动和解释某一事件。第二是时空的选择，举办新闻发布会要避开节假日，避开本地的重大社会活动以及其他单位的新闻发布会；地点上除了本单位本部所在地、活动与事件所在地，还可优先考虑首都或其他影响力巨大的中心城市。第三是人员的安排，主要是选好主持人和发言人，两者在新闻发布会上都必须保持口径一致，并相互配合。第四是材料的准备，要精心准备好发言提纲、问答提纲、宣传提纲和图表、照片、视频等辅助材料。

（二）媒体的邀请

在新闻发布会上，新闻界人士自然是主宾。在事先考虑邀请新闻界人士时，必须有所选择、有所侧重，以确保新闻发布会取得成功。电视、报纸、广播、杂志、网络等新闻媒体都有其主要优缺点，邀请时要加以考虑，并尽可能地优先邀请影响力巨大、主持正义、报道公正、口碑良好的新闻单位人员到场。另外，拟邀请国外新闻单位到会，还须遵守有关的外事纪律，事先报批。同时主办单位要协调好与新闻单位的关系。

（三）现场的应酬

在新闻发布会正式举行的过程中，往往会出现种种不确定的问题。有时甚至还会有难以预料的情况出现。要应对这些难题，确保新闻发布会的顺利进行，除了要求主办单位的全体人员齐心协力、密切合作，最重要的是要求代表主办单位出面的主持人、发言人善于沉着应变、把握全局。

（四）善后的事宜

新闻发布会举行完毕之后，主办单位需在一定的时间之内，对其进行评估和善后工作。通过对照现场所使用的来宾签到簿与来宾邀请名单，核查新闻界人士到会情况，大致

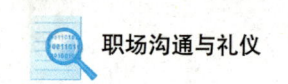

推断出新闻界对本单位的重视程度，并主动征求与会者的意见或建议；对于新闻发布会当天的有关资料要有效整理并妥善保存；在总结发布会的举办经验、了解各方反应后，对于出现的失误、过错应主动采取一些必要的对策。特别是对于不利报道，要具体情况具体分析，维护本单位形象和声誉。

四、洽谈会礼仪

洽谈会是指在社会各界存在着某种关系的各方，为保持接触、建立联系、进行合作、达成交易、拟定协议、签署合同、要求索赔，或是为了解决争端、消除分歧，坐在一起进行面对面的讨论与协商，以求达成某种程度上的妥协而举办的会议。

（一）洽谈会的特点

1. 目的性

洽谈是目的性很强的活动。其目的一般有三个：一是追求利益，追求并维护自身利益是谈判的首要动因，各方在追求利益目标时，都追求自身利益目标的最大化；二是谋求合作，只有合作才能出现"双赢"的局面，才能在合作的基础之上分割利益；三是寻求共识，洽谈双方在各种交易条件上达成共识，从而建立合作的基础，达到洽谈的基本目的。

2. 互动性

洽谈是一种双方或多方的社会交往和互动的过程。在该过程中，一方以行为和语言等手段向对方传递各种信息，另一方也要对该信息做出反应，或向该方传递新的信息。双方都要对对方的信息进行接收、加工整理、反馈，通过持续不断的信息传递与反馈进行相互影响、相互适应，并最终达成一致。

3. 协商性

洽谈是信息的交流与沟通，不是命令也不是通知，不能由一方说了算。所以在洽谈的过程中，一方除了要清楚地表达自己的观点和立场，还要通过协商做出一定的妥协和让步，洽谈就是由对立到妥协的过程。

4. 冲突性与合作性

参与洽谈的各方都有各自的利益诉求，双方难免存在冲突。解决这一矛盾的唯一途径就是均衡利益，即寻求双方利益的一致性。为此，洽谈的双方必须共同寻求双方都能接受的利益临界点，实现"双赢"局面。

5. 艺术性与技巧性

随着社会交往的迅速发展，洽谈已经发展成为一门集艺术性、技巧性于一体的综合性技能。在洽谈中既要遵循洽谈的一般规律，又要掌握洽谈的艺术与技巧，只有这样才能在洽谈中有效沟通,顺利地达到洽谈的目标。

(二)洽谈前的准备礼仪

组织通过洽谈磋商活动来解决很多决定组织发展命运的重要事情。因此,详尽周到的准备工作是取得谈判成功的必要步骤。洽谈的礼仪准备是指洽谈者在安排或准备洽谈会时,应注重自己的仪容、仪表、仪态礼仪、布置合适的洽谈地点、安排正确的洽谈座次,以此来显示己方对于洽谈的重视以及对于洽谈对象的尊重。

1. 仪容、仪表、仪态礼仪

得体的着装和恰当的举止能够营造出正面的第一印象,这对于奠定良好的洽谈基础至关重要。

(1)仪容要求做到美观、自然、协调。女士不宜化浓妆、染彩色头发、梳奇异发型、使用浓烈的化妆品和香水,而应选择淡妆以及素雅的发型,整个人要清新、自然、端庄。男士不可蓬头垢面,不应蓄胡子或留大鬓角,一律要理发、剃须、修剪指甲。

(2)仪表要求洽谈者着装规范。整洁高雅的着装会给人以信任感,更重要的是代表组织的集体外在形象和职业素养,因此穿着要传统、简约、高雅、规范。男士应穿深色三件套西装和白衬衫,打素色或条纹式领带,配深色袜子和黑色系带皮鞋。女士则须着深色西装套裙和白衬衫,配肉色长筒袜和黑色高跟或半高跟皮鞋。

(3)仪态要求言谈举止得体优雅。一个人的握手动作、彼此介绍、坐姿、走姿等各方面都透露着个人的精神面貌和职业素养。因此,在洽谈桌上绝对不能漫不经心、吊儿郎当、随心所欲、无精打采,以免让对方感受到不友好、不尊重的态度。

2. 地点

根据商务洽谈举行的地点不同,可将其分为客场洽谈、主场洽谈、客主场轮流洽谈以及第三地点洽谈四种。客场洽谈即在洽谈对手所在地进行的洽谈。主场洽谈即在我方所在地进行的洽谈。客主场轮流洽谈即在洽谈双方所在地轮流进行的洽谈。第三地点洽谈即在不属于洽谈双方任何一方的地点所进行的洽谈。以上四种洽谈会地点的具体确定,应通过各方协商而定。"礼多人不怪",无论在哪里洽谈,客方主方只要台前幕后恰如其分地运用礼仪,都可以赢得信赖,获得理解与尊重。

3. 座次

在洽谈会上,如果我方身为东道主,不仅应布置好洽谈室的环境,预备好相关的用品,而且还应当特别重视座次问题。举行小规模洽谈会或预备性洽谈会时可以对座次不作严格要求。但在举行正式洽谈会时,对座次不能不予以重视,它反映着对洽谈者的礼遇和对规范的尊重。

(1)双边洽谈。举行双边洽谈时应使用长桌或椭圆形桌子,宾主应分坐于桌子两侧。若采取横桌式,即桌子横放,则面对正门的一方为上,应属于客方;背对正门的一方为下，应属于主方。若采取竖桌式，即桌子竖放，则应以进门的方向为准，右侧为上，属于客方；左侧为下，属于主方。在进行洽谈时，各方的主谈人员应在自己一方居中而坐，其余人员则应遵循右高左低的原则，依照职位的高低自近而远地分别在主谈人员的两侧就座。假如需要翻译人员，则应安排其就座于仅次于主谈人员的位置，即主谈人员右侧。

（2）多边洽谈。举行多边洽谈时，为避免失礼，可按照国际惯例以圆桌为洽谈桌举行"圆桌会议"。这样一来尊卑的界限就被淡化了。即便如此，在开始就座时，亦应讲究有关各方的与会人员尽量同时入场并同时就座。主方人员不应在客方人员之前就座。另外一种座次形式就是主席式。主席式座次排列是指在谈判室内面向正门设置一个主席位，在各方代表发言时使用。其他各方人士则一律面对主席位分别就座。各方代表发言后，亦需下台就座。

（三）洽谈中应具备的礼仪

除了要遵守上述的洽谈原则和准备礼仪，在洽谈中还要注意做好以下 4 点。

1. 遵守时间不失约

这是社会交往中非常重要的礼貌，尤其参加洽谈活动，双方都要按时抵达。客方过早抵达，会使主方因没准备好而难堪；若客方（主方）过迟到达，会使主方（客方）空等过久而失礼。如确实因故不能准时到达，应诚恳地向主方或客方致歉并说明原因；而因故不能应邀赴约时，要礼貌地告知对方，并表示歉意。

2. 尊重老人与妇女

尊重老人与妇女，既是传统美德也是个人必备品质。在上下楼梯，进出电梯、车辆时，都应礼让老人与妇女，让其先行，必要时给予适当的帮助；对同行的老人、妇女，男子应帮助提较重物品；进出门时，要主动帮助他们开门、关门；进出屋时，也可帮助他们穿、脱大衣外套；同桌用餐时，男子也应主动帮助他们入座、离席。

3. 尊重各种风俗习惯

不同的国家、民族，由于不同的历史、文化、宗教等因素，各有其特殊的风俗习惯和礼节，在交往中均应予以重视。如果初到一个国家或初次参加活动，应多了解、多留意、多观察，不懂或不会做的事，可仿效别人。

4. 举止要稳重大方

在洽谈中要落落大方、端庄稳重，表现自然、和蔼可亲。参加活动前不能吃葱、蒜等带有刺激味道的食物；注意吸烟的场所及烟量；言谈中手势不要过大；别人讲话时不要打断或插话，讲求倾听的艺术；不要询问妇女的年龄、婚否、工资收入等私人生活方面的问题；不要随意谈论政治、外交、宗教等问题。

单元 9.2　体验特色仪式礼仪

引例 9-2

庆祝成就　展望未来

2023 年 12 月 25 日,"建功七十载,踏上新征程"庆祝福建建工集团成立 70 周年纪念大会在福建广电大剧院成功举办。大会分为"奋斗""致敬""征程"三个篇章,以领导致辞、文艺表演、TED 演讲、老领导访谈、颁发荣誉证书等形式,全面、系统地回顾集团 70 年发展历程,隆重庆祝集团成立 70 周年,进一步弘扬集团干部职工昂扬向上、团结奋进的精神面貌。

董事长向莅会的领导嘉宾表示了诚挚的欢迎,向长期以来关心、支持和帮助集团改革发展的各级领导表示了感谢,向为集团创立、成长和壮大付出毕生心血的老领导、老同志致以崇高的敬意,并作会议开幕致辞。他围绕"初心使命""改革深化""品质立企""创新强企"四个关键词,回顾了集团 70 年来的发展历程,描述了福建建工诞生于百废待兴、拼搏于新中国伟大蝶变的历史进程;勇立于时代潮头,前进于改革开放大时代的风起云涌;致力于匠心铸造,融入于海内外区域大发展的广袤宏图;聚力于追求卓越,成长于中国建筑产业大提升的日新月异的历史画卷。

知其所来,明其所往。在活动现场,老一代建工人通过视频连线、现场访谈等方式,诉说当年故事,回望福建建工一路走来的风雨历程;集团近年来涌现出的中坚骨干力量和青年人才代表,也结合自身实践讲述了在岗位上成长历练贡献的故事。

在福建建工集团 70 年历史中,涌现出了一大批爱岗敬业的干部职工,作为中坚力量的他们,经受住了岗位的淬炼、抵挡住了时光的淘洗,数十年如一日在平凡岗位上默默耕耘,与企业同风雨、共呼吸,为企业奉献了自己最美好的青春年华。在纪念大会上,集团领导和来宾代表分别向倾情奉献 20、30 年及以上的员工代表颁发纪念证书。

大会最后,集团领导、退休老领导,各界来宾、演出人员在《新的天地》背景音乐中合影留念,一起携手奋进,走向崭新天地!

【分析】这次庆典活动是为了庆祝福建建工集团 70 周年华诞,是对集团成立 70 年来改革发展谋突破、履职尽责担使命的生动展现。完美的庆典活动既是对集团过去 70 年成就的庆祝,也是对集团未来发展的展望。

一、庆典仪式礼仪

庆典是围绕重大事件或重大节日、纪念日而举行的庆祝活动仪式，是各种庆祝仪式的统称。在商务活动中，商务人员参加庆祝仪式的机会很多。例如，参加本单位组织的庆祝仪式或应邀出席外单位的庆祝仪式等。

（一）庆典仪式特点

1. 以庆祝活动为依托

主办单位在举办庆典的时间和场合的确定上、活动程序的安排上、活动内容的设计上等，都要进行精心的设计和筹备，使活动进行得红火热闹，欢快隆重，令人回味。通过庆祝活动达到广交朋友，增进友谊，联络合作伙伴，增加合作机会的目的。

2. 以展示实力为目的

通常主办单位举办庆典，都是希望通过活动总结前一段时间的工作成果，展示稳健的发展历程，显示可靠的实力和信誉，借机谋求新闻媒体的报道，以达到宣传良好的组织形象及展示实力的最终目的。

（二）庆典仪式内容安排

1. 庆典仪式的准备

（1）做好舆论宣传工作。主办单位在庆典仪式开始前要充分了解公众或合作伙伴对组织的了解程度、认同程度，以及公众和伙伴的兴趣所在，大力宣传组织对公众和伙伴的益处，以便在确定庆典主题和选择庆典活动形式时，最大可能地迎合大众心理。

（2）拟出宾客人员名单。宾客名单可包括政府相关部门领导，主要是表达对上级机关的感谢并希望能继续得到支持；社会知名人士，通过他们的名人效应，更好地提升自身的形象层次；成功人士、友好单位人士，以增进友谊，共谋发展；本单位参加庆典仪式的领导和工作人员。此外，还可邀请媒体记者。

（3）布置庆典仪式现场。庆典仪式的现场一般选在有意义的建筑物的正前门或是面积广阔的广场。现场布置要突出隆重的气氛，应备有标语、彩旗、横幅等。此外还可以准备鼓乐、飞鸽等加以烘托、渲染气氛。

需要注意的几点是：
①现场应有庆典仪式的主横幅。
②现场须有摆放来宾赠礼，如花篮、贺匾、纪念物等的位置。
③音响或鼓乐声在节奏和音量上要加以控制，不可影响周边地区正常生活秩序。

④庆典仪式的规模妨碍到交通时，应约请交通管理部门派人协调。

2. 庆典仪式的程序

庆典仪式通常由五个程序组成：

（1）迎宾：请来宾就座，介绍嘉宾。

（2）开始：宣布庆典正式开始，全体起立，升国旗，奏国歌。

（3）致辞：由主办单位负责人致辞。

（4）致贺：由邀请嘉宾讲话，致贺词。

（5）致谢：由主持人向各方客人致谢。

（三）参加庆典人员礼仪

仪容整洁，着装规范。所有主办单位人员应保持仪容干净整洁，着装整齐划一、整洁规范。如有统一制服，应穿单位的统一制服；如无统一制服，则应规定必须穿着礼仪性服装：男士应穿深色中山套装或是深色西装，女士应穿深色西装套裙和花色素雅的连衣裙。

遵守时间。上到主办单位的负责人，下到员工都不得迟到、无故缺席或中途退场。

态度友善。作为主办方遇到来宾要主动问好，对宾客提出的问题要友善地答复。不要围观来宾、指点来宾。打断来宾的讲话、向其挑衅、与其辩论，这些都是不讲礼仪礼貌的表现。作为宾客，无论是受主办单位邀请还是以个人身份参加庆典活动，都要装扮好自己的仪容仪表，注意言行举止，态度友好，遵守庆典会场秩序，听从主办单位管理。

二、签字仪式礼仪

签字仪式是合作双方在合作活动中经过商洽或谈判，就彼此之间进行的合作、交易或某种争端达成协议、订立合同后，由各方代表正式在有关的协议或合同上签字的一种庄严而隆重的仪式。签字仪式很短，却是合作活动的成果和高潮，应认真筹备，确保圆满。

（一）签字仪式的准备

签字仪式是组织具有"里程碑"意义的大事，即使是一个小型的签字仪式，也需要思虑周全，签字双方不能在签约现场出现任何有失礼仪的行为，也不能让对方感觉到己方准备不足或不重视，否则会有前功尽弃的可能。

1. 准备待签文本

洽谈结束后，待签的合同文本由主办方起草，经双方协商修改、确认后，主办方负责合同的翻译、校对、印刷、装订、盖章等工作。合同一旦签字就具有法律效力，因此对待签文本的准备应当慎重严肃。在准备文本的过程中，除了要核对谈判中达成的协议与文本条款的一致性，还要核对项目批件、许可证、设备分交文件、用汇证明、订货卡等是否完备有效，合同内容与批件内容是否相符，等等。审核文本必须对照原稿件，做到一字不漏。对审核中发现的问题，要及时互相通报，通过再谈判，达到意见一致，并相应调整签约时间。在协议或合同上签字的有几个单位，就要为签字仪式提供几份合同文本。必要时还应为各方提供一份副本。与外商签订有关协议、合同时，按照国际惯例，待签文本应同时使用宾主双方的母语。

待签文本要纸张高档、印刷精美、装订成册，一般采用大8开规格，并配以高档封面，以示郑重。作为主方应为文本的准备提供准确、周到、高效的服务。

2. 布置签字场地

由于签约的种类不同，当事双方的风俗习惯不同，签字仪式的安排和签字厅的布置也不尽相同。但总体要求是签字场地要庄重、整洁、清净，并且铺满地毯；签字厅内横放一张长方形签字桌，面对签字厅正门；桌面覆盖深绿色台布，桌后放两把椅子，作为双方主签人的座位，面对正门主左客右；座前事先摆放各自的文本，文本上端分别放置签约的文具；签字桌上方或后方可悬挂横幅，标明是"××签字仪式"。

3. 悬挂国旗

与外商签署涉外合同时，签字桌中间应摆一个旗架，悬挂双方的国旗。插放国旗时，其位置与顺序必须按照礼宾序列，有关方的国旗须插放在该方主签人座椅的正前方。

4. 座次排列

签字仪式的座次安排最能体现礼遇的高低，因此主办方应当认真安排仪式的座次。一般情况下，举行签约仪式时，座次排列有三种基本形式，它们分别适用于不同的具体情况。

（1）并列式：签字桌在室内横放，双方主签人居中面门而坐，客方居右，主办方居左（以室内面向正门的视角为基准）。出席仪式的全体人员分别在己方主签人座位后站立，并按照职位高低，由中间向两侧依次排开。并列式是举行双方签字仪式时最常见的形式。

（2）相对式：与并列式签约仪式的排座基本相同，只是将双方参加签约仪式的随员移至主签人的对面。相对式多用于公务性会晤。

（3）主席式：签字桌仍须在室内横放，签字席仍须设在桌后面对正门，但只设一个，并且不固定其就座者。举行仪式时，所有各方人员，包括主签人在内，皆应背对正门、面向签字席就座。签字时，各方主签人应以规定的先后顺序依次走上签字席就座签字，然后应立即退回原处就座。主席式适用于多边签约仪式。

5. 安排签字人员

在举行签字仪式之前，有关各方应预先确定好参加签字仪式的人员，并向有关方面通报。客方要将自己一方出席签字仪式的人数提前告知主方，以便主方安排。

（1）主签人。主签人要视文件的性质来确定，可由参与洽谈的主谈人担任，也可由更高级别的负责人担任，但双方主签人的身份应该对等并且具有签字资格。

（2）助签人。参加签字的有关各方事先还可以安排一名帮助主签人翻揭签字文本的助签人。助签人要熟悉签字仪式的详细程序，了解签字的有关细节。

（3）见证人。见证人即其他出席签字仪式的陪同人员，基本上是双方参加谈判的全体人员，按一般礼貌做法，人数最好大体相等。为了表示重视，双方也可对等邀请更高一层的领导人出席签字仪式。必要的情况下也可邀请公证机关或律师参加，以示签约仪式的透明度和公正性。

6. 签字人员着装

由于签字仪式的礼仪性极强，签字人员的穿着也有具体要求。按照规定，在出席签字仪式时，主签人、助签人以及随员应当穿着具有礼服性质的深色西装套装或西装套裙，并且配以白色衬衫与黑色皮鞋，男士还须系上单色领带。

（二）签字仪式的程序

虽然签字仪式的时间不长，但它是合作活动的高潮，其程序规范、庄重而热烈，主要有以下5个环节。

1. 仪式开始

各方人员在礼仪小姐的引领下进入签字厅，在既定位置入座。双方主签人面门而坐，主居左，客居右，其他陪同人员以各自职位、身份高低为序，自左向右（客方）或自右向左（主方）排列站于己方主签人之后，或坐在己方主签人的对面。双方助签人分别站在己方主签人的外侧，协助翻揭文本，指明签字处，并为已经签署的文件吸墨防洇。

2. 签署文本

主签人签署文本通常的做法是先签署己方保存的合同文本，再接着签署他方保存的合同文本，这一做法在礼仪上称为"轮换制"。它的含义是在位次排列上，轮流使有关各方有机会居于首位一次，以显示机会均等，各方平等。

3. 交换文本

双方主签人正式交换有关各方已经正式签署的文本，交换后，各方主签人应互相握手，互致祝贺，并相互交换各自方才使用过的签字笔，以志纪念。这时全场人员应该鼓掌，表示祝贺。

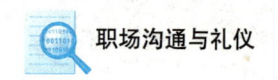

4. 举杯庆贺

国际上通行的做法是交换已签订的合同文本后，礼仪小姐用托盘端上香槟酒，有关人员尤其是双方主签人当场干一杯香槟酒，以增添喜庆色彩。

5. 有秩序退场

首先请双方最高领导者及客方先退场，然后东道主再退场。整个签字仪式以半小时为宜。仪式后，也可安排与会者观看文艺节目、参观展览、参加座谈会或宴会等。

（三）服务人员礼仪

参加签字仪式的服务人员，可以穿工作制服或旗袍等礼仪性服装。签字服务人员应注意仪态、举止，要落落大方、得体自然，既不要严肃刻板，也不要过分喜形于色。以下是服务人员在签字仪式全过程中应当注意的事项：

1. 门口候客

服务人员站立在门口，迎候签字人员。当签字人员到达时，服务人员应敬语相迎，引领至签字桌旁，并拉椅让座。照应其他人员按顺序就位。

2. 仪式开始

服务人员手托摆有香槟杯的托盘（杯中酒约七分满），站立两旁，在距签字桌两侧约2米远处。

3. 签字完毕

服务人员看到主签人握手并交换文本时，应迅速将签字椅撤除，立即将酒杯送到双方主签人面前，并讲"请"。从桌后站立者的中间处开始，向两边依次分让。等干杯后，服务人员应立即上前用托盘接收酒杯。

4. 送客

签字仪式结束后，为签字人员开门。引领签字人员到电梯口按电梯，用敬语送别。

三、剪彩仪式礼仪

剪彩仪式是有关组织为了庆贺其成立、开业、大型建筑物落成、新造的车船或飞机出厂、道路桥梁落成首次通车、大型展销会或展览会的开幕等举行的一种庆祝活动。活动中开业单位邀请专人使用剪刀剪断被称为"彩"的红色缎带（或其他具有象征意义的彩带），以示开业。剪彩作为一种庆典仪式，可以在开业典礼中举行，也可举行专门的剪彩仪式，以期引起社会各界的重视。剪彩具有独特的规范，举行仪式时要遵循以下礼仪规则。

（一）确定剪彩人员

1. 剪彩人

剪彩人即持剪刀剪彩的人。他们主要是主办单位的上级领导、本单位负责人、知名人士、客户代表、记者来宾以及主办单位企业的员工代表、技术人员等。剪彩人可以根据仪式规模邀请 1~5 人不等。

2. 助剪人

助剪人即在剪彩仪式上为来宾和剪彩人提供服务的礼仪小姐。助剪人可以是本单位女职工，也可以是从礼仪公司聘请的礼仪小姐。通常要求年轻漂亮、气质优雅、机智灵活；着装宜选择统一的西式套装或红色旗袍，穿高跟鞋，配长筒丝袜，化淡妆，发型以盘起的发髻为佳。助剪人分别担任迎宾、引导、拉彩、捧花、托盘等工作，人数根据仪式规模而定，其中捧花、托盘人数应与剪彩人员数量一致。

（二）准备剪彩工作

1. 布置主席台

主席台要铺设红色地毯，主席桌要盖好台布，摆放茶水和剪彩人员的名牌。

2. 剪彩用具

应按剪彩人数购置崭新的剪刀、白纱手套、托盘以及系有花团的大红缎带、馈赠的纪念性小礼品等。其中红色缎带上的花团要硕大、鲜艳，数目应比上场剪彩的人数多一个为宜，使每位剪彩人都处于两朵花中间，更显正式。

3. 分工和练习

人员确定后，要进行必要的分工和演练。

（三）剪彩仪式的基本礼仪

1. 仪式开始

仪式主持人在宣布仪式开始时，声音要高亢响亮，然后向与会者介绍参加剪彩仪式的领导人、负责人与知名人士，并对他们表示谢意，同时也对在场的其他与会者表示感谢。感谢还要用掌声表示，主持人把两手举起于肩膀，作为引导在场与会者鼓掌的暗示。仪式上可以安排简短发言，发言要言简意赅、充满热情，两三分钟即可，发言者一般为主办方的代表、向主办方表示祝贺的上级主管部门、地方政府及其他协作单位的代表等。

2. 剪彩人形象

剪彩人是剪彩仪式的主角，其仪表举止直接关系到剪彩仪式的效果和组织形象。因此

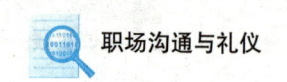

作为剪彩人，要有荣誉感和责任感，衣着大方、整洁、挺括，容貌要适当修饰，剪彩过程中要保持稳重的姿态、洒脱的风度和优雅的举止。

3. 剪彩位次

若剪彩人仅为一位，则剪彩者在指定位置面向全体到场者居中而立。若剪彩人为多位，则剪彩人位次的排序应该是：主剪人（通常为身份地位最高的剪彩者）居中，其他剪彩人则根据身份地位的高低，按照国际惯例右侧尊于左侧（以仪式台面向全体到场者的视角为基准）的原则，在主剪人两侧由近及远地依次排开。

4. 剪彩过程

（1）主持人宣布剪彩开始后，捧花者和托盘者应首先登场。登场时，应排成一行从仪式台的右侧（以全体到场者面向仪式台的视角为基准）上台。登台后，捧花者均双手捧一朵花团站成一排面向全体到场者，托盘者则站在捧花者身后约一米处，并自成一行。

（2）引导员在剪彩人的左前方，引导剪彩人从仪式台的右侧（以全体到场者面向仪式台的视角为基准），步履稳健地走向剪彩位置。有3位及以上剪彩人时应让中间主剪人走在前面，其他剪彩者紧随其后走向自己的剪彩位置。

（3）托盘者前行一步到达剪彩人的右后侧，用托盘呈上白手套、新剪刀，剪彩人则用微笑表示谢意并随即接过手套和剪刀。

（4）剪彩人要向手拉缎带的礼仪小姐点头示意，然后全神贯注、表情庄重地将缎带剪断。如果两位及以上剪彩人共同剪彩，要注意协调行动，处在外端的剪彩人应用眼睛余光注视处于中间位置的剪彩人的动作，力求同时剪断彩带。剪彩人还应与礼仪小姐配合，让花团落于托盘中。

（5）剪彩人放下剪刀后，应转身向周围的人鼓掌致意，并与主人进行礼节性的谈话，然后在礼仪小姐引导下退场。

5. 参观庆贺

剪彩后，一般要组织来宾参观工程、展览等，有时候还要宴请宾客，共同举杯庆祝。

四、奠基仪式礼仪

奠基仪式是指一些重要的建筑物，如大厦、场馆、亭台、纪念碑等，在动工修建前，正式举行的庆贺性活动。其举行地点应选择在动工修建建筑物的施工现场，一般在建筑物的正门右侧。在奠基仪式的举行现场设有彩棚，用来安放该建筑物的模型、设计图、效果图等，另外，现场还有各种建筑机械就位待命。

（一）准备奠基石

用来奠基的奠基石应是一块完整无损、外观精美的长方形石料。奠基石上的文字应当竖写，在其右上款写上建筑物的名称，正中央应有"奠基"两个大字，左下款刻有奠基单位的全称以及举行奠基仪式的具体年月日。奠基石上的字体，大都用楷体刻写，并且最好是白底金字或黑字。在奠基石的下方或一侧，还应安放一只密闭完好的铁盒，铁盒内装与该建筑物相关的各有关资料以及奠基人的姓名。届时，它将同奠基石一道被奠基人等培土掩埋于地下，以志纪念。

（二）奠基仪式的程序

奠基仪式的程序依次是：
（1）仪式正式开始，介绍来宾，全体起立。
（2）奏国歌。
（3）主人对建筑物的功能、规划设计等进行介绍。
（4）来宾致辞道贺。
（5）正式进行奠基，奠基人双手持握系有红绸的新锹为奠基石培土，再由主人与其他嘉宾依次为之培土，直至将其埋没。奠基时应演奏喜庆乐曲或敲锣打鼓，营造良好的气氛。

五、竣工仪式礼仪

竣工仪式也称落成仪式，它是指本单位所属的某一建筑物或某项设施建设、安装工作完成之后，或是某一纪念性、标志性建筑物，如纪念碑、纪念塔、纪念堂等建成之后，以及某种意义重大的产品生产成功之后，专门举行的庆贺性活动。落成仪式一般应在现场举行，如在新落成的建筑物之外，纪念碑、纪念塔的旁边等。参加落成仪式要注意情绪，在庆贺大厦落成、重要产品生产成功等时应表现出欢乐和喜悦，在庆祝纪念碑、纪念塔落成等时应表现出庄严而肃穆。落成仪式的程序依次如下：
（1）宣布仪式开始，全体起立，介绍各位来宾。
（2）奏国歌，并演奏本单位标志性乐曲。
（3）本单位负责人发言，以介绍、回顾、感谢为主要内容。
（4）进行揭幕或剪彩。
（5）全体人员向刚刚落成的建筑物行注目礼。
（6）来宾致辞。
（7）全体人员进行参观。

礼仪案例 9-1

2023 百度世界大会

百度世界大会是百度每年面向行业、媒体、合作伙伴和广大用户的最高级别的行业盛事。大会自 2006 年以来已连续举办 17 年。

2023 年 10 月 17 日，2023 百度世界大会在北京首钢园举办。李彦宏以《手把手教你做 AI 原生应用》为主题发表演讲，发布文心大模型 4.0 版本，并现场展示了基于文心一言重构的百度搜索、如流、地图、网盘、文库等十余款 AI 原生应用。

各类基于大模型的 AI 原生应用出现，也让原本看起来高冷的 AI 黑科技，变得触手可及。AI 原生应用是当前人工智能技术发展的必然趋势，也是未来企业数字化转型的关键方向。

百度对技术价值的理解，也符合科技企业界的共识，那就是技术只有实现了应用落地，才能释放其价值。而 AI 作为目前的前沿技术，同样不会免俗。正如百度创始人、董事长兼 CEO 李彦宏在大会上表示："没有构建于基础模型之上的丰富的 AI 原生应用，基础模型就没有任何价值。"

【分析】作为 AI 大模型赛道的"排头兵"，百度以应用价值为导向的发展理念，受到了业内人士的高度赞同。作为该赛道的"风向标"，百度世界 2023 更像是一个展示我国人工智能技术发展进程的世界窗口，在给全球科技进步躬身示范的同时，也给我国的 AI 大模型发展注入了极大活力。

知识广角

活动拍摄技巧

活动拍摄是一项专业技能，具备良好的拍摄技巧可以有助于捕捉活动的精彩瞬间。
活动拍摄流程包括：

1. 空场景

提前入场拍摄空场景，注意有代表本次活动标志、标幅的物体，主席台，LED 屏幕或投影仪上的主题字幕，领导座签等都需要完整拍摄出来，领导座签应清晰可见。

2. 主持人

主持人一般都是第一个发言，我们需要抓紧拍摄最少一张全景照片，包含投影或 LED 屏幕上面的主题字幕。

3. 领导讲话

这个环节非常重要，后期的新闻稿、存档资料都必须要有这一环节的照片，还需拍摄完美、体现精气神，领导讲话时的特写照以及包含整个主席台上面的其他人物和背景的全景照都必须完整地拍摄出来，不可以出现缺角或者拍摄不清楚、过曝等问题。

4. 第一排嘉宾

会场第一排领导的特写和全景，有桌牌的，桌牌也需要拍摄出来，注意有其他可以体现本次会议主题的物体也可以一起拍摄出来。

5. 多角度拍摄

会场的全景、中景、由前往后、由后往前、前后的四角等位置分别拍摄。

6. 人物特写

会场人员鼓掌或专心听取报告时，也可以挑选一到两个注意力集中的或者突出的人物拍摄一两张特写照片。

7. 环境描写

签到、互动、茶歇、工作人员、会场环境细节等也可以拍摄以作备用。

模块小结

要点	内容
了解专题会议礼仪	1. 工作会议是指在同一个社会组织中，为了协同工作，有关人员高度聚集，商议一些分工合作、计划修改，或是消除分歧、避免重复之类的内容，属于内部会议。会议礼仪主要涉及组织者的礼仪、会场布置与座次安排、主持人礼仪、参与会议的礼仪及会议结束后的工作等方面。 2. 茶话会重点不在"茶"而在于"话"，它是为了联络老朋友、结交新朋友而举行的具有对外联络和招待性质的社交性集会。茶话会一般不排座次。可以自由活动，与会者不用签到。 3. 新闻发布会是一种主动传播各种有关信息，谋求新闻界对某一社会组织的某一活动、事件进行客观公正报道的有效沟通方式。对商界而言，举办新闻发布会是联络、协调与新闻媒介之间的关系的一种最重要的手段。 4. 洽谈会是指在社会各界存在着某种关系的各方，为保持接触、建立联系、进行合作、达成交易、拟定协议、签署合同、要求索赔，或是为了解决争端、消除分歧，坐在一起进行面对面的讨论与协商，以求达成某种程度上的妥协而举办的会议
体验特色仪式礼仪	1. 庆典活动内容安排包括庆典仪式的准备、庆典仪式的程序等。参加庆典人员礼仪包括仪容整洁，着装规范、遵守时间、态度友善。 2. 签字仪式礼仪是在合作活动中经过商洽或谈判，就彼此之间进行的合作、交易或某种争端达成协议立合同后，由各方代表正式在有关的协议或合同上签字的一种庄严而隆重的仪式。 3. 剪彩仪式是有关组织为了庆贺其成立、开业、大型建筑物落成、新造的车船或飞机出厂、道路桥梁落成首次通车、大型展销会或展览会的开幕等举行的一种庆祝活动。 4. 奠基仪式是指一些重要的建筑物，在动工修建前，正式举行的庆贺性活动。其举行地点应选择在动工修建建筑物的施工现场，一般在建筑物的正门右侧。 5. 竣工仪式是指本单位所属的某一建筑物或某项设施建设、安装工作完成之后，或是某一纪念性、标志性建筑物，诸如纪念碑、纪念塔、纪念堂等建成之后，以及某种意义重大的产品生产成功之后，专门举行的庆贺性活动

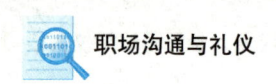

案例与思考（九）

案例 9-1

不成功的开业典礼

某大型超市筹备了1个月将要营业，定在国庆节这一天举行开业典礼仪式。超市负责人及工作人员制作并派发了请柬，布置了现场。开业当天，天气晴朗，车水马龙。可是由于工作人员没有提前安排座位，来宾来到现场后不知道自己该坐哪里，就随便找个位置入座。主持人看见来宾差不多到齐了，便宣布开业仪式正式开始。紧接着上级主管领导致辞，超市负责人滔滔不绝地讲话。讲毕，鸣礼炮撒礼花，开业仪式就这样结束了。来宾们有些面露难色，有些摇头叹息，带着不满的情绪离开了现场。

【思考】来宾为什么摇头叹息，带着不满情绪离开现场？

案例 9-2

剪彩仪式的突发状况

一家环保科技公司在新办公大楼举办了开业剪彩仪式。剪彩仪式邀请了行业领导、当地政府代表、重要客户和合作伙伴等参加。由于没有事先安排好座位和站位，现场一片混乱，并且用于剪彩的剪刀不够锋利，彩带好不容易才被剪断，场面一度尴尬。

【思考】
1. 在剪彩仪式中，如何安排嘉宾的站位以体现尊重和秩序？
2. 剪彩仪式中，如遇突发情况，如彩带不易剪断，应如何处理？

实践活动（九）

活动 9-1

模拟周年庆典活动

实训背景：某公司10周年庆典。

实训目标：掌握庆典的组织和相关礼仪规范。

实训准备：布置会场、挂横幅、准备致辞等。

实训要求：

1. 编制一套庆典仪式程序，周年庆典仪式按照程序进行。
2. 重要领导和来宾名单的单位、职务由学生自己拟定，分别扮演相关角色。
3. 庆典结束后，学生评析，企业导师点评，教师总结。
4. 实训可分组进行，每组 8 人左右，学生轮流模拟演示各个角色。

活动 9-2

模拟签字仪式

实训背景：某有限公司将迎来来自国外的商务考察团，该公司准备向考察团出售货物。在这次考察活动中要进行谈判、签订合同、举行签字仪式。

实训目标：掌握签字仪式的程序以及相关礼仪。

实训准备：准备有关签字仪式的道具，如合同文本、文件夹、旗帜、签字笔、签字单、吸水纸、酒杯、香槟酒、横幅、照相机、摄像机、会议桌等。

实训要求：

1. 分组进行，每组 6 人左右为宜，学生分别扮演相关角色。
2. 编制一份签约仪式程序，拟定主持人主持词，布置谈判和签约场地。
3. 按照程序举行签约仪式。
4. 参加实训的双方须演示见面礼仪、谈判礼仪、签字仪式礼仪等，在仪容、仪表上适当修饰。
5. 签约仪式结束后，学生评析，教师总结，有条件的请企业导师参加和评价，并完成活动评价表（如表 9-1 所示）。

表 9-1 活动评价

成果	自评			同学评价			教师评价			企业导师评价		
	A	B	C	A	B	C	A	B	C	A	B	C
会议桌的布置												
主持会议能力												
筹办会议能力												
参加仪式礼仪												
仪式流程程序												

模块十　校园与求职礼仪

🦋 名人名言

做任何一个行业，都得在岗位上有所表现，既红、不骄、不迟到、不早退、敬业乐业、有衣食，那才是高手。

——亦舒

📖 能力标准

分类	具体内容
知识	● 理解校园礼仪和求职礼仪的含义。 ● 掌握校园礼仪和求职礼仪的类型
技能	● 能在校园交流中，使用恰当的语言、语气和表达方式，做成熟礼貌的大学生。 ● 能够编写出格式规范、内容精准、体现个人优势同时符合礼仪标准的简历和求职信
态度	● 培养自我认知，理解个人形象与职业成功之间的联系，主动塑造并维持正面的形象。 ● 通过学习和实践求职礼仪，增强面对求职挑战的信心，同时提高适应不同求职情境的能力，保持积极乐观的心态

📖 学习导航

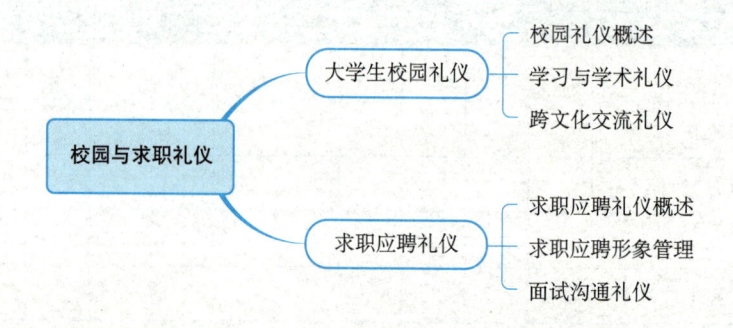

```
                              ┌── 校园礼仪概述
               ┌─ 大学生校园礼仪 ─┼── 学习与学术礼仪
               │              └── 跨文化交流礼仪
校园与求职礼仪 ─┤
               │              ┌── 求职应聘礼仪概述
               └─ 求职应聘礼仪 ─┼── 求职应聘形象管理
                              └── 面试沟通礼仪
```

能力自测

小测试：遇到占座，你会怎么做？

在期末考试周来临之际，图书馆成为学习的热门地点。假如你是一名大学生，一天早晨，你早早来到图书馆，发现大部分座位已经被书籍、笔记本等物品"占领"，但周围却不见人影。这时，你发现身边有一张桌子上放着一本书和一只水杯，但无人坐在那里。

思考：

1. 在这种情况下，你会采取什么行动？直接坐下开始学习，还是寻找该物品的主人？
2. 如果决定寻找物品主人，你将如何礼貌地询问，以确认该座位是否可用？
3. 如果最终确定该座位是被"虚拟占座"，你将如何平衡自己的需求与对他人的尊重，合理利用公共资源？

单元 10.1　大学生校园礼仪

引例 10-1

善意的纸条

在图书馆内，一位学生正在寻找座位学习，发现一个位置上仅放有一本书和几页笔记，但座位上无人。这位学生先是在周围观察了一会儿，确认无人回来后，轻轻拿起书本和笔记，询问附近的同学是否知道这些物品的主人。在得到否定的回答后，他将这些物品整齐地放在临近的空桌上，并留下一张小纸条，上面写着"您的物品在这里，我暂时使用此座位，如有需要，请随时告知"。随后，他才开始安静地学习。

【分析】该同学找座时，面对已被书籍和笔记"占座"的情况，并未直接占用或移除物品，而是采取了一系列合乎礼仪的行动：第一，观察一段时间，确保无人返回，体现了对他人可能需求的考量；第二，询问附近同学，尝试通过非侵犯性的方式解决问题，显示了良好的社交意识；第三，在确认无果后，他细致地将物品转移并附留言，既体现了对个人物品的尊重，也展现了对他人的体贴与礼貌；第四，他安静地开始学习，保证了图书馆的学习环境不受干扰。这一系列行为不仅是对他人的尊重，也是个人素质和责任感的体现，完美诠释了共享空间内应遵循的礼仪规范。

一、校园礼仪概述

校园礼仪是指在校园环境中学生应遵循的行为规范和道德准则，涉及日常交往、课堂表现、公共秩序等方面，旨在培养学生尊重师长、团结同学、维护环境的良好风尚，具体包括但不限于衣着得体、主动问候、专心听讲、有序排队、爱护公物及诚信待人等，弘扬校园礼仪可以营造一个文明和谐、有利于学习成长的校园氛围。

（一）校园礼仪的重要性与意义

1. 培养个人修养与品德

良好的校园礼仪有助于学生形成尊重他人、自我约束的习惯，是个人品德修养的重要组成部分。它教会学生如何在不同的场合下表现出适当的行为，帮助学生提升自我形象和社会适应能力。

2. 促进和谐的人际关系

在校园这个微型社会中，礼仪是促进师生之间、同学之间友好相处的润滑剂。它能减少误解和冲突，增进理解，为建立长久的友谊和合作关系打下基础。

3. 优化学习环境

一个注重礼仪的校园环境更有利于学习。学生们遵守课堂纪律，保持教室整洁，尊重教师和其他同学的发言权，有利于创造一个更加专注、高效的学习氛围。

4. 初步实践社会化规范

校园是青年学生步入社会前的一个重要演练场。通过学习和实践礼仪规范，青年学生可以提前适应社会对个人行为的要求，学会在复杂的社会关系中得体行事，为未来职业生涯作准备。

知识广角

校园礼仪小贴士

日常问候：每日首次遇见老师和同学时，主动微笑并问候，如说"早上好"或"您好"，分别时记得说"再见"。

课堂纪律：提前到达教室，准备好学习用品，上课铃响后迅速就座，静待老师开始授课。课堂上专心听讲，不交头接耳，手机调至静音或振动模式，不随意出入教室。

尊师重道：向老师提问或发言时先举手示意，得到允许后再发言。对于老师的教导要虚心接受，即便有不同意见也应礼貌提出。进出老师办公室需敲门并获得许可，交谈时保持礼貌和专注。

公共空间礼让：在图书馆、食堂、走廊等公共场所，保持安静，不奔跑吵闹。排队时耐心等候，不插队，注意为有需要的人让座。

环保意识：不在校园内乱扔垃圾，积极参与垃圾分类。节约用水用电，保护校园环境。

团队合作：在小组讨论或团队活动中，积极贡献自己的想法，同时也要倾听他人的意见，尊重每个人的努力和贡献。

网络礼仪：在网络社交平台上，同样遵循礼仪规范，不发表攻击性言论，不泄露他人隐私，传播正能量。

尊重差异：尊重不同文化、宗教和背景的同学，避免出现可能引起他人不适的言语或行为，建设多元共融的校园文化。

（二）社会主义核心价值观与校园礼仪的融合

社会主义核心价值观与校园礼仪的融合，实质上是将国家倡导的核心价值理念深入学校日常教育和学生行为规范之中，以此塑造学生的品德情操和社会责任感。社会主义核心价值观包括富强、民主、文明、和谐、自由、平等、公正、法治、爱国、敬业、诚信、友善，这二十四字方针为校园礼仪提供了精神指导和价值导向。

通过设立富含价值观意蕴的校园文化标志、开展以社会主义核心价值观为主题的教育活动、制定体现尊重、诚信、爱国等价值观的礼仪规范，以及举办成长仪式、开展志愿服务等社会实践，可以培养学生良好的礼仪风范。这一过程不仅美化了校园文化环境，更促进了学生全面发展，为构建文明和谐社会奠定了坚实的基础。

礼仪案例 10-1

张良拾鞋

相传秦末时期，张良因不满秦朝暴政，策划刺杀秦始皇，失败后流亡至下邳（今江苏睢宁）。一日，他在一座桥上漫步时，遇到了一位老翁。老翁故意将自己的一只鞋丢下桥，并要求年轻的张良下去帮他捡起来。面对如此无礼的要求，张良虽感惊讶，但还是遵从了，不仅拾回了鞋子，还按照老翁的吩咐跪下为他穿上。老翁并未立即表示感谢，反而与张良约定五日后同一时间再到桥上相见。张良比约定时间更早到达，表现出了极高的耐心和尊重。最终，老翁被张良的至诚和隐忍所打动，赠给他一部兵书——《太公兵法》，并预言他将来能以此兴邦立国。张良也不负所望，认真钻研兵法，最终辅佐刘邦开创了汉朝大业。

【分析】张良拾鞋的故事不仅是一段历史佳话，更蕴含了深厚的文化与道德教诲，与

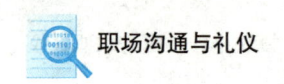

当代社会主义核心价值观中的友善、敬业、诚信、文明等元素紧密相连，体现了中国传统礼仪精神与现代价值观的和谐统一。

（三）大学生礼仪教育的目标与价值

大学生礼仪教育旨在培养学生的文明素养、社交能力和良好行为习惯，使学生掌握必要的礼仪知识与技能，从而能在多元社会环境中展现出尊重、诚信、自律的品质。礼仪教育可以促进人际和谐，优化校园文化，弘扬中华优秀传统文化，同时奠定坚实的道德与行为基础。为构建文明社会、促进社会文明进步贡献力量。

知识广角

"五讲四美"与大学生礼仪

"五讲四美"是20世纪80年代我国精神文明建设的缩影，核心内容为"五讲"——讲文明、讲礼貌、讲卫生、讲秩序、讲道德，以及"四美"——心灵美、语言美、行为美、环境美，其旨在全面提升公众的文明素养与社会道德水平。在礼仪教育中，"五讲四美"起着基石性的作用。它不仅为学生提供了行为规范的框架，教导他们如何在社会交往中展现出良好的个人风貌和职业道德，而且强调了内在修养与外在表现的和谐统一，引导大学生美化言谈举止、维护公共秩序和保持环境卫生，从而在校园乃至未来职场中树立正面形象，并促进社会的和谐进步。

二、学习与学术礼仪

学习与学术礼仪是指在学习环境、学术研究以及相关交流活动中应遵循的一系列行为规范和道德准则，学习与学术礼仪可以分为以下三个不同的类型。

（一）课堂礼仪

1. 上课前的准备

良好的课堂体验始于充分的课前准备。学生需按时到达教室，见到老师礼貌问好，在不影响他人的情况下整理好学习必需品，以饱满的热情迎接即将学习的课程内容。

2. 课堂互动

积极参与课堂讨论是深化理解、激发思维的重要途径。学生应保持专注，对教师讲解的内容给予积极响应，并适时记录要点。在提问或分享观点时，应举手示意，用清晰、礼貌的语言表达自己的观点，同时倾听他人意见，通过建设性的对话促进知识的共同建构。

礼仪案例 10-2

孔子鼓励弟子自由表达

孔子在日常生活中对礼仪的注重，深刻影响了他的教学风格。《论语》中多次提到孔子在不同场合下的言行举止，如在宗庙朝廷中的恭敬谨慎、在与人交往中的诚实谦逊，这些都在无形中为弟子树立了行为的楷模，并教导他们在任何情境下都要保持适宜的礼仪，这同样适用于课堂之上。据《论语·先进》记载，有一次孔子与弟子们闲谈理想，孔子让弟子们各述其志。当弟子子路不假思索抢话回答时，孔子委婉地表达了批评，之后冉有、公西华等相继表达了各自的志向，曾皙正在弹瑟，闻声而止，然后起身言道自己的理想生活（在暮春三月，与朋友数人，带着小孩，在沂水边沐浴，在舞雩台上吹风，然后唱着歌回家）。孔子听后，长叹一声说："吾与点也！"（我欣赏曾皙的想法！），最后，孔子简短地点评了各个弟子的志向，交谈在愉快的气氛中结束了。

【分析】这个故事虽未直接描绘课堂上的礼仪细节，但它深刻反映了孔子课堂上的一种精神风貌和教育理念。孔子鼓励弟子自由表达，倡导平等而开放的交流氛围，这本身就是一种高级礼仪的表现。孔子对弟子们的各种想法都给予了倾听和尊重，这体现了孔子为在课堂上创造平等、尊重的互动氛围作出的努力。

3. 尊重教师与同学的意见

在课堂这一学术交流平台上，核心价值观是尊重。对待教师，学生应持有敬畏之心。例如，当教师进入教室时，学生要起立致敬，认真听取讲解，不打断教师发言，展现良好的师生礼仪。对于同学，无论是讨论还是合作，都应保持开放态度，真诚地倾听不同的声音，即使观点相异，也应以理性和尊重为基础进行交流，避免贬低或排斥他人意见，如此才能共同营造一种包容、鼓励创新的课堂氛围。

礼仪案例 10-3

程门立雪

程门立雪的故事发生在北宋时期，主人公是著名学者杨时，他对学问有着极高的追求和敬意。虽然杨时在学术上的造诣已颇深，但仍渴望学习更深奥的知识，于是便决定拜当时著名的理学家和教育家程颐为师。于是在一个冬日，杨时去往河南颍昌（今河南洛阳）拜见程颐。当他来到程颐的住处时，发现老师正在闭目养神，坐在椅子上休息。杨时不忍

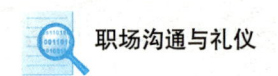

打扰，便选择站在门外等候。此时天空飘起了雪花，气温骤降，但出于对老师的极度尊敬，杨时依旧静立不动，直至地面积雪已深，他的脚印清晰可见，他的肩膀和帽子也都落满了积雪。很长时间过后，程颐醒来，发现门外在大雪中静静站立的杨时，被他的尊师重道和求知若渴的精神深深感动。

【分析】这不仅仅是一个关于耐心和尊重的故事，更是对传统礼仪和学术礼仪的生动诠释，强调了尊师重教、耐心求知、谦逊自省的重要性。这些美德至今仍被视作教育领域的宝贵财富，激励着后世学子们在求学路上保持敬畏之心，不断探索与前行。

（二）图书馆与自习室礼仪

1. 安静与秩序维护

图书馆与自习室作为公共场所，是学习、研究与沉思的圣地，因此保持一个宁静的环境至关重要。进入这些场所时，应将手机调至静音或振动模式，避免大声交谈，即使是与同伴的低声讨论也应移步至指定的讨论区进行。开关门动作轻柔，行走时脚步轻盈，尽量减少对周围人的干扰。除此之外，遵守图书馆或自习室的各项规章制度，如不占座、不在书籍上涂写、按照指示取用和归还资料等也非常重要。

2. 公共资源使用规范

公共资源的有效利用体现了个人的社会责任感与公德心。在图书馆与自习室内，使用电脑、打印机等设施时应遵循先来后到的原则，用毕及时归位。阅读过程中需要保持使用区域的整洁，不遗留个人物品，垃圾随手带走或投放至指定垃圾桶。借阅的书籍应按时归还，如有延期，主动办理续借手续。注意节约纸张、电力。

（三）学术诚信与论文写作礼仪

1. 引用规范与避免抄袭

学术诚信是科研工作的基石，体现在论文写作中就是要严格遵循引用规范，准确标注所有参考文献的出处。这意味着，不论是直接引用原文、转述他人观点还是受到某种理论启发，都必须明确标注原始来源，使用标准的引用格式，确保每一份引用都能得到恰当的解释。避免抄袭不仅是法律和学术道德的要求，也是对前人智慧的尊重。仔细记录研究过程中参考的每一份资料，并恰当使用引文管理，可有效防止抄袭。

礼仪案例10-4

学术造假引发连锁反应

2017年8月1日，东京大学召开新闻发布会，东京大学副校长光石卫宣布了一则震惊国际科学界的消息：日本细胞分裂研究领域"第一人"、东大分子细胞生物学研究所教授渡边嘉典被正式认定存在学术不端行为，其实验室5篇发表于 Nature、Science 等顶尖学术期刊的论文存在数据造假，还使用了伪造的图片和图表。渡边嘉典，这位现年56岁的细胞生物学家是东京大学分子细胞生物学研究所染色体动态研究室负责人，在细胞分裂研究领域内享有盛名，于 Nature、Science、Cell 等顶尖学术期刊上发表过多篇论文，还获得过多项日本学术大奖。然而，随着东大对其学术不端行为的正式认定，曾属于渡边嘉典的荣耀和辉煌烟消云散：发表于 Science 的论文被撤稿、实验室成员大规模辞职、4亿日元的研究经费被叫停、国际学术圈的信任危机迎面而来。渡边嘉典造假的不实数据的使用不仅误导了科学界，还可能影响后续研究的走向和资源分配。此事件曝光后，不仅对渡边嘉典个人的学术生涯造成了毁灭性打击，也给东京大学的声誉带来了负面影响，同时引发了全球对于科研诚信和审查机制的广泛讨论。

【分析】学术诚信是科研的"灵魂"，它要求研究者在所有科研活动中保持诚实、透明，确保数据的真实性与可靠性。论文写作礼仪则是这一诚信原则的具体体现，它不仅涉及正确引用、避免抄袭，还包括了对实验设计、数据处理、结果呈现的严谨态度，以及对合作者和审稿人的尊重。任何试图通过不正当手段获取学术认可的尝试最终都将付出沉重代价。

2. 学术讨论与批评的礼貌方式

无论是面对面的研讨会、在线论坛还是论文评审，我们都应保持礼貌和积极的态度。当提出批评或不同见解时，应基于事实和逻辑，使用客观、尊重的语言，避免个人攻击，做到"对事不对人"。讨论过程中，即使观点相左，也要保持开放的心态，倾听并考虑对方的论点。但尊重并不意味着附和，学术研讨也鼓励大家提出建设性的改进建议，这有助于看到问题的不同方面，共同推动学术进步。

三、跨文化交流礼仪

（一）国际学生交流礼仪

1. 理解与尊重文化差异

理解和尊重不同文化的特性和习俗包括熟悉其他国家的基本礼节，如问候方式、餐桌礼仪、宗教信仰的注意事项等。尊重当地文化，不带有主观偏见，可以避免无意中触犯禁忌。例如，在某些亚洲国家，鞋子不入屋是一种基本礼节；在中东地区，使用右手传递物品是对他人的尊重。

礼仪案例 10-5

真诚尊重促进文化交流

在国外某学校的一次活动中,一位来自中国的交换生小李被邀请分享中国传统节日"春节"的庆祝方式。小李精心准备了一个介绍春节习俗的演讲,包括春节期间家庭团聚、年夜饭的讲究、放鞭炮、贴春联以及红包的发放等传统活动。然而,在讨论环节,一位来自北美的学生提出了关于燃放烟花爆竹是否安全和环保的疑问,这立刻引起了一些学生的共鸣,因为不少西方国家对此类活动有着严格的限制。

面对文化差异,小李并没有感到被冒犯,反而用尊重和理解的态度回应。他首先感谢了大家的关注,并解释在中国,虽然传统上会放鞭炮以驱邪迎祥,但近年来许多城市已实施禁放或限放政策,转而推广电子鞭炮等环保替代品,以减少空气污染和安全隐患。小李还分享了中国在节日庆祝中如何将传统与现代相结合,既保留传统文化精髓又适应现代社会需求的例子,如利用数字红包(通过手机应用发送的虚拟红包)来传承送红包的习俗。

【分析】此案例展示了不同文化背景下的学生在面对文化差异时,通过开放和相互尊重的沟通,可以促进相互理解和接纳,构建更加和谐的国际学生社区。在国际交流中,了解对方的文化背景、尊重差异,并以积极正面的方式分享自己国家的文化,是跨越文化障碍、增进友谊的关键。

2. 外语交流的礼貌表达

学习并使用恰当的礼貌用语,如"请""谢谢""对不起"等,以及合适的语气和非语言信号,如微笑、点头等,可以增加交流的友好度。同时,注意语速适中,避免使用过于复杂或俚语化的表达,以便对方理解,展现良好的教养和国际沟通能力。

(二)海外留学与访问学者礼仪

1. 出国前的准备

出国前除了准备必要的证件,还需事先了解目的地的国情、文化背景、法律法规及教育体系,并学习当地语言,了解当地交往的喜好和禁忌,查阅学校的具体要求和规定等。

2. 适应新环境的文化礼仪

到达留学或者访学国家后,沟通者可以积极参加迎新活动和文化交流项目。在日常生活中,注意观察并模仿当地人的行为习惯,如排队等候、垃圾分类等公共行为。在学术场合,了解并遵守学术礼仪,如按时参加讲座、尊重师长、积极参与课堂讨论等。保持开放和包容的心态、尊重差异,是在任何文化环境中获得尊重和友谊的关键。

单元 10.2　求职应聘礼仪

引例 10-2

李明的面试

李明是一位应届毕业生，专业成绩优异，对于即将参加某知名科技公司的面试充满了期待。在面试当天，他提前半小时到达公司，身着整洁的职业装，携带了一份精心准备的简历和作品集。进入公司后，李明礼貌地向前台问候并安静地坐在等候区，其间他既没有拿出手机玩游戏，也没有大声喧哗，而是翻阅着公司的宣传册，偶尔抬头观察公司内部的工作氛围。面试开始，李明微笑并自信地与面试官握手，全程与面试官保持眼神交流，回答问题时思路清晰，既不夸夸其谈也不过分谦虚。当被问及对公司的了解程度时，李明结合公司文化与业务方向，分享了自己独到的见解，显示出他对这次面试机会的重视。当面试接近尾声时，他主动询问了公司未来的发展规划及该职位的晋升路径，展现出对未来职业发展的认真思考。面试结束后，李明再次感谢面试官，并以邮件形式发送了一封感谢信，总结了面试中的亮点，表达了期待加入团队的强烈愿望。

思考： 李明在整个求职应聘过程中展现出了高度的专业素养和良好的礼仪水平，你能说出他在哪些方面表现出了良好的礼仪教养吗？

一、求职应聘礼仪概述

求职应聘礼仪是指在求职过程中，求职者为了给招聘方留下良好印象而应当遵循的一系列行为规范。这不仅包括面试当天的行为举止，也包括从简历投递、电话沟通直至面试结束的整个过程。

（一）求职应聘礼仪的重要性

求职应聘礼仪是个人职业形象的重要组成部分，它不仅体现了求职者对职位的尊重和重视程度，也是其职业素养和交际能力的直接反映。在应聘过程中，良好的礼仪能够给招聘方留下深刻的第一印象，增加求职成功的可能性。一个懂得并践行应聘礼仪的人，往往能展现出自己的成熟、专业与自信，从而从众多候选人中脱颖而出。

职场沟通与礼仪

知识广角

第一印象的心理机制

第一印象的理论知识主要基于心理学和社会心理学的研究，其中最为人熟知的概念是"首因效应"。首因效应是指人们在形成对他人或事物的整体印象时，往往更侧重于最初接收的信息。在人际交往中，第一印象往往根深蒂固，这对后续的评价和行为会产生持续影响。在第一印象的形成过程中，个体可能会依据既有的认知框架或刻板印象快速分类和评估新信息，这可能导致对个体特征的过度简化或误解，也就是人们平时说的"刻板印象"。同时，人们还会无意识地维持情感一致性，也就是人们倾向于维持对某人或某物的第一情感评价，即使后来接收的信息与之矛盾，也很难完全改变第一印象。正因为以上种种效应，用礼仪维持一个较好的形象，给主考官留下良好的第一印象才格外重要。

（二）礼仪在求职过程中的作用

1. 体现职业素养

了解并运用职业礼仪，如正确的邮件书写格式、电话沟通礼仪等，能够体现一个人的职业化程度和对工作的认真态度，这是许多雇主高度重视的品质。

2. 促进有效沟通

在面试或职场交流中，礼貌用语、倾听技巧以及清晰表达的能力能够让沟通更加顺畅，有助于信息的准确传递和理解，增进双方的信任。

3. 增加竞争优势

熟悉职场礼仪意味着应聘者能够快速适应企业文化，这对于团队合作和日常办公中的互动至关重要。面试官会将此作为候选人能否融入团队、与同事和谐相处的潜力指标。在众多应聘者中，那些展现出高标准职业礼仪的个体更容易脱颖而出。特别是在能力相近的候选人之间，良好的礼仪可能会成为决定性因素。

4. 反映个人价值观

礼仪不仅是表面的行为规范，它还体现了一个人的价值观、教育背景和社会化程度。雇主可能会据此评估应聘者是否能够认同和适应公司的文化和价值观。

礼仪案例 10-6

曾国藩礼仪识人

刘铭传是晚清时期的一位杰出将领和政治家,安徽合肥人。他因在对抗太平天国运动及后来保卫我国台湾等战争中立下赫赫战功而闻名。曾国藩则是晚清重臣,湘军的创立者和统帅,以其治军严谨、重视人才选拔而著称。后来,刘铭传慕名投奔曾国藩,希望能在其麾下效力。曾国藩深知选拔人才的重要性,因此在接见刘铭传之前,特意设计了一场"非正式"的考验。据说,曾国藩故意安排刘铭传在客厅长时间等候,以此来观察他的反应和态度。在那个没有手机和电子设备的时代,长时间的等待无疑是对心性的极大考验。其他一同等待面试的候选人有的因为不耐烦而显露出各种不满的情绪,有的甚至直接离去。然而,刘铭传却表现得与众不同——他并没有表现出急躁或不满,而是利用这段时间仔细观察客厅的环境,特别是墙上挂的一些字画。当曾国藩最终接见刘铭传时,听闻了他在等待期间的表现,对他的耐心、细致以及对文化的尊重留下了深刻印象,曾国藩认为这样的人才具有大将之风。因此,刘铭传得到了曾国藩的赏识,为自己的职业生涯开启了一扇重要的门扉。

【分析】这个故事告诉我们,在职场或人生的任何阶段,都要保持良好的礼仪、展现个人的内在品质和正面态度,这些细节往往能在不经意间成为通往成功之路的关键。

(三)用礼仪塑造积极向上的自我形象

塑造积极向上的自我形象,关键在于全面而细致地践行礼仪规范。这包括通过得体的仪表着装展示自我尊重与职业态度;用专注的聆听和积极的语言在沟通中传递尊重与诚意;用微笑、稳定的目光接触及适宜的身体语言展现自信与亲和力;在社交中,无论是面对面交流还是数字化沟通,都坚持礼貌与正面表达,及时表达感激之情;在所有情境中,都要能够敏锐感知并尊重他人的界限与差异,从而从每一处细节中,点滴积累,塑造一个专业、可信且富有魅力的个人形象。

礼仪案例 10-7

毛遂自荐

战国末期,强大的秦国对赵国发动了猛烈的攻势,包围了赵国的都城邯郸,形势危急。赵王决定派遣平原君赵胜出使楚国,寻求联盟共同抵抗秦国。平原君计划从其众多门客中精选二十位有才能的人作为随行人员。经过一番筛选,只选出了十九人,正当平原君为缺少最后一人感到困扰时,一个名叫毛遂的门客站了出来,主动请求加入使团。毛遂向平原君自我推荐时,平原君质疑他的能力和知名度,因为毛遂在门下三年,从未有过突出的表现。毛遂则用了一个生动的比喻回应:"若早将我置入囊中,我早就脱颖而出了,岂止是尖端微露?"这番话既表现了他的自信,也巧妙地回应了平原君的疑虑,体现了高超的语言艺术和适时自荐的勇气。

最终,平原君被毛遂的言辞所打动,同意让他加入使团。到了楚国,面对楚王的犹豫不决,正是毛遂挺身而出,持剑上前,并提到了商汤以七十余里之地而王天下,周文王以百里之地而使诸侯臣服的例子,强调成功的领袖不在于兵力多少,而在于能否恰当运用自身的实力和威望。最终,毛遂以其雄辩的口才和坚定的态度,成功说服了楚王与赵国结盟,派兵救援赵国,从而解除了邯郸之围。毛遂的这一举动不仅挽救了赵国的命运,也让自己从此声名大噪。

【分析】毛遂在关键时刻自荐,体现了在紧急情况下主动承担责任的勇气和担当。他没有在不适当的时候强行出头,而是在国家需要、团队缺乏人手的关键时刻自我推荐。而面对平原君的质疑,毛遂自信而不失谦逊。最后在楚国宫廷,毛遂凭借高超的说服技巧,既展现了对楚王的尊重,又坚持了自己的立场和目的,展现了恰当的外交礼仪。

二、求职应聘形象管理

求职应聘中的形象管理极为关键,它不仅是个人职业素养的直接体现,更是向雇主传达专业度、自信心及对职位重视程度的首要途径。

(一)了解行业着装规范

行业着装对于职场人士而言至关重要,因为它直接关系到个人形象、专业性以及对工作环境的适应。不同行业有着不同的着装要求,严肃职场(如政府机构、金融、法律、保险等领域)的着装要求强调专业、保守与精致。一般职场(多数非严格要求正装的企业,如创意产业、科技公司、教育机构等)的着装要求相对灵活,注重专业与舒适兼备。无论哪种职场,重要的是根据公司文化和具体工作环境调整着装,体现对工作的尊重和职业态度。

礼仪案例 10-8

李华的服装

某家国际咨询公司以严谨的专业形象和高端客户群著称,一位新入职国际咨询公司的顾问李华刚从大学毕业，对职场着装的理解较为宽松，倾向于休闲风格。在一次重要的客户会议上，李华选择了一套较为休闲的服装（牛仔裤和运动鞋），而不是按照公司不成文的规定——至少应着商务正装——出席此类会议。

进入会议室后，李华立刻感觉到自己的着装与周围同事及客户代表的着装形成了鲜明对比，其他人都身着正式的商务装，显得更为专业与严肃，而自己的着装则显得过于随意。尽管李华为此次会议进行了充分准备，发言也颇具见解，但会后反馈时，客户方不经意间提到了对团队成员专业形象的看法，特别指出了着装风格不统一，暗示了对李华着装的不满。这不仅影响了客户对李华个人专业性的评价，也间接影响了对公司整体专业形象的认知。

此事件后，李华深刻认识到了恰当选择职场着装的重要性，意识到着装不仅是个人品位的体现，更是职业态度和对工作尊重的外在表现。从此，李华在所有正式场合都严格遵守职场着装规范，逐渐树立起了专业且可靠的形象，不仅重新赢得了客户信任，也在同事间获得了更高的评价，最终促进了自身职业发展的正向循环。

【分析】职场着装不仅关乎个人形象，还直接影响到客户对公司的印象及业务合作的信任度，是职场沟通和职业成功不可忽视的一部分。正确的着装能够帮助个人建立专业的形象，增强个人的权威性和可信度，从而在职场竞争中占据有利位置。

（二）个人卫生与仪容仪表

求职面试时，个人卫生与仪容仪表是构建第一印象至关重要的因素。干净的外表与整洁的仪容不仅体现了个人对面试的重视，也体现了个人对面试官及未来可能加入的团队的尊重。

1. 个人卫生

头发应干净整洁，并根据职业环境，选择合适的发型，通常干净利落的短发更适合面试。此外脸部应保持清洁，无油光，男性应剃净胡须或保持胡须整洁有序。还要注意耳朵、脖子及其他易被忽视部位的清洁，尤其需要注意的是指甲应修剪整齐，保持清洁，避免过长或有彩绘（特别是较为正式的职位）。香水要用清新淡雅的香水或无明显异味的香水，避免使用具有强烈刺激性气味的香水。

2. 仪容仪表

求职者应该选择与应聘职位相符的着装，衣物应熨烫平整，无褶皱，颜色与款式宜简洁大方，避免过于花哨或夸张。鞋子应保持干净、光亮，与整体着装协调，对于男士而言，黑色或深棕色皮鞋通常是最佳选择。女性宜化淡妆，强调自然美，避免浓妆艳抹。配件应简约，不宜过多或过于醒目，注重保持整体的专业形象。

（三）社交媒体与在线形象管理

在求职面试的背景下，社交媒体与在线形象管理至关重要，这意味着求职者需要精心塑造和维护一个专业、积极的数字化形象。确保社交媒体平台（如 LinkedIn、微博、微信

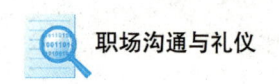

公众号等）上的内容与职业目标一致，展示专业知识、成就和积极的生活态度。求职者应该删除可能引起争议或产生负面影响的内容，设置合理的隐私保护以防不当信息泄露，同时积极参与行业讨论，分享或撰写有益文章，以凸显自己的专业参与度。良好的在线形象不仅能增强雇主对求职者专业性的认知，还能作为求职者个人形象的一部分，增加从众多候选人中脱颖而出的机会。

礼仪案例 10-9

利用社交媒体找工作

Alex 是一名来自美国的年轻求职者，他在求职过程中充分利用了社交媒体进行个人形象的塑造和在线形象管理，最终成功获得了一份梦寐以求的市场营销工作。

Alex 深知在数字化时代，雇主往往会在面试前通过网络搜索候选人，尤其是社交媒体平台，来了解候选人的背景、个性和专业能力。因此，Alex 首先集中精力优化了他的 LinkedIn 资料，确保简历最新、完整且专业。他添加了详细的项目经历、技能认证，并主动寻求前同事和教授的推荐信，以增强其专业可信度。此外，他还定期分享与行业相关的文章和见解，并参与讨论，展示了他对市场营销领域的热情和专业知识。鉴于 Twitter 是很多行业领袖和公司活跃的平台，Alex 在 Twitter 上关注了他感兴趣的公司和行业影响者，参与相关话题讨论，偶尔还会发表原创内容，如市场趋势分析和个人见解。他的专业且有见地的推文吸引了包括他目标公司在内的行业内人士的关注。为了进一步展示自己的专业知识和写作能力，Alex 创建了一个个人博客，定期发布市场营销领域的深度分析文章和案例研究。这些内容不仅提升了他的个人形象，也为他在面试中提供了丰富的讨论素材。Alex 在 Facebook 和 Instagram 上保持了谨慎的管理，确保这些内容反映了他积极的生活态度和职业形象，避免引起争议。

通过这些努力，当 Alex 申请心仪的市场营销岗位时，招聘经理在初步筛选阶段就对他留下了深刻印象。在面试中，面试官多次提及他们在网上看到的 Alex 的文章和分享，表示这些内容让他们相信 Alex 具备工作所需的技能和热情。最终，Alex 顺利获得了这份工作，雇主明确表示，他在社交媒体上的专业表现是决定录用的一个重要因素。

【分析】这个案例强调了在当今求职市场中，有效管理在线形象，特别是在社交媒体上的表现，对于提升个人竞争力、赢得雇主青睐有重要意义。

三、面试沟通礼仪

面试沟通礼仪在求职面试中起着至关重要的作用，良好的沟通礼仪能够促进双方的有效交流，帮助面试官更好地了解求职者的资质与潜力。

（一）面试口头问答礼仪

1. 认真倾听

在面试官提出问题时，保持全神贯注，避免打断对方，通过点头或简短的确认性回应表明你在听，并理解问题。

2. 明确理解

如果问题不够清楚，礼貌地请求面试官进一步解释或举例说明，避免因误解问题而给出不相关的答案。

3. 思考后再答

在回答之前，给自己几秒钟的思考时间，组织语言，确保回答既全面又准确，避免即兴回答导致逻辑混乱或信息遗漏。

4. 简洁明了

回答问题应直接切题，避免冗长和离题，用事实和具体例子支持你的观点，让回答既有深度又易于理解。

5. 正面积极

即使是谈及失败经历或挑战，也要从积极正面的角度表述，强调你从中学到的教训和采取的改进措施。

6. 适度谦虚

在展示自信的同时保持谦逊，避免过分夸大自己的成就，对于不知道的问题，坦诚地说"我不清楚，但我愿意学习"。

7. 礼貌用语

始终使用礼貌的语言，如"请""谢谢"等，保持语气温和，避免使用俚语或过于随意的表达。

8. 保持眼神交流

在交谈中保持适度的眼神交流，这能展现你的自信和对对话的投入。

9. 适宜的语速和音量

说话速度不宜过快或过慢，保证清晰度和流畅性，音量适中，确保面试官能听到你的回答。

10. 结束语

回答完毕后，可以简单总结或询问是否需要进一步解释，表现出乐于沟通和尊重对方

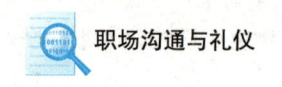

的态度。

（二）面试书面沟通礼仪

1. 邮件礼仪

（1）使用正式且专业的电子邮件地址，避免使用非正式或幽默的用户名。

（2）主题要清晰明确，反映邮件内容，便于收件人快速识别。

（3）正文开头礼貌问候，使用尊称，如"尊敬的××先生/女士"，并自我介绍。

（4）内容结构清晰，每段围绕一个主题展开，语言简洁明了。

（5）结尾礼貌致谢，表明期待回复的意愿，并附上合适的结束语，如"祝商祺"或"敬上"。

（6）仔细校对，避免语法错误和拼写错误，体现严谨性。

2. 简历与求职信

（1）格式规范，清晰易读，避免杂乱的字体和颜色。

（2）确保信息准确无误，突出与应聘职位相关的经验和技能。

（3）求职信应个性化，针对特定职位定制，表示对该职位的理解和向往。

（4）尊重隐私，不要在未经允许的情况下附加无关的个人信息或附件。

礼仪案例 10-10

东方朔的求职信

东方朔是西汉时期的著名人物，以博学多才、机智幽默著称。他的求职故事是一个才华展示与礼仪智慧相结合的经典案例。汉武帝即位之初，为了广纳贤才，于是征召天下有学问和才能的人。东方朔决定抓住这个机会，以一种独特且大胆的方式自荐。

东方朔的求职信非比寻常，他书写了三千片竹简的内容，分量之重以至于需要两个人才能扛起。信中，他详细叙述了自己的成长历程与学识积累，如自幼失去双亲，由兄嫂抚养长大，十三岁开始学习书法，三年后文史知识已足够应用，十五岁学习击剑，十六岁研读《诗》《书》，背诵二十二万字，十九岁继续深造孙吴兵法，对战阵布局及军事教育了然于胸，同样熟记二十二万字。这封信不仅展示了东方朔广博的知识面和深厚的文化底蕴，还体现了他对自己能力的高度自信。最终，东方朔的求职信成功吸引了汉武帝的注意，不仅因其内容丰富，更在于其独特的呈现形式和恰当的礼仪表达，这为他赢得了面圣的机会，开启了其在朝廷的仕途生涯。

【分析】东方朔在求职信中巧妙地平衡了自信与谦逊的关系，既充分展示了自身的才能和学识，又没有表现出傲慢自大。他以客观陈述事实的方式，让汉武帝自己去评估其价值,这是一种高明的自我推销策略。同时,东方朔在自荐时保持了对皇帝应有的尊重,使用了正式的臣子之礼,这个故事告诉我们,即便是在古代,恰当的礼仪与个人才华的结合,也是职场成功的关键。

(三)网络与远程面试礼仪

1. 技术准备

线上面试最好使用有线网络连接而非无线,以降低掉线风险。在面试前一天,面试双方应该提前测试摄像头、麦克风、扬声器和视频会议软件,确保所有设备正常工作。

2. 环境布置

线上面试最好在一个安静的房间进行,避免背景噪声。要选择一个干净、专业的背景,避免杂乱无章或有干扰性的物品。确保自然光或人工光源从前方照亮脸部,避免逆光导致面部阴影。虽然是线上面试,但仍需穿着得体,通常选择商务正装,至少保证上半身符合职业形象,男性考虑剃须,女性可化淡妆。

3. 行为表现

线上面试时,应聘者要至少提前10分钟登录面试平台,等待面试官。交流时注意看摄像头,而不是看屏幕中的自己或面试官图像。回答问题需要语速适中,回答清晰,可以适当停顿思考,但避免长时间沉默。若需笔记辅助,提前准备并放在不易被摄像头捕捉到的区域,低调使用。面试结束时,要向面试官表示感谢,简短表达对后续步骤的期待。

(四)面试结束后的礼仪跟进

面试结束后,有效的礼仪跟进是巩固印象、展现持续兴趣和职业素养的重要环节。在面试结束后的24小时内,通过电子邮件向面试官发送感谢信。感谢他们提供的面试机会,提及面试中让你印象深刻的部分或学到的东西,再次表达你对职位的向往并说明自己适合该岗位的理由。如果面试中有多个环节或多位面试官,尝试根据每位面试官的交流内容个性化你的感谢信,这样能显示出你的用心和对面试细节的关注。如果面试中提到某些话题,你后来想到了更完善的答案或想提供额外的信息支持你的观点,可以在感谢信中适当提及,同时还要保持正式而友好的语气。写完感谢信后,可以检查语法和拼写错误,确保邮件的专业性。还可以在信件末尾礼貌地询问招聘流程的下一步安排和预期的时间,显示主动性和对面试结果的关注。发送感谢信后,给予面试官足够的时间回复。如果在预期时间内没有收到回复,可以适当发送一封跟进邮件,简短询问面试结果,同时表达理解和尊重对方的决定。

即使这次未被选中,也可以在邮件中表达希望保持联系的意愿,未来有合适的机会能再次合作,展现积极和长期的职业规划心态。

模块小结

要点	内容
大学生校园礼仪	1. 校园礼仪是指在校园环境中学生应遵循的行为规范和道德准则，涉及日常交往、课堂表现、公共秩序等方面，旨在培养学生尊重师长、团结同学、保护环境的良好风尚。 2. 学习与学术礼仪是指在学习环境、学术研究以及相关交流活动中应遵循的一系列行为规范和道德准则，它旨在维护学术诚信、促进知识共享、尊重他人劳动成果。 3. 在国际交流中，首要的是理解和尊重不同文化的特性和习俗。这包括熟悉其他国家的基本礼节，展示对当地文化的兴趣和尊重
求职应聘礼仪	1. 求职应聘礼仪是指在求职过程中，求职者为了给招聘方留下良好印象而应当遵循的一系列行为规范。这不仅包括面试当天的行为举止，也包括从简历投递、电话沟通直至面试结束的整个过程。 2. 求职应聘中的形象管理极为关键，它不仅是个人职业素养的直接体现，更是向雇主传达专业度、自信心及对职位重视程度的首要途径。通过得体的外表装扮、恰当的言行举止、有效的沟通技巧以及对职场礼仪的精准把握，应聘者能在第一时间赢得面试官好感，将自己从其他竞争者中区分出来，进而增加获得理想职位的机会。 3. 面试沟通礼仪在求职面试中起着至关重要的作用，它不仅关乎第一形象的塑造，更是个人素质与专业性的直接体现。恰当的礼仪，包括得体的着装、准时赴约、诚恳自信的交谈，以及积极的眼神交流与适宜的肢体语言，能够彰显求职者的尊重、准备充分度及对职位的向往

案例与思考（十）

案例 10-1

随意的邮件

大学生李华需要向一位教授请教关于即将提交的课程论文的一些问题。李华决定通过电子邮件与教授联系，然而，李华在撰写邮件时过于随意，没有注意到书面沟通的礼仪，邮件开头直接写道："Hey，我对论文有几个问题。"邮件正文也缺乏清晰的结构，问题混杂在一起，既没有使用正式的称呼，也没有结尾的问候语。

结果，教授回复时表达了对邮件格式和语气的不满，指出在学术环境中，无论是面对面沟通还是书面交流，都应保持专业和尊重。这次经历给李华上了宝贵的一课，他意识到即使是通过电子邮件这种非面对面沟通方式，礼仪也同样重要。

思考：李华的书面沟通存在哪些问题？

案例 10-2

一次糟糕的面试

张先生参加了一家知名企业的面试。他的简历非常出色，技能和经验也与岗位需求高度匹配。然而，在面试当天，张先生迟到了近十分钟才匆匆赶到，进入会议室时气喘吁吁，未先向等候多时的面试官致歉便直接坐下。在接下来的对话中，张先生频繁打断面试官的提问，显得颇为急躁，并在回答问题时使用了一些不太专业的口头禅，如"你知道吧""随便啦"等。此外，他还在未被允许的情况下，直接饮用桌上的矿泉水。见此，面试官皱起了眉头。

思考：张先生这次面试能成功吗？如果不成功，他出现了哪些问题？

实践活动（十）

活动 10-1

礼仪游戏——礼仪大使

一、活动目标

掌握学习、社交、就餐等不同情境下的礼仪规范。

二、活动过程

同学们扮演新入学的学生，和各种虚拟角色互动。学生需要通过各种任务和挑战，学习并实践校园内外的各种礼仪知识，提升自己的礼仪素养，最终成为校园的"礼仪大使"。

1. 情景模拟关卡

图书馆礼仪：在图书馆找到指定书籍，过程中不能发出噪声，正确使用借书系统，保持图书馆的安静环境。

课堂互动：模拟上课情景，在合适的时间举手发言，使用礼貌用语提问，以及在小组讨论中展现团队合作精神。

食堂礼仪：排队打饭时展现耐心，餐后主动回收餐具，以及在餐桌上进行愉快而不失礼节的交谈。

宿舍生活：与室友和谐共处，尊重室友的私人空间，合理安排公共区域的使用和清洁轮值。

2.跨文化交流挑战

与国际学生进行文化交流,学习简单的外语问候语,了解并尊重不同国家的文化习俗,最终成功完成文化交流活动。

3.紧急应对测试

设定一些突发状况,如在校园内有同学跌倒、遗失物品等,学生需选择合适的帮助方式和表达关心的言语,展现应急处理能力和同理心。

4.礼仪知识问答

问答环节,涉及礼仪小知识、历史典故、文化差异等,答对题目可获得额外积分。

三、讨论与评价

完成任务测评(如表10-1所示)。评选分数最高的同学成为"礼仪大使"。

表10-1 任务测评

评价指标	评分等级	测评结果
在所有关卡中展现了卓越的礼仪知识掌握能力和实际应用能力,还能够灵活应对各种复杂情境,展现出高度的同理心和文化敏感度。能够迅速识别情境并采取最恰当的礼仪行为,无论是对内还是对外交流均能游刃有余,赢得了虚拟校园中所有角色的广泛尊重和好评。积极参与社交,有效促进了团队合作,展现了卓越的领导力和协作精神,成功解锁了所有成就徽章,成为其他学生的学习榜样	优秀:90分以上	
在多数情况下能准确执行礼仪规范,对于常见的校园和社会交往场景有较好的应对策略,能够体现出一定的文化意识和尊重。在大多数情景模拟关卡中得分较高,能够妥善处理与虚拟角色之间的互动,虽然偶有小错误,但能及时自我纠正并从中学习。在紧急应对测试中,能做出合理的判断,但在复杂社交情景中的处理略显生硬。总体而言,在礼仪知识和应用上有较强的基础,但仍有一定的提升空间	良好:75~89分	
在礼仪知识掌握和实践上表现平平,对于基础的礼仪规则有所了解,但在具体应用时会出现一些疏漏,导致一些小误会。偶尔会打断对话或在课堂上不够活跃,影响了互动质量	一般:60~74分	
在礼仪认知和实践上存在明显不足,经常忽视基本的校园和社会礼仪规范,如频繁迟到、不尊重他人隐私、在公共场合大声喧哗等。在跨文化交流时,因缺乏文化敏感性而无意中冒犯他人,且在紧急应对测试中常常作出不恰当的反应。在团队合作中,因为沟通方式不当或缺乏合作精神而影响团队整体表现	较差:60分以下	

活动10-2

模拟面试

一、活动目标

增强学生的面试礼仪意识,包括着装、言谈举止、沟通技巧等方面。

二、活动过程

角色设定与场景搭建:学生选择或创建不同专业背景和求职意向的角色,并根据角色设置多种面试场景，如企业、学校、政府部门等。

预习与自定义：提供面试礼仪指南和视频教程，学生根据指南和教程自定义角色的着装、简历，并选择合适的开场白。

模拟面试关卡：

第一关：

初步印象：模拟进入面试室，考查着装、微笑、握手等初步礼仪。

第二关：

沟通艺术：模拟面试官提出问题，学生需恰当回答，同时注意语音语调、眼神交流、不打断他人发言等。

第三关：

突发情况：模拟面试中可能出现的紧急情况（如电话响起、意外打翻水杯等），考查应对礼仪。

第四关：

结束与跟进：礼貌告别，以及发送感谢邮件。

第五关：

即时反馈与自我修正：每次尝试后，教师提供系统的详细反馈，包括正确示范与改进建议，学生根据反馈调整策略重试。

三、讨论与评价

全班完成任务测评（如表10-2所示）。评选出分数最高的同学。

表10-2 任务测评

评价指标	评分等级	测评结果
在每个环节均展现出近乎完美的礼仪，对面试流程有深刻理解和把握，能灵活应对各种情境，展现出高度的职业素养和自信。 在突发情况关卡中，能够迅速且恰当地解决问题，保持面试的顺畅进行。 自我反思深刻，能够从反馈中迅速学习并实施改进，获得所有面试官的高度评价	优秀：90分以上	
在大多数礼仪方面表现得体，偶有小疏忽，但能及时调整，整体给人以专业和礼貌的印象。 对面试流程熟悉，能有效沟通，但在某些复杂情境下的应对略显生硬。 有一定的自我提升意识，能够从反馈中学习，但改进速度和效果有待提高	良好：75~89分	
存在若干明显的礼仪错误，如着装不当、沟通时缺乏眼神交流等，影响整体表现。 在压力环境下，表现不稳定，有时能恰当应对，有时则显得紧张或不知所措。 反馈接受程度一般，虽尝试改进，但改变不明显，需要更多练习和指导	一般：60~74分	
在多个关键礼仪环节上出现严重疏忽，如迟到、着装不整、言语不敬等。 面对面试中的挑战显得极度紧张，无法有效沟通，出现礼仪上的重大失误。 缺乏自我反思和改进的动力，对反馈回应消极，未能从模拟中学到必要的礼仪知识和技巧	较差：60分以下	

附　录

F.1　国际礼仪规范要点

1. 国际社会公认的"第一礼仪"是女士优先。
2. 自律是礼仪的基础和出发点。
3. 男士应养成每天修面的好习惯。
4. 在正式场合，女士不化妆会被认为不礼貌。若活动时间较长，应适当补妆，但不能在公共场所补妆。
5. 在社交场合初次与人见面或交谈时，双方应该注视对方的上半身才不算失礼。
6. 在公共场所，女士着装应注意内衣不能外露，更不能外穿。
7. 男士着装，整体不应超过三种颜色。
8. 一般情况下，男士不宜佩戴的饰物是耳环。
9. 在参加各种社交宴会时，要注意从座椅的左侧入座，动作应轻而缓，轻松自然。
10. 在机场、商厦、地铁等公共场所乘自动扶梯时应靠右侧站立，另一侧留出通道供有急事赶路的人快行。
11. 如果主人亲自驾驶汽车，副驾驶座应为尊位。
12. 乘坐公共汽车和地铁时应排队候车，先下后上；要礼让妇女、儿童、残疾人和老年人。
13. 电话铃响时，最多不超过 3 声就应该接听。
14. 正确的握手时长一般为 3~4 秒。
15. 呈递名片时，要将名片正面朝向接受方，接受的名片应放到名片夹或上衣口袋中。
16. 女士携带的手提包，在正式宴会就餐期间应放在背部与椅背之间。
17. 宴会上，为表示尊重，主宾的座位应在主人的右侧。
18. 在参加宴请时，应等长者坐定后，方可入座。
19. 使用餐巾时，不可以用餐巾来擦拭餐具。
20. 西餐食用的顺序是汤、开胃小菜、海鲜、肉类、烘烤食物、冷饮、餐后甜食。
21. 在可以吸烟的餐厅用餐时，如需抽烟，应该征得邻座同意再抽。
22. 在对外交往中，对他国部长以上的高级官员可称为阁下。
23. 留客之声不属于服务员的"接待三声"。
24. 在旅馆住宿时，不应穿睡衣和拖鞋出现在公共场所。
25. 在公共汽车、地铁、火车、飞机或剧院、宴会等公共场所，朋友或熟人间说话应轻声细语、不妨碍他人。
26. 如果在与外宾洽谈过程中要打断对方的谈话，请说"Excuse me..."。

（资料来源："中国杭州"政府门户网站，网址：https://www.hangzhou.gov.cn）

F.2　职业院校礼仪赛项规程（节选）

——以2024年"河北省职业院校职业礼仪赛项"为例

一、竞赛目的

贯彻落实中共中央办公厅、国务院办公厅印发的《关于全面加强和改进新时代学校美育工作的意见》，以习近平新时代中国特色社会主义思想为指导，以社会主义核心价值观为引领，彰显中华传统礼仪文化的时代价值，落实立德树人根本任务，促进校园文化建设，提升中职生礼仪素养与技能，展现中职生职业素养和良好形象，为职业学校搭建礼仪教育教学交流展示的平台，推进职业学校在人才培养、课程建设、礼仪教育教学等方面的改革。

充分发挥职业技能大赛引领专业建设、课程改革及教学创新的作用，落实继承和发展中华民族优秀礼仪文化的有关要求，落实立德树人根本任务，努力满足社会经济发展对专业人才高素质、高水平的需求。

通过本赛项检验参赛选手学习专业技能和掌握礼仪规范的基本情况、创新设计能力及团队协作能力，考查选手在校园活动、社会交往、求职面试、专业服务等领域的综合素质。引导职业院校关注行业企业需求，对标岗位标准，促进我省礼仪文化教育教学的不断普及，为培养高素质技术技能型人才服务。

二、竞赛内容

职业礼仪比赛由理论测试与技能竞赛两大部分组成。其中理论测试成绩占总成绩的30%，技能竞赛成绩占总成绩的70%。

要求选手了解现代礼仪基本常识、掌握仪容、仪表、仪态等礼仪规范并能灵活运用到实践中。通过对礼仪知识、礼仪仪态、礼仪场景应用、语言表达、团队协作等能力和职业素养的全面考核，检验选手的综合素质和技能水平。

（一）理论测试环节

理论测试内容包括礼仪基本知识和时事政治，由每名选手独立完成。测试形式为闭卷考试，手机答题。测试时间为40分钟，题量100题，题型包含判断题、单选题和多选题三种。题库共830题，赛前按规定时间公开题库。

（二）技能竞赛环节

设置礼仪形象展示、礼仪情景模拟、主题演讲三个模块。

1.礼仪形象展示

团队共同完成。比赛时间3分钟。伴奏音频采用mp3格式，可以设定图片背景，背景中不得出现选手院校、选手姓名、选手指导教师等指向性信息。规范使用赛场提供的道具，严禁破坏性使用。

结合职业院校的实际，体现当代职业院校学生的精神面貌，从仪容、仪表、仪态等方面展现职业院校学生的素质及礼仪风范。

2. 礼仪情景模拟

团队共同完成。比赛时间 3 分钟。根据特定情境进行以礼仪为主题的现场情景剧展示，重点考查选手在日常生活中、社会交往中和相关工作岗位上综合运用礼仪知识及技能的能力。要求：根据校园活动、课堂教学、社会交往、师生交往、求职应聘等情境进行情景剧展示。可自备小型道具、音乐和旁白（若同时有配乐和旁白，需合成一个 mp3 格式文件）。

3. 主题演讲

选手个人完成。比赛时间 2 分钟。每队派 2 名选手，现场各抽取 1 题进行演讲。演讲主题 5 个，随题库下发。

（三）比赛成绩权重

序号	比赛内容	权重
1	理论测试	30%
2	礼仪形象展示	25%
3	礼仪情景模拟	25%
4	主题演讲	20%

（四）赛项比赛时间

序号	比赛内容	比赛时间（分）	准备时间（分）
1	理论测试	40	30
2	礼仪形象展示	3	10
3	礼仪情景模拟	3	10
4	主题演讲	2	10

三、竞赛方式

（一）组队方式

本赛项为团体赛。

每所院校限报 1 支代表队，包含选手 6 名，领队 1 名，指导教师 2 名。

（二）参赛选手资格

1. 参赛选手必须是高职（高专）全日制正式在籍学生，五年制高职的四、五年级学生可报名参加本赛项比赛，以报名时的学籍信息为准。参赛选手年龄须不超过 25 周岁，年龄计算截止时间为 2024 年 3 月 1 日。

2. 参赛选手和指导教师报名确认后不得随意更换。如比赛前参赛选手和指导教师因故无法参赛，须通知大赛组委会，并于开赛前 10 个工作日出具加盖学校公章的书面说明，经大赛执委会办公室核实后予以更换。

四、竞赛流程

（一）操作流程

1. 报名阶段

2. 准备阶段

3. 赛前说明指导

4. 现场比赛阶段

5. 评分和评奖

6. 颁奖和总结

（二）竞赛日程安排（略）

五、竞赛试题

本赛项公开理论测试题库，于比赛前一个月在"河北省职业院校技能大赛"平台上发布。

六、竞赛规则

1. 参赛队的组别由领队于领队会抽签决定；各参赛选手的参赛顺序由现场抽签结果决定。

2. 参赛选手可于报到当天13：00—15：00熟悉比赛场地，但不提供音响、PPT播放等服务。

3. 参赛选手按规定时间到达指定地点，凭参赛证、本人学生证和身份证（三证必须齐全）进行检录，检录后进入竞赛候场区，抽取比赛次序。迟到15分钟者取消比赛资格。

4. 各代表队领队和指导教师，以及观摩人员在赛场指定的观摩区观摩比赛。

5. 新闻媒体在赛场设定的媒体采访区工作，应服从现场工作人员的安排和管理，不得影响比赛正常进行。

6. 各类赛务人员必须统一佩戴由大赛执委会签发的相应证件，并着装整齐。

7. 各赛场竞赛区域除裁判和赛场配备的工作人员外，其他人员未经允许不得进入。

8. 参赛选手不得携带通信工具和其他未经允许的资料、物品进入比赛场地，不得中途退场。如出现违规、违纪和舞弊等现象，经裁判组裁定取消比赛成绩。

9. 参赛选手在规定时间依次入场候赛，在前一位选手退场后由主持人宣布上场，确认现场条件无误后点头示意，由主持人宣布开始比赛，计时开始，现场安排倒计时提示。

10. 比赛过程中，参赛选手须严格遵守比赛规则，保证自身安全，并接受裁判员的监督；若因设备故障导致选手中断或终止比赛，由比赛裁判长根据竞赛规程中的预案视具体情况作出裁决。

11. 选手最终成绩经裁判长、监督组签字后进行公布。公布时间为2小时。成绩公布无异议后，由仲裁长和监督组长在成绩单上签字，并在闭赛式上公布竞赛成绩。

12. 参赛代表队若对赛事有异议，可由领队按规程向大赛仲裁工作组提出申请复核。

七、成绩评定

（一）评分标准原则

1. 体现职业院校学生积极向上的精神风貌以及学礼、懂礼、用礼的综合素养。

2. 体现职业院校人才培养的高标准、高规格，进而对文明社会建设产生积极作用。

3. 展示河北省职业院校礼仪文化教育的水平与成果。

（二）评分方法

1. 裁判员选聘：由河北省文化创意职业教育集团、河北礼仪文化教育学会选聘裁判人员。

2. 赛前组织裁判培训，规定各比赛项目的评分细则：现场比赛期间，各裁判根据评分标准独立打分，不得相互讨论，不得干扰其他裁判员打分。

3. 分值设置：总分 100 分，理论测试 30 分、礼仪形象展示 25 分、礼仪情景模拟 25 分、主题演讲 20 分。

4. 竞赛成绩：裁判长、监督组长签字后在闭赛式上公布。

（三）评分细则和标准

1. 理论测试：总分 100 分，以测试得分计入总成绩。

2. 礼仪形象展示：展示内容及形式自定，限时 3 分钟，以工作人员宣布"计时开始"开始计时，以参赛选手谢幕为结束计时时间，超时扣 3 分。

要求：结合职业院校的实际，体现当代职业院校学生的精神面貌，着重从仪容、仪表、仪态方面展现职业院校学生的职业素质及职业礼仪风范。包含站姿、坐姿、行姿、蹲姿、表情、手势、鞠躬、介绍和自我介绍等礼仪动作规范，内容连贯，着装得体。展现当代职业院校学生的风采，体现协作意识和时代精神。

3. 情景模拟：根据特定情境进行以礼仪为主题的现场情景剧展示，限时 3 分钟，以工作人员宣布"计时开始"开始计时，以参赛选手谢幕为结束计时时间，超时扣 3 分。

要求：情景设定要依据职场应聘、校园活动、社会交往、课堂教学、师生交往等情境进行。

4. 主题演讲：限时 2 分钟。以工作人员宣布"计时开始"开始计时，以参赛选手谢幕为结束计时时间，超时扣 3 分。现场抽取演讲主题，不配音乐，主题明确、观点正确、内容完整、普通话标准、吐字清晰、仪态自然大方。

（四）成绩评定

团队总成绩 = 6 名选手理论测试成绩平均分 ×30% + 形象展示 ×25% + 情景模拟 ×25% + 2 名选手演讲成绩平均分 ×20%。

评分方法与原则

模块	模块内容	评判内容	权重
礼仪形象展示	根据大赛提供的规定动作要求，将仪态礼仪进行编排展示	限时 3 分钟，自行编排，自选音乐	25%
		完成站、坐、行、蹲、表情、手势、鞠躬等仪态的展示	
		规范要求：展示全面、动作标准、整齐连贯	
		其他：仪容仪表精神面貌	
情景模拟	根据特定场景，编排并展示现代礼仪的应用	限时 3 分钟。自行设计编排情节，自备小型道具，可配音乐、旁白 主题鲜明、内容健康，积极向上。 整体编排情节合理完整，展现礼仪素养，并熟练掌握礼仪规范，通过语言、动作、表情等礼仪知识解决问题，具有合理性、连贯性、完整性，整体协调默契，体现团队精神。 角色扮演自然，具有一定表现力，原创作品	25%
主题演讲	选手现场语言表达方面的能力	限时 2 分钟。不配音乐，主题明确、观点正确、内容完整、普通话标准、吐字清晰、仪态自然大方	20%

八、奖项设定

1. 团体奖。本赛项依据《河北省职业院校学生技能大赛方案》（冀教职成〔2022〕72号）文件设置团体奖。

以赛项实际参赛代表队总数为基数，一、二、三等奖获奖比例分别为10%、20%、30%（小数点后四舍五入）。

获得一等奖代表队的1名指导教师授予省级"优秀指导教师奖"。二、三等奖获奖证书将备注指导教师姓名，备注顺序将与报名填报顺序一致。各参赛队报名时，一般应明确指导教师顺序，如某校代表队获得大赛一等奖，且后又无特别指明，则排第1顺位的老师获"优秀指导教师奖"。

2. 优秀组织奖。大赛设优秀组织奖若干，对领导重视、组织出色、遵守规则、文明参赛的院校予以表彰。

3. 突出贡献奖。对本次大赛作出突出贡献的单位予以表彰。

九、赛场预案（略）

十、赛事安全

赛项执委会、赛点会采取切实有效的措施保证大赛期间参赛选手、指导教师、裁判员、工作人员及观众的人身安全。

（一）比赛环境

1. 赛项执委会须在赛前组织专人对比赛现场、食宿场所和交通路线进行考察，并对安全工作提出明确要求。赛场的布置，赛场内的器材、设备，应符合国家有关安全规定。如有必要，也可进行赛场仿真模拟测试，排查可能出现的问题。承办单位赛前须按照执委会要求排除安全隐患。

2. 赛场周围要设立警戒线，防止无关人员进入，扰乱赛场秩序或发生意外事件。比赛现场内应参照相关职业岗位的要求为选手提供必要的劳动保护。在具有危险性的操作环节，裁判员要严防选手出现错误操作。

3. 承办单位应提供保证应急预案实施的条件。对于比赛内容涉及可能有坠物、用电量较大、易发生火灾的情况，必须明确制度和预案，并配备急救人员与设施。

4. 赛项执委会须会同承办单位制定开放赛场和体验区的人员疏导方案。针对赛场环境中人员密集、车流人流交错的区域，除设置齐全的指示标志外，还须增加引导人员，并开辟备用通道。

5. 大赛期间，承办单位须在赛场管理的关键岗位，增加力量，建立安全管理日志。

6. 参赛选手进入赛位、赛事裁判工作人员进入工作场所，严禁携带通信、照相摄录设备，禁止携带记录用具。如确有需要，由赛场统一配置、统一管理。赛区可根据需要配置安检设备，对进入赛场重要区域的人员进行安检。严禁在赛场使用闪光拍摄设备、激光红外设备等对选手、裁判和工作人员进行拍摄和扫视，影响和干扰赛场，一经发现，立即劝离出场。

（二）组队责任

1. 各学校组织代表队时，须为参赛选手购买大赛期间的人身意外伤害保险。

2. 各学校代表队组成后，须制定相关管理制度，并对所有选手、指导教师进行安全教育。

3. 各参赛队伍须加强对参与比赛人员的安全管理，实现与赛场安全管理的对接。

（三）应急处理

比赛期间发生各种意外事故，发现者或当事人应第一时间报告执委会，同时采取措施避免事态扩大。执委会应立即启动预案予以解决并报告组委会。赛项出现重大安全问题可以停赛，是否停赛由执委会决定。事后，执委会应向组委会报告详细情况。

（四）处罚措施

1. 因参赛队伍原因造成重大安全事故的，取消其获奖资格。

2. 参赛队伍有发生重大安全事故的隐患，经赛场工作人员提示、警告无效的，可取消其继续比赛的资格。

3. 赛事工作人员违规的，按照相应的制度追究责任。情节恶劣并造成重大安全事故的，由司法机关追究相应法律责任。

十一、竞赛须知

（一）参赛领队须知

1. 熟悉竞赛规程，负责做好本参赛队伍在大赛期间的管理工作，负责本参赛队伍的参赛组织和与大赛的联络。

2. 贯彻执行大赛各项规定，竞赛期间不私自接触裁判。

3. 准时参加赛前领队会议，认真传达并落实会议精神，确保参赛选手准时参加各项比赛及活动。

4. 领队在比赛时需密切关注参赛选手的比赛时间，安排充足的人员进行调度，避免出现因迟到而被取消比赛资格的情况。

5. 对不符合竞赛规定的设备、软件、工具，有失公正的评判、奖励以及工作人员的违规行为等，均可提出申诉。申诉须在专项竞赛结束后 2 小时内提出，否则不予受理。

6. 领队应负责赛事活动期间本队所有选手的人身及财产安全，并按规定为参赛选手及参赛人员购买相关保险。如发现意外事故，应及时向组委会报告。

（二）指导教师须知

1. 熟悉竞赛规程，负责协助领队做好所指导选手在大赛期间的管理工作。

2. 比赛过程中，指导教师不得现场指导，不得现场书写和传递任何资料给参赛选手。

3. 贯彻执行大赛各项规定，竞赛期间不得私自接触裁判。

4. 应负责大赛期间所指导选手的人身及财产安全，如发现意外事故，应及时向领队报告。

5. 比赛结束后，需贯彻大赛规定，做好赛项的评价工作。

（三）参赛选手须知

1. 准备阶段

（1）参赛选手须认真填写报名表各项内容，提供个人真实身份证明。凡弄虚作假者，将取消其比赛资格。

（2）参赛选手须在规定时间内提交符合要求的比赛资料，包括礼仪形象展示、礼仪情景模拟所需的音频文件等。

（3）参赛选手按照赛程安排的具体时间前往指定地点。凭大赛执委会颁发的参赛证、本人学生证和身份证参加比赛及相关活动。

（4）参赛选手进行比赛前须检录。检录时应出示本人身份证及参赛证，检录合格后方可参赛。凡未按时检录或检录不合格者将被取消参赛资格。

（5）参赛选手须仪表规范，着装干净整洁，女选手可适度化妆以符合比赛要求。

（6）参赛选手应自觉遵守赛场纪律，服从裁判、听从指挥。

2. 比赛阶段

（1）礼仪形象展示、礼仪情景模拟环节，选手按组别在备赛场地，按抽签顺序就座。

（2）参赛选手须佩戴相关证件，按照参赛时段提前15分钟检录，进入比赛场地进行候场。前一位选手完成比赛项目后，在工作人员带领下进入场地进行比赛。

（3）参赛选手在主持人宣布"计时开始"后开始展示。

（4）参赛选手在比赛中，不可透露所在院校及选手本人的任何信息。

3. 结束阶段

（1）参赛选手完成各项目后即可离开比赛现场。

（2）参赛选手在竞赛期间未经组委会的批准，不得接受其他单位和个人进行的与竞赛内容相关的采访，不得私自公开竞赛的相关情况和资料。

（3）参赛选手在竞赛过程中须主动配合裁判的工作，服从裁判安排，如果对竞赛的裁决有异议，须通过领队以书面形式向仲裁工作组提出申诉。

（4）比赛结束后，需做好赛项的评价工作。

（5）本竞赛项目的最终解释权归赛项组委会。

十二、申诉与仲裁

本赛项在比赛过程中若出现有失公正或有关人员违规等现象，参赛队领队可在比赛结束后2小时之内向仲裁组提出申诉。书面申诉应对申诉事件的过程、发生时间、涉及人员、申诉依据等进行充分、实事求是的叙述，并由领队亲笔签名。非书面申诉不予受理。赛项仲裁工作组在接到申诉后的2小时内组织复议，并及时反馈复议结果。申诉方对复议结果仍有异议时，可由省（市）领队向赛区仲裁委员会提出申诉。赛区仲裁委员会的仲裁结果为最终结果。

十三、竞赛观摩

1. 本赛项公开观摩对象：参赛队领队、指导教师、媒体工作人员和企业观摩团等。

2. 各参赛队如需要现场观摩，请提前报名。各观摩院校可与各自代表队领队联系，观摩证将在各代表队报到时统一发给各领队。

3. 凭大赛执委会颁发的观摩证进入指定观摩区进行观摩。

4. 观摩人员需遵守赛场规则，服从工作人员管理，保持赛场安静，观摩期间不得大声喧哗，不得使用闪光灯、手机等干扰选手比赛。不得在赛场内对台上的选手进行暗示或提醒。

5. 当观摩人数超出赛场容量时，赛项执委会将根据现场情况控制观摩人员进入赛场。

F.3　课前自测题及各模块案例分析题参考答案

模块一　认识职场沟通

1. 能力自测

（1）如果小贾没有及时给王经理回电话，王经理很有可能认为你没有转告小贾。

（2）王经理不直接给小贾打电话很有可能是因为小贾是新来的员工，王经理还没有他的电话。

（3）你可以在通知完小贾后向王经理回复："王经理，我已转告小贾十分钟之内给您回电话，小贾的电话是××××××××。"

2. 案例 1-1

在买复印纸这件事上，老板和员工都有责任。老板没有交代清楚买复印纸的要求；员工在不清楚指令的情况下，没有向老板进行确认就直接行动，以至于跑了三趟也不能令老板满意。这个案例提示我们，在沟通的过程中，一定要事先考虑好沟通的基本要素，把事情说清楚；如果对方的意思没有表达清楚，我们要及时反馈，以确保在行动前，各方能达成共识。

3. 案例 1-2

（1）小范在处理此次投诉时，未能充分利用非语言沟通，导致沟通失败。即便是电话沟通这样的非面对面场景，非语言沟通依然发挥着至关重要的作用。小范虽然一直在解答问题，但她冰冷的语调、机械的官方回应，使表达缺少同理心和情感关怀，这种非语言沟通的缺失让客户感到冷漠和不受重视。这个案例说明，客服人员在处理投诉时，必须重视非语言沟通，通过语气、节奏、表达同情和理解的措辞等非语言方式，传达出真诚的关心和服务态度，才能有效建立信任，妥善解决客户问题。

（2）略。

模块二　掌握职场人际沟通技巧

1. 能力自测

（1）如果在周五的会议上未能提供完整的分析报告或汇报不尽如人意，张经理很有可能会认为责任在于员工。因为员工作为此次汇报事件的主要负责人，就需要对汇报负多数责任。

（2）首先，要明确任务细节，在初步沟通时，可以使用 5w2h 原则来确保每个环节都清晰无误。其次，在沟通结束后，可以通过邮件将沟通内容再次总结，和领导确认，确保双方沟通一致，减少误会。最后，要时刻保持沟通，如果遇到不清楚、不明晰的地方，应及时与领导沟通，确保项目顺利推进。

2. 案例 2-1

（1）沟通问题主要涉及沟通双方。对于本案例来说双方均存在沟通问题。首先，张经理没有提供足够的采购细节。其次，小王作为执行者以及下属，在上级没有提供足够采购细节的情况下，没有进一步追问具体采购细节。

综上所述，经理的责任在于没有说明细节，小王的责任在于执行任务前没有询问清楚，以确保采购符合经理的期望。

（2）小王：经理您好。关于您提到的采购办公用品的事宜，我有一些具体的细节想要了解，请问您能告诉我大概需要多少笔、本子和订书机吗？

经理：这个确实是我在交代的过程中疏忽了。对于笔，考虑到我们部门有三十人，每人至少备两支，加上一些备用，大约需要准备一百支。本子的话，每人一本就足够了，也就是三十本。订书机每个部门放一台，我们这里是三个部门，所以需要三台。

小王：明白了，那关于品牌和质量方面有什么特别的要求吗？是否需要选择一些特定品牌？

经理：是的，考虑到公司形象，尽量选择一些中高端的品牌，百乐的办公系列就不错，既实用又有品质。对于订书机，得力或者惠普的型号比较适合。

小王：好的经理，我记下了。还有一个关键点，关于这次采购的预算，大概控制在多少比较合适？

经理：预算嘛，控制在1000元以内吧。我们在保证质量的同时，也要注意成本效益。

小王：明白了，经理。我会根据您提供的具体需求，选择符合标准且在预算范围内的商品。在采购前，我会列出详细的采购清单和预算概览并发给您确认，确保一切符合您的要求，这样可以吗？

经理：这样很好，小王。这样做可以避免误会，确保采购工作顺利完成。期待你的清单，谢谢你的细心。

3. 案例2-2

小张与上级沟通中存在的问题主要有：

（1）反馈不及时：面对项目中出现的技术难题与资源瓶颈，小张由于担心受到上级的批评而一直未主动向上级汇报，这导致错过了调整计划的最佳时期。

（2）担忧过度与沟通障碍：小张因为担心受到批评而选择隐瞒问题这种心理阻碍了开放沟通，如果小张可以正视问题，并及时向项目经理汇报项目的问题，那么双方可以共同寻找解决方案以确保项目顺利进行。

（3）缺乏风险管理意识：在项目的管理过程中，遇到挑战与瓶颈是很正常的现象，小张应当预见到复杂程度和技术难题超预期的可能，并制定相应的应对措施。

（4）信任建立不足：小张的行为源于与上级之间的信任问题。正是因为小张对上级的信任不足，担心受到上级的批评，导致小张没有及时上报项目问题，从而错过了调整项目计划的最佳时期。

模块三 学习语言和非语言沟通

1. 能力自测

（1）情境一：口头沟通

理由：向公司高层汇报项目进展需要实时互动。口头沟通可以借助丰富的语言、表情和肢体动作，使复杂信息更易于理解。此外，30分钟的时间适合进行详细且有深度的口头交流。

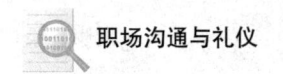

情境二：书面沟通

理由：解决技术分歧需要各方有充足的时间思考、查阅资料并详细阐述观点。书面沟通（如电子邮件、共享文档）能提供稳定的记录，便于团队成员反复阅读、深入讨论。

情境三：口头沟通、非语言沟通

理由：私下视频通话便于通过观察对方的面部表情、肢体动作、语音语调等非语言信号，深入了解其情绪状态和困扰原因。同时，可以通过如保持眼神交流、使用安抚性的肢体动作、控制语速和音调等传达关心和支持，建立情感连接，有助于开展更深入的对话和提供有效的帮助。

2. 案例 3-1

张强最初的表述信息量过大，容易让听者感到疲劳。他还更多地专注于自己的思路和表达完整，未充分考虑接收者的视角和需求，没有及时获取反馈，导致沟通变成单向的信息灌输。

3. 案例 3-2

"五彩斑斓的黑"和"严肃而活泼"这类网络流行语，源自设计师和创意工作者对于甲方提出看似矛盾或难以实现的需求的幽默调侃。这些表述在社交媒体上引发共鸣，成为一时笑谈，但在商业领域，它们凸显了沟通准确的重要性，"五彩斑斓的黑"这样的描述，表面上看似富有创意，实则给执行者（如设计师）带来了极大的困惑，因为它违反了色彩学的基本原理。在商业沟通中，模糊或自相矛盾的指示会造成执行层面的误解，增加沟通成本，延误项目进度。

4. 案例 3-3

（1）这展现出他对职位的兴趣和对话题的专注。

（2）表现开放和自信。

（3）表明他在认真聆听并理解面试官的问题，传达出积极的态度和良好的沟通意愿。

（4）这些姿势可被解读为防御性、不自信或是对面试缺乏兴趣等。

（5）缺乏眼神交流可能是应聘者在隐瞒信息或不诚实。

模块四　感悟职场礼仪

1. 能力自测

从受邀参加高规格宴会的那一刻起，每一步都是对个人礼仪知识与实践能力的考验。例如：服饰是个人形象的直接展现，也是尊重主办方的表现。在高规格宴会中，正确着装不仅是遵循邀请函上的着装代码（如黑领结、正装等），更是对场合的深刻理解。职场礼仪在此环节教导我们，通过服装传递出的专业与尊重，是社交的初步语言。餐桌礼仪是衡量个人教养与文化敏感度的关键。了解并遵守座位安排（如按邀请卡指示或听从主人安排），正确使用餐具（由外至内使用，或跟随主人动作），以及餐间行为（如不大声交谈、不挥舞餐具、咀嚼无声等），这些都展示了对宴会文化和他人的尊重。职场礼仪在此帮助我们避免无意中的失礼，促进餐桌上的和谐交流。有效的社交介绍是建立联系的第一步。在这样的场合，简洁而得体的自我介绍（包括姓名、职业简述）及尊敬地介绍他人（遵循"尊者优先"的原则，简要介绍对方的职务或成就），是职场礼仪的重要组成部分。它不仅展示了个人的自信与礼貌，也为后续的社交铺设了良好的基础。

职场礼仪不仅关乎规则的掌握，更是一种文化素养的体现，它帮助我们在各种社交场合中展现最佳形象，促进人际关系的和谐发展，同时也是个人形象塑造的重要一环。通过实践练习，我们可以更深刻地理解礼仪背后的文化含义,以及如何在现代社会中灵活而恰当地应用这些礼仪。

2. 案例 4-1

(1) 规范性:所有参与者应当准时出席各项活动,在会议中遵循既定议程,发言时礼貌等待他人说完再表达自己的观点,使用正式且尊重的语言交流;

多样性:理解并尊重不同文化背景下的问候习惯,如握手、鞠躬或合十礼等,提供简短的文化指南,帮助参与者了解不同文化的交际习俗,避免无意中的冒犯。在餐饮安排上,提供多样化的菜系,考虑不同宗教和饮食习惯的需要;

发展性:提倡开放性对话,鼓励参与者在交流中寻求共识,同时也尊重差异。设立专门环节,如圆桌讨论或文化工作坊,促进跨文化学习与创新思维,展现对持续学习和文化适应性的重视。

(2) 礼仪的积极影响分析:

①国家社会层面:

提升国际形象:良好的礼仪规范能够显示出主办国的文化底蕴与文明程度,增强国际社会对其的正面认知,有助于构建和谐的国际关系和提升国家软实力;

促进文化外交:通过细致周到的礼仪安排,促进不同国家之间的相互理解和尊重,为后续的政治、经济合作奠定良好基础,推动文化外交的发展;

增强社会包容性:展示多元文化融合的能力,加快国内民众对外来文化的接纳,增进社会的整体和谐与多元文化的共存共荣。

②个人层面:

通过参与此类活动,个人能够拓宽国际视野,学习新的社交技巧和文化知识,提升自身的跨文化沟通能力,这对于个人职业发展具有长远意义;遵循礼仪规范,能够在活动中建立起基于相互尊重的国际友谊与专业联系,这些联系未来可能会转化为合作机会;在尊重他人的同时,通过分享本国文化,参与者能够增强对自己文化的认识与自豪感,促进文化自信与自我认同的形成。

3. 案例 4-2

(1) 礼仪上的主要疏忽:忽视了基本的职场礼仪,特别是对同事的尊重与礼貌。具体表现为未主动与刘女士打招呼,这反映出她对职场环境中的人际关系缺乏敏感性,以及平等对待所有同事意识的不足。

短期内,这种行为可能使小王在同事间留下不友好或不懂礼貌的第一印象,影响她与同事建立良好的工作关系,特别是与刘女士的关系,可能导致她在需要财务部门协助时遭遇不必要的阻碍;长期来看,若不加以改正,这种势利和缺乏礼仪的行为可能损害小王的职业声誉,限制她的职业发展。在职场中,良好的人际关系和职业形象是晋升、获得合作机会的重要基石,不尊重同事的行为会影响她的人际关系,使她丧失合作机会,影响团队协作和信任。

(2) 建议:学习职场礼仪,认识职场礼仪的重要性,包括基本的礼貌用语、肢体语言,以及如何与不同职位的同事相处。良好的礼仪是职场沟通的润滑剂,有助于树立正面的个人形象,促进工作环境的和谐。培养平等尊重的心态,理解职场中每个角色都有其价值,无论是前台接待还是高层管理者,都应给予同等的尊重和礼貌。这种平等观念能帮助她在职场中建立起广泛且稳固的人脉关系,促进跨部门合作,展现成熟的职业态度。主动交流,积极修复关系,小王应主动向刘女士及其他可能受到影响的同事道歉,并在今后的工作中积极主动地打招呼、参与交流,展现诚恳与友好的态度。

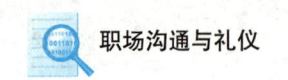

及时的弥补和正面的改变可以有效改善初期的不良印象，重建信任，为未来的合作打下良好基础。

模块五　塑造职业形象

1. 能力自测

（1）A。A是选择面试着装时最重要的因素之一。不同公司和行业有着不同的着装规范和文化氛围。例如，金融、法律、咨询等传统行业倾向于正式商务装，而创意产业、科技公司可能更接受休闲或创意性着装。了解目标公司的文化和职位特性有助于做出恰当的选择。其他因素例如B、C两项在一定程度上也需要考虑，而D项则相对次要。

（2）D。面试前确保个人卫生全面到位，包括头发、指甲的清洁整理以及身体气味的管理，这些都是展示自我管理能力和尊重他人的重要方面，直接关系到给面试官留下的第一印象。

（3）C。正确的坐姿不仅关乎个人形象，也影响到面试过程中的交流效果。A选项坐姿显得过于放松，不够正式，可能给人以懒散或不尊重对方的印象；B选项虽然这是一种常见的坐姿，但在正式场合下，尤其是面试时，全脚掌落地能展现更稳定的姿态；C选项坐姿是面试中最推荐的坐姿。它展现了自信、专注和尊重。上身挺直显示了积极的态度，双脚平放地面表明稳定和自信，双手的摆放自然而不过于拘谨，有利于非语言沟通的顺畅进行；D选项坐姿显示出紧张或不安，会给面试官留下不够沉稳的印象，不利于面试表现。

（4）B。适时的目光接触表示你在认真聆听对方说话，同时展现出自信和对话题的兴趣。自然地在面试过程中与面试官进行眼神交流，可以建立良好的互动和信任感。A这种做法可能会让面试官感到不舒服，因为持续、无中断的眼神接触可能被视为具有攻击性或不自然；C这种做法通常会被理解为缺乏自信、不诚实或者对面试不感兴趣，这显然不利于面试表现；D频繁的眼神游移可能让面试官觉得你心不在焉、紧张或缺乏准备，不是展示自信和专注的最佳方式。

2. 案例5-1

敲门进入的男士之所以会产生这样的疑问，主要是因为办公室内各位同事的着装风格与他预期的职业环境着装规范存在较大差异。在他的认知中，办公室应该是一个体现专业性和正式度的场所，而他所见到的着装情况，如正式西装配布鞋、色彩斑斓的T恤、短裤、清凉的无袖低领上衣、透视装及紧身连衣裙等，这些都偏离了传统意义上商务或职业装的标准。这些着装可能被认为是过于休闲或个性化的服装，不符合他对专业工作环境的预设印象，因此产生了疑惑。

在办公室着装应做到平衡公司文化、职位特性、个人舒适度与专业形象之间的关系，以呈现出最合适的职业形象。了解公司文化和着装规范：入职前或日常工作中应了解并遵循公司对于着装的具体要求或不成文的规定；根据自己的职位性质选择合适的着装；保持整洁；避免过于暴露、花哨或休闲的装扮。

3. 案例5-2

小张的问题主要体现在以下几个方面：站立交流时习惯性抱肩或手插口袋，以及握手时维持单手插口袋，这些动作给人一种防御性、不尊重或不感兴趣的印象，不符合商务场合的职业形象要求；坐下时跷腿并倚靠沙发，这种姿势显得过于随意，缺乏对会议的重视和对对方的尊重，不符合正式商务会谈应有的严谨态度；在对方发言时心不在焉，摆弄笔或四处张望，这种行为直接显示对对方的不尊重和对谈话内容的不重视，严重影响双方的有效沟通和信任建立。

处理意见：A 公司应首先向 B 公司致歉，并表达对此次事件的高度重视，说明将立即采取措施纠正，以示诚意；对小张进行职业礼仪和商务沟通技巧培训，重点讲解非语言沟通的重要性，如何通过肢体语言展现专业与尊重，以及如何在会议中保持专注和积极参与；短期内，可以考虑更换更有经验、具备良好职业素养的代表继续与 B 公司沟通，确保合作机会不因个人行为失误而丧失；长远来看，A 公司应建立一套内部评估与反馈机制，定期对员工进行职业素养和职业礼仪的评估，确保所有代表公司对外交往的员工都能展现出良好的职业形象。

模块六　运用社交礼仪

1. 能力自测

如果我是小伟，我会从遵守社交礼仪以及尊重对方文化的角度来作出反应。当教授伸手想要拥抱我时，我会首先保持微笑，展现出友好的态度，同时，面对老教授的拥抱，我也会积极回应，我可以适度地前倾身体，用手轻轻地拍打对方的背部，以示友好。在拥抱结束后，我可以立即向对方说出"谢谢"或"非常感谢您的祝贺"这样的话语来展示自己友好的态度。

2. 案例 6-1

事先缺乏通知：王林在未与代表团进行沟通的情况下便贸然拜访，这是非常失礼的行为，应该提前通过电话或邮件预约拜访时间。

仪表准备不足：正式场合拜访时，个人要对着装等进行整理，表现出对对方的尊重以及自己的专业性。

礼物选择不当：随便拿一些明信片作为礼物，显得对对方不够重视，面对官方代表团，更应该准备一些具有地方特色或具有一定价值，能体现出文化或友谊的礼物。

私人空间的侵犯：未经对方允许直接进入对方房间是非常无礼的行为，应当在酒店大堂或其他公共场合会面。

说话直接且缺乏过渡：缺乏适当的开场白和寒暄，可能会让谈话对方感到突兀。良好的社交礼仪应先以轻松的话题切入，营造友好的氛围后，再逐步进入正题。

3. 案例 6-2

接待疏忽：小张未能及时发现并接待来访者，表现出对公司来访者的不够重视；

缺乏引导：在引领过程中，小张没有主动介绍公司情况或文化特色，也没有与来访者进行深入交流；

礼仪不当：小张在打开会议室门时没有敲门示意，也没有为来访者拉开椅子，表现出不规范的接待礼仪；

环境卫生：会议室的环境卫生状况不佳，影响了公司的专业形象。

模块七　掌握餐饮礼仪规范

1. 能力自测

作为公司经理，安排年底宴请股东的活动是一项重要的任务，需要细致周到的规划。

（1）确保宴请当天座位次序不混乱

提前规划座位安排：根据股东的排序，提前制定详细的座位图。

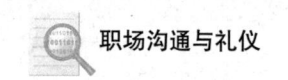

制作座位名牌：为每位股东准备座位名牌，并放置于对应的餐位上，名牌上可简洁标注股东姓名或职位，便于大家快速找到自己的座位。

现场引导：安排一至两位工作人员或熟悉股东的同事，在入口处迎接股东，并根据座位图引导他们至正确的位置就座。

（2）安排宴请菜肴时需考虑的因素

饮食习惯与禁忌：事先了解每位股东的饮食偏好（如素食、海鲜过敏、宗教忌口等），确保菜单能满足大多数人的需求，同时准备一些特色菜品以彰显用心。

地方特色与档次：选择当地知名的特色菜系，同时考虑酒店中餐厅的档次，确保菜肴品质与公司形象相匹配。适量包含高端食材，但也要注意控制成本。

菜品搭配与节奏：冷热、荤素、汤品、甜点等要合理搭配，保证菜肴上桌的节奏适中，避免长时间等待或菜品堆积。

酒水选择：根据股东的饮酒习惯，提供适量的红酒、白酒或其他饮品选择，同时准备非酒精饮料以满足不同需求。

（3）用餐过程中的行为表现的注意事项

开场致辞：宴会开始前简短致辞，对股东一直以来的支持表示感谢，同时简述公司一年的成就与对未来的展望。

餐桌礼仪：需展现出良好的餐桌礼仪，如正确使用餐具、咀嚼时不说话、手机保持静音或振动状态。

注意观察：留意股东的需求，如是否需要添酒、更换餐巾纸等，及时响应。

结束语：宴会接近尾声时，再次表达感谢，并可适当提及对新一年合作的期待，为宴会画上圆满的句号。

2. 案例 7-1

小张在预约、着装、用餐的各个环节都表现出了对西餐文化的深刻理解和尊重，他的优雅举止赢得了客户的好感，也为商务合作奠定了坚实基础。

3. 案例 7-2

小王的行为不符合西餐的用餐礼仪。小王使用刀叉和食用牛排时的行为很不优雅。途中起身接电话将餐巾放到桌子上，这是用餐结束的信号，导致服务员误以为小王用餐结束而将餐桌收拾干净。

模块八　遵循办公室礼仪

1. 能力自测

选 C。与该同事友好沟通，指出公共空间的合理使用原则，并寻求共识。通过沟通协调，可以更好地平衡个人需求与公共利益，共同维护办公空间的公平使用和整体环境的和谐。

2. 案例 8-1

主动参与话题讨论：虽然晓晴对体育赛事和股票行情兴趣不大，但可以尝试适度关注这些领域的新闻动态，了解一些基本知识，以便在午餐时能参与到相关话题的讨论中。当同事们谈论时，晓晴可以耐心倾听，适时提出一些问题以示关注，或者在他们讲述完某个观点后给予积极的反馈，展现出积极参与团队交流的态度。

引入新话题：晓晴可以适时引入自己擅长或感兴趣的话题，如文学、艺术、旅行、美食、电影、时尚等，让同事间谈话内容更加多元化。这样既能让同事了解到她的兴趣爱好，也有助于找到共同话题，拉近彼此间的距离。

组织非工作活动：提议或协助组织一些非工作性质的团队活动，如团队聚餐、户外运动、观影会、读书分享会等。这些活动能让大家在轻松愉快的氛围下增进了解，加深感情。晓晴可以根据自己的兴趣和优势，选择合适的活动形式，引导同事们参与。

寻求合作机会：在工作中寻找与同事们合作的机会，如主动承担需要跨部门协作的项目，或者在遇到困难时向同事请教、寻求帮助。通过工作上的互动，晓晴可以展示自己的专业能力和团队精神，同时也能在解决问题的过程中与同事建立起信任与默契。

真诚关心他人：关注同事们的日常生活，如问候他们的健康状况、关心他们的家庭情况、分享生活中的趣事等。当同事遇到困难或取得成绩时，晓晴可以适时表达关心、支持或祝贺，让他们感受到她的善意与友好。

通过以上策略，晓晴可以逐步打破与同事间的隔阂，建立更紧密的工作关系，让自己更好地融入办公室文化。同时，也要保持自我，不必完全迎合他人的兴趣爱好，而是要在尊重差异的基础上寻找共同点，实现和谐共处。

3. 案例 8-2

正确认识合作与竞争：小王需要明确，与小周的合作并非零和游戏，而是双方优势互补、共同推动项目成功的过程。他应将小周视为宝贵的合作伙伴而非威胁，理解两人的专业特长在项目中各有侧重，彼此的价值无法相互替代。

发挥技术专长，主动引领关键环节：小王应充分利用自身在技术领域的深厚积累，主动承担起项目中技术难点攻关、设计方案优化等核心工作。在团队讨论和技术评审中，积极表达自己的专业见解，展现技术权威，以此树立在团队中的专业地位。

提升沟通技巧，增强人际交往能力：尽管小王在技术方面表现出色，但提升人际交往能力同样至关重要。他可以向小周学习，观察他如何处理人际关系，同时参加相关的培训课程或阅读相关书籍，逐步提升自己的沟通技巧和情商。

建立良性互动，争取小周的支持：小王应主动与小周展开建设性对话，明确双方在项目中的职责分工，同时也应表达出希望得到小周在非技术领域支持的愿望。通过坦诚沟通与相互尊重，建立起互信合作的关系，共同应对项目挑战。

适时展现个人成就，提升个人品牌：在项目进程中，小王应及时记录并分享自己在关键技术突破、创新设计等方面的成果，通过内部报告、会议发言等形式，让上级和同事了解他的重要贡献。此外，积极参与行业研讨会、发表专业文章等，进一步扩大个人在业界的影响力。

通过上述策略，小王不仅能与小周保持良好的合作关系，推动项目顺利进行，还能在竞争中充分展示自己的技术实力，赢得职业认同。

模块九 参与活动礼仪实践

1. 能力自测

（1）选择时间与地点，考虑季节、交通便利性及场地容纳能力；制定活动内容策划，设计丰富的活动流程，包括开场致辞、回顾公司历程、表彰优秀员工、嘉宾演讲、娱乐表演、互动环节等，确保活动既有意义又具娱乐性。通过公司网站、社交媒体、电子邮件邀请函等多种渠道宣传活动信息，吸引内外部人士的关注和参与。考虑细节安排，包括场地布置、餐饮服务、音响灯光、安全措施、紧急预案等，确保活动顺利进行。

（2）基于庆典性质和目的，列出嘉宾名单，包括行业领袖、合作伙伴、媒体代表、重要客户等。为每位嘉宾准备正式的邀请函，可以是电子版或纸质版，内容应包括庆典的基本信息（时间、地点、主题、目的）、活动亮点、嘉宾的重要性以及如何确认出席等。设置专门的联系人负责跟踪嘉宾的回复情况，必要时进行礼貌的提醒。对于确认出席的嘉宾，提前安排好接送、住宿（如有需要）、座位安排等细节，并提供活动当天的详细日程。

（3）在庆典过程中展现良好礼仪，要尊重所有参与者的时间，确保活动按时开始。着装、举止应得体。在入口处设置接待台，由专人负责迎接每一位来宾，提供必要的指引和帮助。在活动安排中给予嘉宾足够的重视，如适当地介绍、优先就座等。鼓励参与者之间的友好交流，组织者和工作人员应积极营造开放、包容的氛围。保持场地整洁、控制音量适中、适时调节室内温度等，让参与者感到舒适。活动结束前，通过致谢词或特别环节，对所有参与者特别是远道而来的嘉宾表示诚挚的感谢。

2. 案例 9-1

来宾之所以摇头叹息并带着不满情绪离开现场，可能基于以下几个原因：

一是座位安排混乱：由于工作人员没有提前安排座位，导致来宾到达后找不到指定座位，只能随意就座。这种混乱不仅让来宾感到不被尊重，也影响了来宾的体验感。

二是缺乏互动与参与感：典礼似乎是一系列单向的讲话和形式化的环节，没有设计让来宾参与其中的互动环节，如提问、抽奖、体验活动等，使得典礼显得单调乏味，难以激发来宾的兴趣和热情。

三是缺乏明确的活动目的和信息传达：没有清晰地传达出超市的核心价值、特色服务或开业优惠等关键信息，可能会让来宾感到信息接收不足，不明白开业典礼的意义所在。

四是结束仓促，缺乏总结和后续引导：典礼在简单的讲话和仪式后突然结束，没有一个明确的总结部分，也没有对来宾表示感谢或提供下一步行动的指示，导致来宾感觉活动虎头蛇尾，缺乏完整性。

3. 案例 9-2

（1）通常按照嘉宾的职位高低或对活动的重要程度来安排站位，最高级别的嘉宾站在中间，其他嘉宾依次左右排列。这样既体现了对嘉宾的尊重，也维护了现场的秩序。

（2）事先应测试剪刀的锋利度和彩带的材质，确保易于剪断。若遇到问题，礼仪人员可迅速提供备用剪刀或协助嘉宾调整剪切角度，同时主持人可以灵活应对，用幽默的话语化解尴尬，保持现场气氛轻松愉快。

模块十　校园与求职礼仪

1. 能力自测

面对图书馆中的占座行为，尤其是当座位稀缺时，可以这样处理这种情况：

（1）行动选择。

观察等待：首先稍作等待，看物品的主人是否会很快回来。离开座位的人可能只是短暂离开，如去洗手间或借书。

直接坐下：如果等待一段时间后（如 5 到 10 分钟）物品的主人仍未返回，可以考虑坐在这个位置上，但同时做好随时让座的准备，以防原主回来。

（2）礼貌询问。

如果决定寻找物品的主人，可以礼貌地询问周围的人是否知道物品的主人。例如："请问有人知道这些物品的主人吗？我在这里学习一会儿，如果他/她回来，请告诉我。"

如果物品的主人恰好回来，可以礼貌地说："对不起，我看到这个座位空着，而我正在找一个地方学习。如果你需要这个座位，我可以立即让给你。"

（3）平衡需求与尊重。

如果对方表示马上会用到这个座位，可以提议共享桌子，或者询问附近是否有其他可用的座位，询问过程中需要注意保持礼貌和尊重，温和地表达立场，如果占座行为严重影响了公共空间的使用，也可以向图书馆工作人员反映情况，他们可能会有更正式的规则或流程来解决此类问题。

2. 案例 10-1

（1）在学术或职业环境中，电子邮件应当像正式信函一样对待。使用恰当的称呼，如"尊敬的××教授"，而非过于随意的"Hey"。这显示了对收件人的尊重和对沟通的重视。

（2）李华的邮件缺乏清晰的问题列表和逻辑结构，使得教授难以快速理解需求。有效的书面沟通应该有条理地列出问题，每点独立成段，必要时可使用编号或项目符号，便于对方阅读和回复。

（3）邮件开头和结尾的礼貌用语不可忽视。"您好""谢谢您"以及"期待您的回复，祝好！"等语句可以营造积极友好的沟通氛围，体现对对方时间的尊重和感激。

（4）在正式的学术或职业交流中，应避免使用俚语、缩写或过度随意的语言，以免给对方留下不专业的印象。

3. 案例 10-2

（1）张先生此次面试不成功。

（2）失败原因分析：

迟到：准时是职场最基本的礼仪之一，迟到不仅浪费了他人的时间，也显示了对面试机会的不珍惜和对时间管理的不足。

缺乏道歉：迟到后未立即致歉，忽略了对面试官的尊重，给对方留下了不礼貌的第一印象。

沟通礼仪不当：频繁打断面试官，不仅打断了正常的交流节奏，也显示出其缺乏倾听能力和不尊重他人的态度。同时，使用不专业的口头禅，降低了个人的专业形象。

未经允许使用物品：在面试场合未经许可便自行取用物品，忽略了基本的礼貌和职场规范，显示出对环境的不敏感和自我意识的缺乏。

案例故事、活动和数字资源索引

一、案例及故事索引

序号	模块	编号	题目	页码
1	模块一	引例	改善沟通流程，提升研发效率	3
2	模块一	沟通案例 1-1	目标缺失导致无效沟通	4
3	模块一	沟通案例 1-2	不同的理解	5
4	模块一	沟通案例 1-3	教授的裤子	7
5	模块一	引例	小刘为什么不满意	13
6	模块一	沟通案例 1-4	领导要关注下属的感受	16
7	模块一	沟通案例 1-5	"半瓶水"的创意	17
8	模块一	沟通案例 1-6	少说"但是"	19
9	模块一	沟通案例 1-7	汽车产业共生救援	22
10	模块二	引例	乡间旅店的广告	28
11	模块二	沟通案例 2-1	角色定位缺失导致的职场失利	29
12	模块二	沟通案例 2-2	忽视领导需求的沟通陷阱：一次失败的项目提案经历	30
13	模块二	沟通案例 2-3	秘书被"炒"	31
14	模块二	沟通案例 2-4	让海尔淡季不淡	32
15	模块二	沟通案例 2-5	过度承诺与力不从心	33
16	模块二	沟通案例 2-6	聪明反被聪明误：一次因炫耀才智而引发职场危机的故事	34
17	模块二	沟通案例 2-7	沟通壁垒下的团队危机：一位忽视下属沟通需求的领导	35
18	模块二	沟通案例 2-8	工作报告缺失引发的决策失误	36
19	模块二	沟通案例 2-9	尊重缺失与换位思考不足：一场导致员工士气低落与人才流失的危机	37

续表

序号	模块	编号	题目	页码
20	模块二	沟通案例 2-10	忽视下属需求引发的团队动荡	39
21	模块二	沟通案例 2-11	先听再说：一次领导决策失误的反思	40
22	模块二	沟通案例 2-12	过度斥责导致团队士气低落：一次领导风格调整的失败尝试	41
23	模块二	引例	巧妙的沟通	43
24	模块二	沟通案例 2-13	没有守住的底线	43
25	模块二	沟通案例 2-14	暴躁的电话	45
26	模块二	沟通案例 2-15	专业术语要适当	46
27	模块二	沟通案例 2-16	延后的反馈	47
28	模块三	引例	专业术语过多，影响沟通效果	51
29	模块三	沟通案例 3-1	因歧视性言论，诺贝尔奖得主深陷舆论旋涡	53
30	模块三	沟通案例 3-2	秀才买柴	54
31	模块三	沟通案例 3-3	精简信息："30秒电梯法则"	55
32	模块三	沟通案例 3-4	颜回攫甑	57
33	模块三	引例	缺乏书面文档，众心不一难以协调	62
34	模块三	沟通案例 3-5	重见天日的孔府壁中书	63
35	模块三	沟通案例 3-6	书面分析助曹操赢得官渡之战	64
36	模块三	沟通案例 3-7	书面沟通失误导致沉船悲剧	65
37	模块三	沟通案例 3-8	通知	67
38	模块三	沟通案例 3-9	一封电子邮件引发的"秘书门事件"	67
39	模块三	沟通案例 3-10	福特公司用工作报告进行变革	69
40	模块三	沟通案例 3-11	创造了动画奇迹的商业提案	70
41	模块三	引例	非语言沟通助力会议进程	74
42	模块三	沟通案例 3-12	空城计中的非语言沟通	75
43	模块三	沟通案例 3-13	拿破仑的指挥姿态	76
44	模块三	沟通案例 3-14	跨国会议中的非语言沟通	76
45	模块三	沟通案例 3-15	饭店老板和无赖	77
46	模块三	沟通案例 3-16	使用重音表达不同的意思	80
47	模块三	沟通案例 3-17	麦当劳巧用环境因素提升顾客体验	81
48	模块四	引例	礼仪得体带来商机	91

续表

序号	模块	编号	题目	页码
49	模块四	礼仪案例 4-1	因缺乏礼仪修养而失去机会	93
50	模块四	礼仪案例 4-2	礼教启蒙：《弟子规》中的规范与德行养成	94
51	模块四	礼仪案例 4-3	不同的习俗：一次中东商务之旅的教训	96
52	模块四	礼仪案例 4-4	礼仪的力量：奥普拉·温弗瑞的影响力密码	98
53	模块四	引例	电子邮件的误会	101
54	模块四	礼仪案例 4-5	跨文化项目中的礼仪冲突与融合	102
55	模块四	礼仪案例 4-6	专注工作，赢得尊重	105
56	模块五	引例	抓住第一印象，树立专业信誉	112
57	模块五	礼仪案例 5-1	小米的长发	116
58	模块五	礼仪案例 5-2	选择适合自己的妆容	119
59	模块五	礼仪案例 5-3	改变从指甲护理开始	120
60	模块五	引例	失败的面试	121
61	模块五	礼仪案例 5-4	微笑的奇迹	127
62	模块五	礼仪案例 5-5	张经理的高效沟通策略	129
63	模块五	引例	张先生的晚宴	130
64	模块六	引例	错在哪里	146
65	模块六	礼仪案例 6-1	握手失仪：职场新人王华与业界泰斗赵总的尴尬初遇	148
66	模块六	礼仪案例 6-2	礼仪之误：一次商务会议上鞠躬失态的教训	149
67	模块六	礼仪案例 6-3	私人友情的边界探索	152
68	模块六	引例	值得尊敬的谈判对手	155
69	模块六	礼仪案例 6-4	虚假承诺的代价	157
70	模块六	礼仪案例 6-5	一次失败的谈判	158
71	模块六	礼仪案例 6-6	不当接待引发的误会	159
72	模块七	引例	商务宴请展形象，酒桌礼仪不可失	167
73	模块七	引例	文明宴请，以礼相待	174
74	模块七	礼仪案例 7-1	座次混乱，宴请失败	176
75	模块七	礼仪案例 7-2	一场堪称完美的宴请	184
76	模块七	引例	要优雅不要"摆烂"	185
77	模块八	引例	办公环境杂乱损害企业形象	197

续表

序号	模块	编号	题目	页码
78	模块八	礼仪案例 8-1	小北被开除	201
79	模块八	礼仪案例 8-2	绿色办公从节约一张纸做起	202
80	模块八	引例	彼此的自尊，是人际交往的底线	205
81	模块八	礼仪案例 8-3	如何称呼比自己年龄小的领导	206
82	模块八	礼仪案例 8-4	争执过后怎么办	211
83	模块八	礼仪案例 8-5	小李和小于的合作	212
84	模块八	礼仪案例 8-6	刺猬法则	213
85	模块八	礼仪案例 8-7	焦先生的后悔	214
86	模块八	礼仪案例 8-8	吃亏的老好人	216
87	模块九	引例	新产品发布会的问题出在哪里	222
88	模块九	引例	庆祝成就　展望未来	231
89	模块九	礼仪案例 9-1	2023 百度世界大会	240
90	模块十	引例	善意的纸条	245
91	模块十	礼仪案例 10-1	张良拾鞋	247
92	模块十	礼仪案例 10-2	孔子鼓励弟子自由表达	249
93	模块十	礼仪案例 10-3	程门立雪	249
94	模块十	礼仪案例 10-4	学术造假引发连锁反应	250
95	模块十	礼仪案例 10-5	真诚尊重促进文化交流	252
96	模块十	引例	李明的面试	253
97	模块十	礼仪案例 10-6	曾国藩礼仪识人	255
98	模块十	礼仪案例 10-7	毛遂自荐	255
99	模块十	礼仪案例 10-8	李华的服装	256
100	模块十	礼仪案例 10-9	利用社交媒体找工作	258
101	模块十	礼仪案例 10-10	东方朔的求职信	260

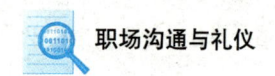

二、实践活动索引

序号	模块	编号	题目	页码
1	模块一	活动 1-1	沟通游戏——撕纸	24
2	模块一	活动 1-2	感受非语言沟通的魅力	25
3	模块二	活动 2-1	精确指令传递挑战赛	48
4	模块二	活动 2-2	顾客满意度提升与沟通实践工作坊	49
5	模块三	活动 3-1	沟通游戏——介绍产品	86
6	模块三	活动 3-2	修改通知	87
7	模块四	活动 4-1	礼仪之光——身边的礼仪故事分享	107
8	模块四	活动 4-2	探索国与国之间礼宾活动的奥秘	109
9	模块五	活动 5-1	模拟最佳职业形象评选活动	142
10	模块五	活动 5-2	微笑与目光交流训练	143
11	模块六	活动 6-1	握手礼仪挑战赛	163
12	模块六	活动 6-2	商务谈判桌上的"博弈艺术"	164
13	模块六	活动 6-3	神秘礼物交换与馈赠礼仪大挑战	164
14	模块七	活动 7-1	商务伙伴迎新宴	194
15	模块七	活动 7-2	西餐宴会的餐具使用与礼仪	195
16	模块八	活动 8-1	学会真诚有效地赞美	218
17	模块八	活动 8-2	保持适当的距离	220
18	模块九	活动 9-1	模拟周年庆典活动	242
19	模块九	活动 9-2	模拟签字仪式	243
20	模块十	活动 10-1	礼仪游戏——礼仪大使	263
21	模块十	活动 10-2	模拟面试	264

三、数字资源索引

序号	模块	所属内容	题目	页码
1	模块一	沟通案例 1-3	教授的裤子	7
2	模块一	沟通案例 1-4	领导要关注下属的感受	16
3	模块一	沟通案例 1-6	少说"但是"	19
4	模块二	沟通案例 2-3	秘书被"炒"	31
5	模块二	沟通案例 2-4	让海尔淡季不淡	32
6	模块三	沟通案例 3-4	颜回攫甑	57
7	模块三	沟通案例 3-9	一封电子邮件引发的"秘书门事件"	67
8	模块三	知识广角	微信沟通的注意事项	71
9	模块四	礼仪案例 4-1	因缺乏礼仪修养而失去机会	93
10	模块五	礼仪案例 5-1	小米的长发	116
11	模块八	引例	彼此的自尊,是人际交往的底线	205
12	模块八	礼仪案例 8-6	小李和小于的合作	212
13	模块八	礼仪案例 8-7	焦先生的后悔	214

参考文献

［1］胡介埙，王征，唐玮.商务沟通：原理与技巧：第4版［M］.大连：东北财经大学出版社，2021.
［2］刘新萍，肖兴辉，吕倩娜，等.沟通与礼仪［M］.北京：中国人民大学出版社，2023.
［3］谢红霞.沟通技巧：第3版［M］.北京：中国人民大学出版社，2018.
［4］王艳，曾虹.商务礼仪与沟通：第3版［M］.北京：中国财政经济出版社，2021.
［5］咸桂彩，雷朝晖.职业礼仪［M］.北京：北京理工大学出版社，2019.
［6］赵岩，方丽萍，张淑华.实用社交礼仪［M］.北京：中国人民大学出版社，2018.
［7］金正昆.商务礼仪：第1版［M］.北京：北京联合出版公司，2013.
［8］金正昆.社交礼仪教程：第3版［M］.北京：中国人民大学出版社，2009.
［9］张晓明.商务沟通与礼仪：第2版［M］.北京：中国水利水电出版社，2021.
［10］胡楠，郭冬娥，李群如，等.大学生职业规划与就业指导教程［M］.北京：人民邮电出版社，2017.
［11］朱彤，罗炜，邓满，等.管理沟通［M］.重庆：重庆大学出版社，2015.
［12］郭虹，詹美燕，米涵希.礼仪的应用与实践［M］.杭州：浙江大学出版社，2020.
［13］朱建新，刘玉君，孙建光，等.跨文化交际与礼仪［M］.南京：东南大学出版社，2019.
［14］周朝霞.国际商务礼仪实训教程［M］.南京：南京大学出版社，2017.
［15］闫秀荣.现代社交礼仪［M］.北京：人民邮电出版社，2015.
［16］林晓华，王俊超.商务谈判理论与实务［M］.北京：人民邮电出版社，2016.
［17］向多佳，李俊.职业礼仪［M］.北京：高等教育出版社，2020.
［18］童革.表达与沟通能力训练［M］.北京：高等教育出版社，2018.
［19］李嘉珊，刘俊伟.实用礼仪教程［M］.北京：中国人民大学出版社，2016.
［20］王宇东，萧琳.职业礼仪：第2版［M］.北京：高等教育出版社，2022.
［21］斯静亚.职场礼仪与沟通：第4版［M］.北京：高等教育出版社，2021.
［22］李晓旭，邹琳，范丽娟.民航服务礼仪［M］.北京：航空工业出版社，2016.
［23］陈玉，礼仪规范教程：第2版［M］.北京：高等教育出版社，2005.
［24］徐珍、林剑伟，商务礼仪与沟通技巧［M］.北京：电子工业出版社，2016.
［25］向多佳，职业礼仪［M］.成都：四川大学出版社，2012.
［26］斯静亚.职场礼仪与沟通［M］.北京：高等教育出版社，2012.
［27］王宇东，张雄志.职业礼仪［M］.北京：高等教育出版社，2017.
［28］竭红云，张海珍.实用社交礼仪教程：第二版［M］.北京：中国人民大学出版社，2016.
［29］瞿立新，陈霞.职业礼仪［M］.北京：中国人民大学出版社，2020.
［30］韩婷，冯蓉.职业形象与社交礼仪［M］.北京：北京理工大学出版社，2017.
［31］李娌.社交礼仪［M］.北京：中国人民大学出版社，2014.
［32］沙风、顾坤华.大学生社交礼仪［M］.北京：中国人民大学出版社，2015.